兩漢魏晉南北朝正史西域傳研究

上冊

余太山 著

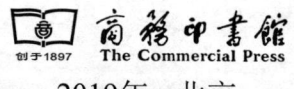

2019年·北京

目錄

緒說 ... 001

上卷

一　《史記·大宛列傳》與《漢書·張騫李廣利傳》、
　　《漢書·西域傳》的關係 ... 009

二　《後漢書·西域傳》與《魏略·西戎傳》的關係 ... 029

三　《梁書·西北諸戎傳》與《梁職貢圖》 ... 039
　　——兼說今存《梁職貢圖》殘卷與裴子野《方國使圖》的關係

四　《魏書·西域傳》原文考 ... 086

五　兩漢魏晉南北朝正史"西域傳"的體例 ... 122

中卷

一　兩漢魏晉南北朝正史"西域傳"所見西域族名、國名、王治名 ... 139

二　兩漢魏晉南北朝正史"西域傳"所見西域里數 ... 172

三　兩漢魏晉南北朝正史"西域傳"所見西域山水 ... 226

四　漢晉正史"西域傳"所見西域諸國的地望 ... 247

五　南北朝正史"西域傳"所見西域諸國的地望 ... 316

六　兩漢魏晉南北朝正史"西域傳"所見西域諸國的物產 ... 354

緒說

本書旨在解讀兩漢魏晉南北朝正史"西域傳"的認知和闡述系統。

兩漢魏晉南北朝正史"西域傳"所謂"西域"乃指玉門關、陽關以西的廣大地區。儘管各傳的記述詳略不一，客觀上都包括了今天中亞的全部、西亞和南亞的大部，以及北非和歐洲的一部。如此廣大的地域，在當時的條件下，不可能被準確、全面地描述，自不待言。

應該指出的是，兩漢魏晉南北朝正史"西域傳"記述的出發點從來就不是西域或西域諸國本身，而是中原王朝經營西域的文治武功，這決定了"西域傳"的性質；"西域傳"編者以專制主義政教禮俗爲核心的意識形態則在很大程度上決定了資料的剪裁、取捨；諸傳體例雷同、概念因襲、內容重複也就在所難免。這可以說是今天解讀"西域傳"的關鍵。

具體而言，《史記·大宛列傳》所載西域諸國多在蔥嶺以西。這是因爲該傳所述主要依據張騫首次西使的報告。張騫這次西使,"身所至者大宛、大月氏、大夏、康居",以及"傳聞其旁大國五六",大多位於蔥嶺以西。張騫憑借這次西使的經驗,向漢武帝提出了經營西域的策略:"大宛及大夏、安息之屬皆大國,多奇物,土著,頗與中國同業,而兵弱,貴漢財物;其北有大月氏、康居之屬,兵彊,可以賂遺設利朝也。且誠得而以義屬之,則廣地萬里,重九譯,致殊俗,威德徧於四海。"這一策略根本上符合所謂大一統理念("六合之內,皇帝之土,人迹所至,無不臣者"),它不僅被漢武帝接受,而且深刻地影響了兩漢魏晉南北朝的西域經營。徠遠人、致殊俗從此成為西域經營最重要的內容,也成了各史"西域傳"編者認知和闡述的軸心。

《漢書·西域傳》以下無不用很大的篇幅描述蔥嶺以西諸國。這是因爲遠國來朝,是中原王朝文治武功的理想境界。

在《漢書·西域傳》和《後漢書·西域傳》中,蔥嶺以東諸國所佔篇幅超過了蔥嶺以西諸國,成爲記載蔥嶺以東地區情況最詳細的兩篇傳記。這是因爲兩漢魏晉南北朝時期,唯獨兩漢真正統治過西域(主要是蔥嶺以東)。但是,細讀有關文字,不難發現涉及塔里木盆地周圍諸國本身的內容少得可憐,大量的篇幅用於敍述這些綠洲國家和兩漢中央、地方政府的關係,且多涉及與匈奴的鬥爭。因此,即使說這些綠洲國家本身不是"西域傳"編者主要興趣之所在亦不爲過。

《晉書·西戎傳》以下各傳,對於塔里木盆地周圍諸國祇有寥寥數筆,蔥嶺以西諸國都佔一半以上的篇幅(例外僅見於《周書·異域傳下》)。這顯然不能簡單歸結爲晉以後中原王朝勢力不及西域，也不能僅僅用其事無"異於先者"來解釋。一般説來，塔里木盆地周圍諸國，祇有當它與中原王朝直接發生關係時，纔有可能入載"西域傳"。《梁書·西北諸戎傳》有關西域諸國的記事多採自裴子野《方國使圖》則是一個突出的例證。

葱嶺以西諸國中，尤以安息（波斯）和大秦最受重視，在有關大秦的記載中，甚至不乏美化與想象的成份。這顯然是因爲兩者都是葱嶺以西超級大國的緣故。由此可見，《三國志·魏書·烏桓鮮卑東夷傳》裴注所引《魏略·西戎傳》中葱嶺以西的記録所佔篇幅遠遠超過以東部份，並不足以説明該傳葱嶺以東部份有所佚失或裴注所引側重西部。

除葱嶺以西諸國外，各史"西域傳"關心較多的是烏孫、悦般等天山以北，伊犁河、楚河流域的遊牧政權。這是因爲中原王朝經營西域的動機之一是爲戰勝塞北遊牧政權而尋求與其西方的敵國結盟。這些政權是作爲中原王朝的天然盟友受到中原王朝、從而也受到"西域傳"編者注意的。

"西域傳"以"國"爲記述單位，内容除了與中原王朝、塞北遊牧部族之關係外，主要包括：王治名稱，去中原王朝都城之距離，户、口和勝兵數，職官名稱和人數，去中原王朝駐西域長官府治之距離，去周圍諸國王治距離，民俗、風土、物類等。

其中，里數記録突出諸國王治去中原王朝首都和去中原王朝駐西域長官府治的里數，意在透過這些記録表明諸國和中原王朝之間的聯繫，和諸國對中原王朝的向往。既然記載里數的主要目的不是標誌諸國的地理位置，某些傳文中出現僞造的去中原王朝首都的里數，而有關地望的其他資料在"西域傳"中爲數很少也就不難理解了。

"西域傳"中，有關諸國文化、宗教、習俗、制度，以及人種、語言、文字等方面的記錄都極其零碎，有很大的隨意性，獵奇之外，較多的是與華夏的異同以及所受華夏之影響。正因爲如此，在這些方面，不能因"西域傳"保持沈默就輕易否定其客觀存在的可能性。重視"致殊俗"的"西域傳"對於習俗等的記述反而疏略如此，祇能說明"致殊俗"的興趣不在殊俗本身，而在其象徵意義。

魏晉以降，中原王朝因無力統治西域，故特別重視朝貢，而"西域傳"亦多載西域諸國方物。這似乎不能視作"西域傳"重視商業或貿易的證據。一些"國"被"西域傳"記錄，僅僅因爲曾經有過貢獻方物或可以被認爲貢獻方物的行爲。

儘管事實上兩漢對葱嶺以東諸國的經濟情況不可能沒有較深入的了解，《漢書·西域傳》和《後漢書·西域傳》對諸國經濟却祇留下了一些籠統的記載。不僅一些綠洲小國的經濟情況未有隻字涉及，連龜茲這個塔里木盆地最大的綠洲國，其經濟形態也沒有直接的記載，以致祇能根據後世的記載推知該國兼營農牧。與兩漢關係頗爲密切的車師諸國的農牧業情況同樣不見比較翔實的記載。這也可以看出"西域傳"編者們貴遠賤近，對於葱嶺以東諸國，筆墨是十分吝嗇的。

至于手工業，"西域傳"的編者們僅對鑄冶業有所注意，重點在武器制造和鑄幣，其原因不難想見；而對另一重要部門——紡織的關心很是不夠。《魏書·西域傳》間接提及貴霜人的玻璃製造技術，也無非是出自對外國"奇貨"的興趣。

與手工業相同，各傳編者對於商業的關心也非常有限。著墨較多的同樣是葱嶺以西諸國，著眼點在於朝貢。對於塔里木盆地諸國的商業情況的記載更是鳳毛麟角，這可能反映了這些綠洲以自給自足、物物交換的自然經濟爲主，以及這些綠洲本身資源貧乏的客觀事實。在一般情況下，這些綠洲祇能作爲東西貿易的中轉站，進行一種所謂的過境貿易。但是，從北魏時期龜茲等國的情況不難推知，這類過境貿易的規模也不可小覷。因此，葱嶺以東諸國貿易活動記錄的貧乏，還應該從"西域傳"編者的觀念方面找原因。

《漢書·西域傳》所見音譯的國名、族名中，有一些（"婼羌"、"去胡來"、"鄯善"、"寧彌"）被採用的漢字賦予了另一種意義。這種做法正可藉來譬喻兩漢魏晉南北朝正史"西域傳"編者的認知和闡述活動。

上卷

一 《史記·大宛列傳》與《漢書·張騫李廣利傳》、《漢書·西域傳》的關係

《史記·大宛列傳》與《漢書·張騫李廣利傳》和《漢書·西域傳》的關係按理說是十分清楚的，即後兩者和前者都是獨立成篇的，而由於後兩者在編寫過程中無疑參考了前者，吸收了前者的一部份內容（當然也作了若干修改），即使說前者是後兩者（特別是《漢書·張騫李廣利傳》）的基礎，也不爲過。但是，很久以來就有人懷疑這一點，認爲前者並非出自司馬遷之手，而是後人從後兩者中摘錄而成的。如果這種觀點成立，《史記·大宛列傳》就不再具有史料價值。因此，有必要對此作一番認真的考察。[1]

一

最早對《史記·大宛列傳》的史料價值提出懷疑的是《史記索隱》的作者司馬貞，據云：

"大宛列傳"宜在"朝鮮"之下，不合在"酷吏"、"遊俠"之間。斯蓋司馬公之殘缺，褚先生補之失也，幸不深尤焉。[2]

這是說今存"大宛列傳"並非原本，而是褚氏所補，其理由是該傳在全書中排列次序不對。然而這顯然是不能成立的。

一則，傳文在全書中排列的次序有誤與傳文本身的真偽之間並無必然聯繫。

二則，據《漢書·司馬遷傳》，太史公書"十篇缺，有錄無書"。顏注引張晏曰："遷沒之後，亡'景紀'、'武紀'、'禮書'、'樂書'、'兵書'、'漢興以來將相名臣年表'、'日者列傳'、'三王世家'、'龜策列傳'、'傅靳列傳'。元成之間褚先生補缺，作'武帝紀'、'三王世家'、'龜策'、'日者傳'，言辭鄙陋，非遷本意也。"[3] "大宛列傳"既未亡缺，自然也不在褚先生所補之列。[4]

三則，據《史記·太史公自序》，"大宛列傳"確在"酷吏列傳"、"遊俠列傳"之間，而不在"朝鮮列傳"之下；而並沒有證據表明"太史公自序"非太史公所作或已被後人竄亂。

四則，今本《史記》卷一一八以下多爲事蹟類似人物的合傳，乍看在"酷吏列傳"與"遊俠列傳"之間插入"大宛列傳"似乎不妥，但如果將該傳看作張騫、李廣利兩人的合傳便一切迎刃而解了。張、李二人生平主要事蹟均與大宛有關，同入一傳完全合乎情理。與此相對，"南越列傳"、"東越列傳"、"朝鮮列傳"、"西南夷列傳"的記述對象，毫無疑義是漢對南越等地的經營，不能歸結爲傳中涉及的某幾個中原人物的傳記。大約後人習慣於把

"大宛列傳"看成後來"西域傳"的鼻祖，既先入爲主，便認爲該傳應列在"朝鮮"之下了。[5]

要之，司馬貞並沒有懷疑太史公曾經寫過"大宛列傳"，祇是說這篇傳記後來逸失了，證據僅僅是該傳在書中的次序不合情理。既然不可能證明褚氏或者其他人曾經篡改或者重寫"太史公自序"，便完全有理由認爲"太史公自序"已足以否定司馬貞的懷疑。至於太史公何以不稱之爲"張騫李廣利列傳"而題爲"大宛列傳"，其原因當和"循吏"、"儒林"、"酷吏"、"游俠"、"佞幸"、"滑稽"等相同。

司馬貞否定"大宛列傳"出自司馬遷之手，指出係褚少孫所補作，但並沒有指出補作的資料來源。首先指出"大宛列傳"乃節錄自《漢書·張騫李廣利傳》的是崔適。崔氏《史記探源》卷八"大宛列傳"條稱：

> 此亦非褚先生補，後人直錄《漢書·張騫李廣利傳》也。然此與"律書"，小司馬能於張晏所不謂亡者，知非太史公作，索隱之名稍符其實矣。

雖然崔氏連最起碼的證據也沒有舉出，但後來樂於信奉此說者卻不乏其人。例如 G. Haloun 就對司馬貞、崔適的觀點深表贊同，認爲今本《史記·大宛列傳》乃後人採自《漢書·張騫李廣利傳》和《漢書·西域傳》。[6]奇怪的是這位西方碩學在作出如此重大的結論時，竟與崔氏一樣，並未申述理由，似乎問題是不言自明的。

二

唯一試圖證明《史記・大宛列傳》乃摘自《漢書・張騫李廣利傳》的是荷蘭學者 A. F. P. Hulsewé。[7] 其核心判據是今本《漢書・張騫李廣利傳》所能見到的錯簡亦見諸今本《史記・大宛列傳》的相應部份。而前者的錯簡據認爲有以下二處（數字爲簡號）：

一、1 天子好宛馬使者相望於道一輩大者數百少者百餘人｜2 所齎操大放博望侯時其後益習而衰少焉｜3 漢率一歲中使者多者十餘少者五六輩遠者八九歲｜4 近者數歲而反｜

二、1 赦囚徒扞寇盜｜2 發惡少年及邊騎歲餘而出敦煌六萬人負私從者不與｜3 牛十萬馬三萬匹驢橐駝以萬數齎糧兵弩甚設｜4 天下騷動｜5 轉相奉｜6 伐宛五十餘校尉｜7 宛城中無井汲城外流水於是遣水工徙其城下水空以穴其城｜8 益發戍甲卒十八萬酒泉張掖北置居延休屠以衛酒泉｜9 而發天下七科適及載糒給貳師轉車人徒相連屬至敦煌｜10 而拜習馬者二人爲執驅馬校尉備破宛擇取其善馬云｜11 於是貳師後復行兵多所至小國莫不迎出食給軍至輪臺｜12 輪臺不下攻數日屠之自此而西平行至宛城兵到者三萬｜13 宛兵迎擊漢兵漢兵射敗之宛兵走入保其城貳師欲攻郁成城｜14 恐留行而令宛益生詐乃先至宛決其水原移之則宛固已憂困｜15 圍其城攻之四十餘日｜16 宛貴人謀曰王毋寡｜17 匿善馬殺漢使今殺王而出善馬漢｜18 兵宜解即不乃力戰而死未晚也宛貴人皆以爲然共殺王

19 其外城壞虜宛貴人勇將煎靡宛大恐走入中城相與謀曰｜20 漢所爲攻宛以王毋寡｜21 持其頭遣人使貳師約曰漢無攻我我盡出善馬恣所取而｜

按照漢簡一簡二十三至二十五字的形制，可復原如下（方括號中諸字據《漢紀》等書或漢簡例增添，圓括號中乃衍字或可能的衍字）：

一、1 天子好宛馬使者相望於道一輩大者數百［人］少者百餘人｜2 漢率一歲中使者多者十餘［輩］少者五六輩遠者八九歲｜3 近者數歲而反｜4 所齎操大放博望侯時其後益習而衰少焉｜

二、1 赦囚徒扞寇盜｜2 發惡少年及邊［郡］騎［士］歲餘（而）出敦煌六萬人負私從者不與｜3 牛十萬馬三萬［餘］匹驢［騾］橐駝以［十］萬數［多］齎糧兵弩甚設｜4 益發戍（甲）［田］卒十八萬［人］酒泉張掖北置居延休屠以衛酒泉｜5 而發天下七科適（及）［民］載糒給貳師轉（車）［運］人徒相連屬至敦煌｜6 轉（相）［運］奉［軍］｜7 天下騷動｜8［凡］伐宛五十餘校尉｜9 而拜習馬者二人爲執驅馬校尉備破宛擇取其善馬云｜10 於是貳師後復行兵多所至小國莫不迎出食給軍至輪臺｜11 輪臺不下攻數日屠之自此而西平行至宛城兵到者三萬［人］｜12 宛兵迎擊漢兵（漢兵）射敗之宛兵走入保其城貳師欲攻郁成城｜13 恐留行而令宛益生詐乃先至宛決其水原（移之）則宛固已憂困｜14 宛城中無井汲城外流水

（於是）遣水工徙其城下水空以穴其城｜15 圍其城攻之四十餘日｜16 其外城壞虜宛貴人勇將煎靡宛大恐走入中城相與謀曰｜17 漢所爲攻宛以王毋寡｜18（宛貴人謀曰王毋寡）匿善馬殺漢使今殺王而出善馬漢｜19 兵宜解卽不乃力戰而死未晚也宛貴人皆以爲然共殺王｜20｜21 持其頭遣人使貳師約曰漢無攻我我盡出善馬恣所取而｜

今案：其說未安。

一則，說者之所以將《史記・大宛列傳》原文作上述排列，無非是爲了說明傳文的錯誤是由於抄寫原文的簡之次序混亂而引起的。然而這是難以令人首肯的。蓋據說者，原文每簡應爲二十三至二十五字，而在復原簡牘的形式時卻不得不一再違反這一規定，出現了一簡四字、一簡七字、一簡九字等等情況。之所以如此，無非是因爲 "其外城壞" 以下至 "共殺王" 一段按每簡二十三字排列恰好能說明問題（簡17和簡18可接合爲一枝），既然先入爲主，其餘部份便祇能削足適履了。雖然 "其外城壞" 至 "共殺王" 一段確實存在錯簡（詳下），但這並不足以說明其餘文字也是按每簡二十三（或二十五）字排列。更何況，說者在處理其他被認爲有問題的段落時，許多處未能按此字數排列。這一做法的失敗，與其說表明今本《漢書・張騫李廣利傳》乃至《史記・大宛列傳》的文義不通不是原文文字以簡爲單位錯亂而形成的，毋寧說表明這些錯亂本來就不存在。

二則，事實上，《漢書・張騫李廣利傳》並無如此大段的錯簡。

也就是說，原文完全可以讀通，毋須重新排列。

首先，"使者相望於道，一輩大者數百，少者百餘人，所齎操，大放博望侯時"，乃指求宛馬之漢使。"其後益習而衰少"者正是此輩求馬使者。以下"漢率一歲中使者多者十餘，少者五六輩，遠者八九歲，近者數歲而反"云云，乃包括遣往大宛以外地區者，未必全是求馬者。說者所列簡3和簡4相合恰爲二十三字不過湊巧而已。

第二，"赦囚徒"至"穴其城"，所述乃隨貳師伐宛者：步騎兵六萬人，運糧牛十萬頭，馬三萬匹，驢橐駝以萬數，校尉五十餘，以及水工若干人。"益發戍甲卒十八萬"乃置諸"居延、休屠以衛酒泉"者。所"發天下七科適，及載糒給貳師轉車人徒相連屬至敦煌"者乃指後勤人員，並不隨大軍西出敦煌。所拜"執驅馬校尉"二人，乃"備破宛擇取其善馬"者，亦未必立即隨大軍出發。總之，此處文通字順，先後有序，並不存在錯簡。說者將"益發"以下二十二字提前至"兵弩甚設"之後，雖屬多餘，尚能讀通；將"宛城中無井"以下二十五字移至"宛固已憂困"之後，則顯然引起了文義的混亂，即使刪去被認爲多餘的"於是"二字，亦無濟於事。蓋如說者所指，上引原文可分爲前後兩部份：前一部份是第二次遠征的準備，亦即被動員軍隊的種類、輜重、裝備，後一部份是征伐經過。既然如此，"宛王城中無井"以下二十三字完全應該歸入遠征的準備，即所謂"廟算"之類。"城中無井"云云是"遣水工"的原因，必不可少。[8]

第三，"宛貴人謀曰"至"持其頭"以前一段確有錯簡，早已由王念孫指出。問題在於王氏正是根據《史記·大宛列傳》的文字發現這一點的。[9] 蓋有關文字在今本《史記·大宛列傳》中正作："宛貴人相與謀曰：漢所爲攻宛，以王毋寡匿善馬而殺漢使。今殺王毋寡而出善馬，漢兵宜解；即不解，乃力戰而死，未晚也。宛貴人皆以爲然，共殺其王毋寡，持其頭遣貴人使貳師。"這就是說，錯簡的存在完全無助於說者論點的成立。

三則，退一步說，即使《漢書·張騫李廣利傳》和《史記·大宛列傳》相應部份存在如說者所說的同樣的錯簡，又安知不是班固並未詳察，逕自《史記》採錄的結果。說者以爲像班固這樣的大學問家不可能犯這樣的錯誤。但《資治通鑑·漢紀一三》（武帝太初三年）大抵照錄《史記》或《漢書》的相應部份，豈非即使像司馬光這樣的大學問家也可能犯這樣的錯誤？[10] 更何況，在《漢書·張騫李廣利傳》業已錯簡以後，妄人根據以修改《史記·大宛列傳》，以致後者出現類似錯亂的可能性同樣無法排除。

最後，應該指出的是說者認爲荀悅《漢紀》的有關文字支持了上述錯簡說。今案：這同樣是站不住腳的。《漢紀·孝武皇帝紀五》（卷一四）有關記載如下：

四年春正月，貳師將軍李廣利斬大宛王首，獲汗血馬。初，廣利將騎六千、步兵數萬人至貳師城下取善馬，西至郁（夷）[成] 城。當道小國各城守，不肯給食，食乏而還，往來二歲。到燉煌，士卒十遺二三，上書請罷兵。上大怒，乃益發兵卒六萬人，負從者不豫，牛十萬、馬二萬，驢騾駝駞以（十）

萬數，多齎糧，轉運奉軍，天下騷動。廣利遂進兵，當道小國皆送迎，給稟食，徑到大宛城。圍宛三十餘日，宛中貴人共殺其王毋寡，奉其首，出食給軍，悉出善馬。漢擇取其善馬數十匹、中馬三千餘匹。乃共與立宛貴人昧蔡爲王，與盟而還。

從中無論如何找不出有利於上說成立的證據來，即使《漢書》原文"轉相奉"當按《漢紀》作"轉運奉軍"也罷。

三

《史記·大宛列傳》乃獨立成篇，並非摘自《漢書·張騫李廣利傳》和《漢書·西域傳》；主要證據如下：

一、《史記·大宛列傳》用辭較《漢書·張騫李廣利傳》和《漢書·西域傳》爲古。

例1：《史記·大宛列傳》載李廣利首次伐宛失利，敗歸，武帝大怒，"使使遮玉門，曰軍有敢入者輒斬之！""玉門"，《漢書·張騫李廣利傳》作"玉門關"。今案：《漢書·西域傳上》稱西域"東則接漢，阸以玉門、陽關"，知是所謂"玉門"應卽"玉門關"，[11] 或以爲《史記》之"玉門"乃指"玉門縣"[12]；未安；[13] 祇是《史記》僅見"玉門"，而《漢書》旣見"玉門"又見"玉門關"。有證據表明"玉門"這一稱呼早於"玉門關"，《漢書·西域傳下》引武帝詔曰：

> 朕發酒泉驢橐駝負食，出玉門迎軍。

可見太史公時代流行的正是玉門這一稱呼。《漢書·地理志下》酒泉郡玉門縣下顏注引闞駰曰："漢罷玉門關屯，徙其人於此。"或據以爲玉門縣置於玉門關屯罷之後。[14] 果然，則很可能"玉門關"最初僅稱"玉門"，祇是在"玉門"又被用作縣名之後纔加上"關"字的。近年所出西漢乃至東漢初期的敦煌漢簡有"陽關都尉府"而無玉門關都尉之稱，[15] 似乎亦可爲證。實難設想，從《漢書·張騫李廣利傳》中摘取材料僞造《史記·大宛列傳》者會將後來流行的"玉門關"改爲"玉門"。

例2：《史記·大宛列傳》載李廣利圍攻宛都時，與趙始成等商議之言有"聞宛城中新得秦人，知穿井"云云。"秦人"，《漢書·張騫李廣利傳》作"漢人"。兩者涵義相同，而後者出現的年代無疑遲於前者。《漢書·西域傳下》載武帝詔引軍候弘上書之言有云："秦人，我匃若馬。"《漢書·匈奴傳上》載衛律爲壺衍鞮單于謀曰："穿井築城，治樓以藏穀，與秦人守之。漢兵至，無奈我何。"前者的年代爲武帝征和四年（前89年），後者則爲昭帝始元四年（前83年），亦可爲證。

例3：《史記·大宛列傳》稱敦煌以西地區爲"西北"、"西北國"、"西國"、"西北外國"：

> 初，天子發書易，云"神馬當從西北來"。得烏孫馬好，名曰"天馬"。及得大宛汗血馬，益壯，更名烏孫馬曰"西

極"，名大宛馬曰"天馬"云。而漢始築令居以西，初置酒泉郡以通西北國。因益發使抵安息、奄蔡、黎軒、條枝、身毒國。而天子好宛馬，使者相望於道。……而匈奴奇兵時時遮擊使西國者。……西北外國使，更來更去。宛以西，皆自以遠，尚驕恣晏然，未可詘以禮羈縻而使也。……

並不使用"西域"這一稱呼。不僅如此，《史記·大宛列傳》將"西域"一詞用來稱呼匈奴西部領地："是歲漢遣驃騎破匈奴西域數萬人，至祁連山"；"單于復以其父之民予昆莫，令長守於西域"。[16] 與此相對，《漢書·張騫李廣利傳》在使用"西北國"的同時也使用"西域"一詞來指稱玉門關、陽關以西地區。正因為如此，《漢書》編者纔將上引《史記·大宛列傳》的"匈奴西域"改為"匈奴西邊"。這是《漢書·張騫李廣利傳》較《史記·大宛列傳》晚出，而且曾參考、引用後者的證據。實難設想，從《漢書·張騫李廣利傳》和《漢書·西域傳》中摘取材料偽造《史記·大宛列傳》者不僅放棄流行已久的"西域"這一稱呼，而且將它挪作別用。

二、《史記·大宛列傳》若干敘述與《漢書·張騫李廣利傳》、《漢書·西域傳》有重要區別。這些區別的性質說明前者是獨自成篇的，不可能摘自後者。

例1：《史記·大宛列傳》稱："大月氏王已為胡所殺，立其太子為王。"《漢書·張騫李廣利傳》則稱："大月氏王已為胡所殺，立其夫人為王。"很難設想僅僅根據《漢書·張騫李廣利傳》和《漢書·西域傳》偽造《史記·大宛列傳》者能夠作出這樣的變更。

因爲雖然兩者所述不同，客觀上卻是相互包容的。具體而言，很可能大月氏王死後，其太子便被扶立爲王，祇是因爲年幼，一度由其夫人攝政。《史記》與《漢書》祇是各執一端，並不存在實質性矛盾。

例2：《史記·大宛列傳》稱：月氏"故時彊，輕匈奴，及冒頓立，攻破月氏，至匈奴老上單于，殺月氏王，以其頭爲飲器。始月氏居敦煌、祁連間，及爲匈奴所敗，乃遠去，過宛，西擊大夏而臣之，遂都嬀水北，爲王庭"。今案：種種證據表明月氏放棄伊犁河、楚河流域，西徙大夏地應在軍臣單于時，上引《史記·大宛列傳》的記述與這一結論並無牴牾之處。與此相對，《漢書·西域傳上》則稱：大月氏"故彊，輕匈奴。本居敦煌、祁連間，至冒頓單于攻破月氏，而老上單于殺月氏，以其頭爲飲器，月氏乃遠去，過大宛，西擊大夏而臣之，都嬀水北爲王庭"。似乎月氏放棄伊犁河、楚河流域，西徙大夏地應在老上單于時。因此，不能不認爲上引《漢書·西域傳》的有關記述乃承襲《史記·大宛列傳》且有失原意。說者雖未明言《史記·大宛列傳》中有摘自《漢書·西域傳》的內容，但按其說的內在邏輯，《史記·大宛列傳》中有關西域諸國的描述無疑採自《漢書·西域傳》，而這顯然是與事實不符的。

例3：《史記·大宛列傳》載張騫之言稱："臣居匈奴中，聞烏孫王號昆莫，昆莫之父，匈奴西邊小國也。匈奴攻殺其父，而昆莫生棄於野。烏嗛肉蜚其上，狼往乳之。單于怪以爲神，而收長之。及壯，使將兵，數有功，單于復以其父之民予昆莫，令長守於西域。昆莫收養其民，攻旁小邑，控弦數萬，習攻戰。單于死，昆莫乃率其衆遠徙，中立，不肯朝會匈奴。匈奴遣奇兵擊，不勝，以爲神而遠之，因羈屬之，不大攻。今單于新困於漢，而故渾邪地空無人。蠻夷俗貪漢財物，今誠以此時而厚幣賂烏孫，招以益東，居故渾邪之地，與漢結昆弟，其勢宜聽，聽則是斷匈奴右臂也。旣連烏孫，自其西大夏之屬皆可招來而爲外臣。"據此，則烏孫昆莫爲匈奴所殺。

與此相對，《漢書·張騫李廣利傳》所載張騫之言爲："臣居匈奴中，聞烏孫王號昆莫。昆莫父難兜靡本與大月氏俱在祁連、焞煌間，小國也。大月氏攻殺難兜靡，奪其地，人民亡走匈奴。子昆莫新生，傅父布就翎侯抱亡置草中，爲求食，還，見狼乳之，又烏銜肉翔其旁，以爲神，遂持歸匈奴，單于愛養之。及壯，以其父民衆與昆莫，使將兵，數有功。時，月氏已爲匈奴所破，西擊塞王。塞王南走遠徙，月氏居其地。昆莫旣健，自請單于報父怨，遂西攻破大月氏。大月氏復西走，徙大夏地。昆莫略其衆，因留居，兵稍彊，會單于死，不肯復朝事匈奴。匈奴遣兵擊之，不勝，益以爲神而遠之。今單于新困於漢，而昆莫地空。蠻夷戀故地，又貪漢物，誠以此時厚賂烏孫，招以東居故地，漢遣公主爲夫人，結昆弟，其勢宜聽，則是斷匈奴右臂也。旣連烏孫，自其西大夏之屬皆可招來而爲外臣。"據此，則殺死烏孫昆莫的是大月氏，與《史記·大宛列傳》截然不同。更重要的是《漢書·西域傳》有關塞種爲月氏所逐，月氏復爲烏孫所逐之類記事完全不見於《史記·大宛列傳》。

與例1相似，這一區別也不是可以人爲製造的。不僅是如此作僞的動機不可思議，更重要的是兩者所述其實是相互包容的，很可能受匈奴衝擊而潰逃的月氏人殺死了烏孫昆莫。也就是說，烏孫昆莫直接死於月氏之手，間接死於匈奴之手。在這裏，班馬雖然各執一端，卻並不存在矛盾。[17]這充分說明兩者各有獨立的資料來源，這些資料所述似乎不同，但各自反映了事實的一個側面。班固關於匈奴、月氏、塞種三者多米諾式遷徙的記述雖然依據後來獲得的信息，但在某些方面反而不如太史公早期所得接近事情本質。至於兩書均將所述納入張騫之言，在《史記》祇是記錄事實，在《漢書》也許是爲了行文方便而已。

另外，王充《論衡·吉驗篇》有一段沒有注明出處的引文：

烏孫王號昆莫，匈奴攻殺其父，而昆莫生棄於野，烏銜肉往食之。單于怪之，以爲神，而收長［之］。及壯，使［將］兵，數有功，單于乃復以其父之民予昆莫，令長守於西（城）［域］。[18]

既稱昆莫之父爲匈奴所殺，則應該出自《史記·大宛列傳》。蓋昆莫之父爲匈奴所殺的傳說除《史記·大宛列傳》外不見於其他記載，《論衡·談天篇》引《史記·大宛列傳》末尾"太史公曰"一段亦可證明王充確曾讀過《史記·大宛列傳》。王充既與班固爲同時代人，則班固也應該讀過《史記·大宛列傳》，因而不能排除《漢書·張騫李廣利傳》和《漢書·西域傳》與《史記·大宛列傳》相似的部份乃採自後者的可能性。至於若干相異，例如烏孫昆莫的傳說，祇能認爲是前者根據新資料補充修改的結果。蓋難以想象利用《漢書》僞造《史記·大宛列傳》者唯獨在昆莫的傳說這一點上不用《漢書》而從《論衡》中摘錄並加以補充。

例4：對照兩傳關於烏孫、康居、大月氏、安息等國的記載便能發現，《史記·大宛列傳》所載西域諸國的情況遠較《漢書·西域傳》籠統和簡略，這也是後者晚出的證據。蓋張騫個人當時所得信息必不如其後衆多漢使及歷任西域都護所得爲多。

三、《漢書·張騫李廣利傳》稱："騫身所至者，大宛、大月氏、大夏、康居，而傳聞其旁大國五六，具爲天子言其地形、所有。語皆在'西域傳'。"如果《史記·大宛列傳》乃摘自《漢書·張騫李廣利傳》和《漢書·西域傳》，作僞者不僅必須從《漢書·張騫李廣利傳》中摘出張、李的事蹟，而且必須從《漢書·西域傳》中摘出張騫首次西使時所獲得的當時西域諸國的情況。不言而喻，做到這一點是十分困難的，甚至可以說是不可能的。因爲《漢書·西域傳》在記錄西域事情時，並沒有區分張騫首次出使前後的情況。而仔細研究現存《史記·大宛列傳》便可發現該傳確實保存了若干重要的時代特徵。

例1：《史記·大宛列傳》稱："大月氏在大宛西可二三千里，居嬀水北。"這應該是張騫首次西使抵達大月氏國時瞭解到的情況。然而在《漢書·西域傳上》中，既稱"大月氏國治監氏城"，又稱大月氏"都嬀水北爲王庭"。這實際上說的是大月氏國最初都於嬀水之北，後來遷都水南，以大夏都城爲都城。《漢書·西域傳》

取消了大夏的專條，同時又不再提及"其都曰藍市城"，均可說明這一點。蓋藍市城卽監氏城。[19] 大月氏作爲一個騎馬遊牧部族，自伊犁河、楚河流域的草原地帶遷入阿姆河流域的農耕區，起初沒有都城，後來走向定居，以征服的大夏國的都城爲自己的王治，是符合一般規律的。將《史記·大宛列傳》和《漢書·西域傳》的記載結合起來看，這一過程就很清楚。這是僅僅依據《漢書·西域傳》的作僞者所無從得知的。

例2：《史記·大宛列傳》列條支國條於安息之後，且明載"其西則條枝"。然而《漢書·西域傳上》列條支國事情於烏弋山離條後，且明載烏弋山離國西與"條支接"。這一變化產生的原因顯然是因爲在張騫身在大月氏時，被《漢書·西域傳》稱爲烏弋山離國的塞人王國尚未出現。[20] 如果僅僅依據《漢書·西域傳》，作僞者又從何得知這些情況，從而作出相應的文字修改。

例3：《史記·大宛列傳》稱康居"南羈事月氏，東羈事匈奴"。《漢書·西域傳》僅載該國"東羈事匈奴"。這一區別亦事出有因。蓋張騫首次西使抵達大月氏時，康居尚是一個小國，控弦不過"八九萬人"；而且當時"控弦者可一二十萬"的大月氏尚設王庭在嬀水以北，康居役屬之，應在情理之中。可是在《漢書·西域傳》描述的時代，大月氏已遷都嬀水以南，去康居較前爲遠，而且康居的實力已較前大爲增強，勝兵已達"十二萬人"，當然不必再受大月氏役使了。作僞者似乎也不可能僅據《漢書·西域傳》作出這些改動。

■ 注釋

[1] 榎一雄"史記大宛傳との漢書張騫・李廣利傳關係について",《東洋學報》64～1, 2（1983年）, pp. 1-32, 與本文結論相同, 但論述多有不同, 可參看。榎一雄的意見又見"漢書西域傳の研究——フールスウェ・岑仲勉兩氏の近業を中心として——",《東方學》64（1982年）, pp. 130-142。

[2] 引自瀧川資言考證、水澤利忠校補《史記會注考證附校補》卷一二三, 上海古籍出版社, 1986年, p. 1975。

[3] 師古曰:"序目本無'兵書', 張云亡失, 此說非也。"今案:顏說未安。"兵書"即"律書", 見趙翼《廿二史劄記》卷一"《史記》'律書'即'兵書'"條。

[4] 趙翼《廿二史劄記》卷一"褚少孫補《史記》不止十篇"條, 以爲褚氏所補不止十篇。張氏所舉之外, 尚有"外戚世家"、"田叔列傳"、"張丞相列傳"、"楚元王世家"、"齊悼惠王世家"、"匈奴列傳"等。今案:卽如趙氏所舉, "大宛列傳"亦不在其列。

[5] 注3所引趙翼書卷一"《史記》編次"條曰:"《史記》列傳次序, 蓋成一篇卽編入一篇, 不待撰成全書後, 重爲排比。故'李廣傳'後忽列'匈奴傳', 下又列'衛青霍去病傳'。朝臣與外夷相次, 已屬不倫, 然此猶曰諸臣事皆與匈奴相涉也。'公孫弘傳'後忽列'南越'、'東越'、'朝鮮'、'西南夷'等傳, 下又列'司馬相如傳', '相如'之下又列'淮南衡山王傳'。'循吏'後忽列'汲黯鄭當時傳', '儒林'、'酷吏'後又忽入'大宛傳', 其次第皆無意義, 可知其隨得隨編也。"今案:衛青、霍去病事蹟與匈奴相涉, 故本傳列於"匈奴列傳"後;公孫弘使匈奴、數諫事西南夷, 主父偃諫伐匈奴, 故本傳列於"衛將軍驃騎列傳"之後, "南越列傳"等四傳之前;

都是可以理解的。至於"淮南衡山列傳"以下，均係同類人物合傳。趙氏說未必是。

[6] G. Haloun, "Zur Üe-ts.ĭ-Frage." *Zeitschrift der Deutschen Morgenlandischen Gesellschaft* 91 (1937), pp. 243-318. 作者以爲司馬遷所作"張騫傳"見於《史記·衛將軍列傳》的附錄。今案：此說亦誤。該傳所附諸傳均後人增添，並非出自太史公之手；前人於此多有論考，茲不贅。

[7] A. F. P. Hulsewé 的觀點最初見於 1973 年在日本東方學會所作演講：A. F. P. フールスウエ"漢書卷六十一と史記卷百二十三との關係"（榎一雄譯），《東方學》47（1974 年），pp. 119-133。嗣後，作者又發表 "The Authenticity of Shi-chi ch. 123." *T'oung Pao* 61 1/3 (1975), pp. 83-147，進一步申述其說，且三復斯言於 A. F. P. Hulsewé; M. A. N. Loewe, *China in Central Asia. The Early Stage:125B. C.-A. D.23*. Leiden, 1979.

[8] 注 1 所引榎一雄文以爲李廣利第二次伐宛時，首先出發者爲亦可稱爲前軍的先遣部隊（由五十餘校尉率領的六萬人馬），然後纔是李廣利親率領之本軍（人數不詳，但不會少於前軍）。前軍到達大宛後便發動攻擊，而當李廣利的本軍到達後又發動了新的攻擊。傳文分別記錄了前軍和本軍的行動，說者將這一先一後的行動理解爲一次發生的，遂以爲原文存在錯簡。最容易產生誤解的地方是前軍進攻大宛城時，試圖改變城中人汲水的河流之流向，以斷絕水的供應，而本軍的做法是決其水源之堤，使水流向別處。換言之，這是兩種不同的行爲，不能混爲一談。今案：此說未安。五十餘校尉及六萬人馬便是李廣利親率的大軍（到達宛都者三萬，還入玉門者萬餘）。分爲數軍是出敦煌之後的事。也沒有證據表明李廣利的前軍和本軍曾分別對大宛都城發動攻擊。傳文分別加以記載的是隨李廣利出關的戰鬥

人員和後勤人員的活動。至於"遣水工徙其城下水空以穴其城"與"決其水原移之"其實是指同一種行爲：亦卽決移其引水入城的溝渠，使水供應斷絕；引水入城之溝渠旣已無水，則成攻城之穴道；此所謂"穴其城"。兩句的區別在於前者是作爲出兵時的計劃提到的，後者則是具體的軍事行動。《資治通鑒·漢紀一三》胡注"遣水工徙其城下水空以穴其城"曰："此書遣水工將以徙水穴城也，下書決水原攻城，正行其初計耳，非再敍其事也。"這可謂得其正也。另請參看余太山《塞種史研究》，中國社會科學出版社，1992年，pp. 73-74。

[9] 見王念孫《讀書雜誌》卷四之十一。

[10] 司馬光畢竟不是庸才，王念孫所指錯簡並未照錄。可見在他看來照錄的部份中並無錯簡存在。

[11] 陳夢家"玉門與玉門縣"，載《漢簡綴述》，中華書局，1980年，pp. 195-204。

[12] 向達"兩關雜考"，載《唐代長安與西域文明》，三聯書店，1987年，pp. 373-392。

[13] 見注11所引陳夢家文。

[14] 馬雍"西漢時期的玉門關和敦煌郡的西境"，載《西域史地文物叢考》，文物出版社，1990年，pp. 11-15。

[15] 參見注14所引馬雍文。

[16] 王念孫《讀書雜誌》卷三之六："'漢遣驃騎破匈奴西城數萬人'，凌稚隆曰：'"西城"，《漢書》作"西邊"，是。'念孫案：'邊'與'城'形聲俱不相近。若《史記》本是'邊'字，無緣誤爲'城'也。'城'當爲'域'字之誤也。"今案：其說甚是，昆莫長守之地卽在匈奴之"西域"。中華書局標點本《史

記》已據改。

[17] 參看注 8 所引余太山書，pp. 133-134。

[18] 文字按黃暉《論衡校釋》，中華書局，1990 年，p. 87。"西域"作"西城"，可能是後人據誤本《史記》所改；否則，便是此誤由來已久。

[19] 參看注 8 所引余太山書，pp. 168-174。

[20] 參看注 8 所引余太山書，pp. 59-63。

二 《後漢書·西域傳》與《魏略·西戎傳》的關係

本文旨在說明《後漢書·西域傳》有一部份內容採自《魏略·西戎傳》。確認這一點不僅有助於這部份文字的釐定,亦有助於這部份史料的詮釋。

一

《後漢書·西域傳》序稱:"班固記諸國風土人俗,皆已詳備前書。今撰建武以後其事異於先者,以爲'西域傳',皆安帝末班勇所記云。"又據《後漢書·班梁列傳》,班勇於順帝永建二年(127年)與敦煌太守張朗擊焉耆,因"後期,徵下獄,免。後卒于家"。由此可見,班勇在西域的活動截止於永建二年,也就是說,這一年應該是"班勇所記",亦卽《後漢書·西域傳》所記西域事情年代之下限。但是,《後漢書·西域傳》所傳有年代可稽諸事中顯然有許多遲於永建二年者,例如:順帝永建六年,"復令開設屯田如永元時事，置伊吾司馬一人"；又如：桓帝元嘉二年（152年），西域"長史王敬爲于寘所沒"；以及"永興元年（153年），車師後王復反攻屯營"等等。而其中紀年最遲者應爲靈帝熹平四年（175年）"于寘王安國攻拘彌，大破之，殺其王，死者甚衆，戊己校尉、西域長史各發兵輔立拘彌侍子定興爲王"一事。這就是說，《後漢書·西域傳》的資料來源並非如編者所言，僅僅依據"班勇所記"。

除"班勇所記"外，《後漢書·西域傳》所據資料之一，便是《魏略·西戎傳》，最明顯的證據是下面的一則記述：

或云其國西有弱水、流沙，近西王母所居處，幾於日所入也。《漢書》云"從條支西行二百餘日，近日所入"，則與今書異矣。前世漢使皆自烏弋以還，莫有至條支者也。又云"從安息陸道繞海北出海西至大秦，人庶連屬，十里一亭，三十里一置，終無盜賊寇警。而道多猛虎、師子，遮害行旅，不百餘人，齎兵器，輒爲所食"。又言"有飛橋數百里可度海北諸國"。所生奇異玉石諸物，譎怪多不經，故不記云。

"或云"以下爲《三國志·魏書·烏丸鮮卑東夷傳》裴注所引《魏略·西戎傳》如下兩節之摘要無疑，蓋"其國"乃指大秦國：

前世謬以爲條支在大秦西，今其實在東。前世又謬以爲彊於安息，今更役屬之，號爲安息西界。前世又謬以爲弱水在條支西，今弱水在大秦西。前世又謬以爲從條支西行二百餘日，近日所入，今從大秦西近日所入。

……

大秦西有海水，海水西有河水，河水西南北行有大山，西有赤水，赤水西有白玉山，白玉山有西王母，西王母西有脩流沙。

《魏略·西戎傳》所批判的前世謬見顯然出諸《史記·大宛列傳》和《漢書·西域傳》，[1] 而《後漢書·西域傳》在弱水、流沙、西王母乃至"日所入"的地理位置方面所肯定的"今書"，顯然就是《魏略》。

"又云"以下則分明摘自《魏略·西戎傳》，蓋後者有如下文字：

從安息繞海北到其國，人民相屬，十里一亭，三十里一置，終無盜賊。但有猛虎、獅子爲害，行道不羣則不得過。

相異部份不妨認爲是裴注所引與《魏略·西戎傳》原文有出入。當然，也可能《後漢書·西域傳》所引與《魏略·西戎傳》原文有出入。而如果將兩者結合起來，《魏略·西戎傳》這則記載之原文或可釐定如下：

從安息陸道繞海北到其國，人民相屬，十里一亭，三十里一置，終無盜賊寇警。但有猛虎、獅子，爲害行旅，不百餘人，齎兵器，輒爲所食。

按理說，《魏略·西戎傳》所載應爲曹魏時西北諸戎或西域諸國事情。但是，以上《後漢書·西域傳》所引用或摘取者，均爲西域地理位置和交通路線，一般說來，與年代並無關係。故無妨採入《後漢書·西域傳》。

二

既然有證據表明《後漢書·西域傳》確曾引用和摘錄《魏略·西戎傳》，就不無理由認爲前者所見若干與後者相似的段落也有可能是依據後者改寫的。例如有關大秦國的記載：

1.《後漢書·西域傳》載："大秦國一名犛靬，以在海西，亦云海西國。地方數千里，有四百餘城。小國役屬者數十。以石爲城郭。列置郵亭，皆堊墍之。有松柏諸木百草。人俗力田作，多種樹蠶桑。皆髡頭而衣文繡，乘輜軿白蓋小車，出入擊鼓，建旌旗幡幟。"

《魏略·西戎傳》則載："大秦國一號犛軒……其國在海西，故俗謂之海西。……國有小城邑合四百餘，東西南北數千里。……以石爲城郭。其土地有松、柏、槐、梓、竹、葦、楊柳、梧桐、百草。民俗，田種五穀……桑蠶。……旌旗擊鼓，白蓋小車，郵驛亭置如中國。"

今案：兩者遣詞造句皆極其相似。其承襲關係可以說十分明顯。前者所見"皆堊墍之"、"皆髡頭"、"乘輜軿"之類不見於後者的記載，均不妨認爲是裴注之奪漏，《魏略·西戎傳》原文或者均有之。

2.《後漢書·西域傳》又載："所居城邑，周圍百餘里。城中有五宮，相去各十里。宮室皆以水精爲柱，食器亦然。其王日遊一宮，聽事五日而後徧。常使一人持囊隨王車，人有言事者，卽以書投囊中，王至宮發省，理其枉直。各有官曹文書。置三十六將，皆會議國事。其王無有常人，皆簡立賢者。國中災異及風雨不時，輒廢而更立，受放者甘黜不怨。其人民皆長大平正，有類中國，故謂之大秦。"

《魏略·西戎傳》則載："其王所治城周回百餘里，有官曹文書。王有五宮，一宮間相去十里，其王平旦之一宮聽事，至日暮一宿，明日復至一宮，五日一周。置三十六將，每議事，一將不至則不議也。王出行，常使從人持一韋囊自隨，有白言者，受其辭投囊中，還宮乃省爲決理。以水晶作宮柱及器物。"

今案：《後漢書·西域傳》文字與裴注所引同源於此亦顯而易見。"其王無有常人"以下數句似可補入裴注所引《魏略·西戎傳》。

3.《後漢書·西域傳》又載："土多金銀奇寶，有夜光璧、明月珠、駭雞犀、珊瑚、虎魄、琉璃、琅玕、朱丹、青碧。刺金縷繡、織成金縷罽、雜色綾。作黃金塗、火浣布。又有細布，或言水羊毳，野蠶繭所作也。合會諸香，煎其汁以爲蘇合。凡外國諸珍異皆出焉。"

今案：所列諸物，絕大多數見載於《魏略·西戎傳》。所缺者唯"朱丹"一種以及"合會諸香，煎其汁以爲蘇合"一句。"朱丹"也許是後者所見"朱髦"之誤，"合會諸香"云云，也可能是裴注引文奪脫。也就是說，不妨認爲這一節也是刪節《魏略·西戎傳》而成。

4.《後漢書·西域傳》又載："以金銀爲錢，銀錢十當金錢一。與安息、天竺交市於海中，利有十倍。"

《魏略·西戎傳》則載："作金銀錢，金錢一當銀錢十。……數與安息諸國交市於海中。"

今案：裴注所引"安息"下應奪"天竺"二字，"海中"下可補"利有十倍"四字。

5.《後漢書·西域傳》："其人質直，市無二價。穀食常賤，國用富饒。鄰國使到其界首者，乘驛詣王都，至則給以金錢。其王常欲通使於漢，而安息欲以漢繒綵與之交市，故遮閡不得自達。至桓帝延熹九年，大秦王安敦遣使自日南徼外獻象牙、犀角、瑇瑁，始乃一通焉。其所表貢，並無珍異，疑傳者過焉。"

除了"至桓帝延熹九年"以下文字外，此節亦摘自《魏略·西戎傳》的可能性不能排除。質言之，得視爲裴注轉引時刪去者。蓋班超遣甘英使大秦未果，於該國情況不得其詳而知，該國至桓帝時來獻，東漢檔案中缺乏有關情況，《後漢書·西域傳》編者便自《魏略·西戎傳》摘錄之。

從上面的對照已不難看出《後漢書·西域傳》有關大秦國的記載與《魏略·西戎傳》存在很密切的關係。質言之，即使不是後者摘自前者，兩者也必定存在共同的資料來源。

除了大秦國的記載外，《後漢書·西域傳》關於"東離國"的記載亦可能采自《魏略·西戎傳》。

前者稱："東離國，居沙奇城，在天竺東南三千餘里，大國也。其土氣、物類與天竺同。列城數十，皆稱王。大月氏伐之，遂臣服焉。男女皆長八尺，而怯弱。乘象、駱駝，往來鄰國。有寇，乘象以戰。"

後者則載："車離國一名禮惟特，一名沛隸王，在天竺東南三千餘里，其地卑溼暑熱。其王治沙奇城，有別城數十，人民怯弱，月氏、天竺擊服之。其地東南西北數千里，人民男女皆長一丈八尺，乘象、橐駝以戰，今月氏役稅之。"

今案：比較兩傳文字，可見裴注所引"三千餘里"之下可補"其土氣、物類與天竺同"九字。"別城數十"後應補"皆稱王"三字。而《後漢書》所引"東離"應為"車離"之訛，[2]"列城"應為"別城"之誤，"八尺"前奪"一丈"二字。

三

揆情度理，"班勇所記"無疑不可能包括東漢之後的事情。反過來，《魏略·西戎傳》卻完全可能記述曹魏之前的事情。就裴注所引文字而言，便可見到"始建武時"以及"從建武以來"等，可知《魏略·西戎傳》敍事往往追溯至東漢初。而具體記載又有"陽嘉三年（134年）時，疏勒王臣槃獻海西青石、金帶各一"之類。由此可見，《魏略·西戎傳》所傳確有東漢時事情。《後漢書·西域傳》編者能從《魏略·西戎傳》中摘錄到可以編入《後漢書·西域傳》的資料是合乎情理的。特別如上引《後漢書·西域傳》摘自《魏略·西戎傳》的文字，其內容除了諸國方位、國與國之間交通路線等時間性不強的資料外，便是有關大秦國、車離國等的一般形勢，後者由於描述的線條粗疏之至，自東漢末至曹魏初的變化可以忽略不計。也就是說，《後漢書·西域傳》的編者無妨從《魏略·西戎傳》中把這部份材料摘取出來，作爲東漢時代的西域資料使用。雖然，如果這些資料並非《後漢書·西域傳》的編者直接摘自《魏略·西戎傳》，而是摘自另一本《魏略·西戎傳》編者同樣作爲依據的書，則兩者使用同樣的資料分別描述東漢和曹魏時代的大秦國和東離國另有充分的依據亦未可知。但是，這種可能性實在微乎其微，因爲裴松之（372—451年）與范曄（398—445年）年代相去不遠，若當時尚有魚豢所依據之書傳世，可供范曄引用，則裴注似乎也不可能引用《魏略·西戎傳》了。

值得注意的是，《後漢書·西域傳》有如下一則記載："自安息西行三千四百里至阿蠻國。從阿蠻西行三千六百里至斯賓國。從斯賓南行度河，又西南至于羅國九百六十里，安息西界極矣。自此南乘海，乃通大秦。其土多海西珍奇異物焉。"所述不見於《魏略·西戎傳》，但似乎不可能是《魏略·西戎傳》的佚文。因爲"其土（大秦）多海西珍奇異物焉"一句，與同傳的下文有所重複："土多金銀奇寶……凡外國諸珍異皆出焉。"由此亦可見，上述《後漢書·西域傳》與《魏略·西戎傳》相似之處不太可能是《魏略·西戎傳》編者抄錄"班勇所記"造成的。

最後，應該指出《後漢書·西域傳》與《魏略·西戎傳》相類似的文字未必便是前者摘自後者，必須具體問題具體分析。尤其應該指出的是《後漢書·西域傳》有以下文字：

> 會匈奴衰弱，莎車王賢誅滅諸國，賢死之後，遂更相攻伐。小宛、精絕、戎盧、且末爲鄯善所并。渠勒、皮山爲于寘所統，悉有其地。郁立、單桓、狐胡、烏貪訾離爲車師所滅。後其國並復立。

與《魏略·西戎傳》的以下記述雷同：

> 南道西行，且志國、小宛國、精絕國、樓蘭國皆并屬鄯善也。戎盧國、扞彌國、渠勒國、皮山國皆并屬于寘。罽賓國、大夏國、高附國、天竺國皆并屬大月氏。

> 中道西行，尉梨國、危須國、山王國皆并屬焉耆，姑墨國、溫宿國、尉頭國皆并屬龜茲也，楨中國、莎車國、竭石國、渠莎國、西夜國、依耐國、滿犁國、億若國、榆令國、捐毒國、休脩國、琴國皆并屬疏勒。

> 北新道西行，至東且彌國、西且彌國、單桓國、畢陸國、蒲陸國、烏貪國，皆并屬車師後部王。

但決不能認爲前者摘自後者或兩者同出一源。雖然後者有云："西域諸國，漢初開其道，時有三十六，後分爲五十餘。從建武以來，更相吞滅，于今有二十。"[3] 所謂"于今有二十"，乃指《魏略》所描述的曹魏時代西域局勢無疑，[4] 但《魏略·西戎傳》的文字似乎是說這種西域綠洲大國稱霸的局勢始自東漢初，正因爲如此，兩傳中纔出現類似的描述。殊不知曹魏時代西域綠洲大國稱霸的局勢並非建武初，而是東漢末的變動所造成。建武初西域一度確曾出現類似的綠洲大國稱霸的局勢，而由於東漢的西域經營，這種局勢已經消失。《魏略》編者於此未予深究，逕將曹魏時代西域綠洲大國的稱霸現象溯源於建武初，顯然非是。[5]

■ 注釋

[1] 參看余太山《塞種史研究》，中國社會科學出版社，1992年，pp. 188-189。

[2] 參看余太山"第一貴霜考"，《中亞學刊》第4輯，北京大學出版社，1995年，pp. 73-96。

[3] 中華書局標點本作"……于今有二十道。從燉煌玉門關入西域……"。今案：標點有誤，"於今二十道"，不辭。"道"字當屬下。前文"時有三十六"，"後分爲五十餘"，數字後均省略"國"字，可以爲證。

[4] "二十"不過約數。似指鄯善國、于窴國、大月氏國、龜茲國、疏勒國、車師後國，以及車離國、盤越國、大宛國、安息國、條支國、烏弋國、大秦國、烏孫國、康居國、北烏伊別國、柳國、巖國、奄蔡國等。

[5] 參看本書附卷二第三篇。

三 《梁書·西北諸戎傳》與《梁職貢圖》
—— 兼說今存《梁職貢圖》殘卷與裴子野《方國使圖》的關係

本文旨在說明《梁書·西北諸戎傳》與相傳出自梁元帝之手的《職貢圖》之間的關係,以及南京故宮博物院今存所謂《梁職貢圖》殘卷圖像、題記之原底可能出諸裴子野《方國使圖》。

一

梁元帝蕭繹有《職貢圖》之作。所著《金樓子·著書一〇》[1]（卷五）有載:"《貢職圖》一袟一卷。"《梁書·元帝紀》與《南史·梁元帝紀》亦均稱元帝有《貢職圖》一卷。《藝文類聚·雜文部一》[2]（卷五五）則錄有梁元帝"《職貢圖》序":

> 竊聞職方氏掌天下之圖,四夷八蠻,七閩九貉,其所由來久矣。漢氏以來,南羌旅距,西域憑陵,創金城,開玉關,絕夜郎,討日逐,覩犀甲則建朱崖,聞蒲陶則通大宛,以德懷

遠，異乎是哉。皇帝君臨天下之四十載，垂衣裳而賴兆民，坐巖廊而彰萬國。梯山航海，交臂屈膝，占雲望日，重譯至焉。自塞以西，萬八千里，路之峽者，尺有六寸，高山尋雲，深谷絕景，雪無冬夏，與白雲而共色，水無早晚，與素石而俱貞。踰空桑而歷昆吾，度青丘而跨丹穴，災風弱水，不革其心，身熱頭痛，不改其節，故以明珠翠羽之珍，細而弗有，龍文汗血之驥，却而不乘。尼丘乃聖，猶有圖人之法，晉帝君臨，寔聞樂賢之象。甘泉寫閼氏之形，後宮玩單于之圖。臣以不佞，推轂上游。夷歌成章，胡人遙集，款開蹶角，沿泝荊門。瞻其容貌，訴其風俗。如有來朝京輦，不涉漢南，別加訪採，以廣聞見，名爲《貢職圖》云爾。

《藝文類聚·巧藝部》（卷七四）又有梁元帝"《職貢圖》贊"：

北通玄兔，南漸朱鳶，交河悠遠，合浦迴邅，茲海無際，陰山接天，遝哉鳥穴，永矣雞田。

由此可知蕭繹《職貢圖》又稱《貢職圖》，是圖取材於蕭繹鎮荊州時。
按之《梁書·元帝紀》，蕭繹出任荊州刺史前後凡二次，第一次自武帝普通七年（526年）至大同五年（539年）。第二次自太清元年（547年）至承聖元年（552年）。其間即"（大同）五年，入爲安右將軍、護軍將軍，領石頭戍軍事。六年，出爲使持節、都督江州諸軍事、鎮南將軍、江州刺史"。[3] 而所謂"皇帝君臨天下之四十載"乃指梁武帝登基（天監元年卽502年）第四十年亦卽大同七年（541年）。由此可見，是圖開始創作可能在第一次任荊州刺史之際，圖序則作於大同七年爲江州刺史時。[4]

據《南史·梁元帝紀》，元帝於敗亡前曾"聚圖書十餘萬卷盡燒之"，《職貢圖》似乎不在劫中。《隋書·經籍志》雖未著錄，《舊唐書·經籍志上》、《新唐書·藝文志二》卻明確記有梁元帝撰"《職貢圖》一卷"，可見至少其摹本流傳至唐世。唐張楚金《翰苑》[5]"高麗條"注曾引梁元帝《職貢圖》題記文句如次：

> 高驪婦人衣白，而男子衣結錦，飾以金銀，貴者冠幘而無後，以金銀爲鹿耳，加之幘上。賤者冠析風，穿耳以金環。上白衣衫，下白長袴，腰有銀帶，左佩礪，而右佩五子刀，足履豆禮轄。

亦可佐證。又據張彥遠《歷代名畫記》[6]卷七：

> 元帝蕭繹，字世誠（中品）。武帝第七子，初生便眇一目。聰慧俊朗，博涉技藝，天生善書畫。初封湘東王，後乃卽位，年四十七。追號元帝，廟號世祖。嘗畫聖僧，武帝親爲贊之。任荊州刺史日，畫《蕃客入朝圖》，帝極稱善（《梁書》具載）。又畫《職貢圖》幷序，善畫外國來獻之事（序具本集）。姚最云：湘東天挺生知，學窮性表，心師造化，象人特盡神妙，心敏手運，不加點理，聽訟之暇，衆藝之餘，時遇揮毫，

造化驚絕，足使荀衛閣筆，袁陸韜翰。(《遊春苑白麻紙圖》、《鹿圖》、《師利像》、《鵁鶄陂澤圖》、《芙蓉蘸鼎圖》，並有題印傳於後。)

可知除《職貢圖》外，元帝還有《蕃客入朝圖》之作。所謂"《梁書》具載"顯然不是說其事見載於姚氏《梁書》（636年成書），或許是指梁中書郎謝吳所撰《梁書》（見《隋書·經籍志二》）。張彥遠顯然祇是根據《梁書》的記載纔知道有這幅圖，未能親見。此圖《梁書》、《南史》以及《舊唐書》等均未著錄，很可能是和《職貢圖》混爲一談了，似不能據以爲並未傳世。至於《職貢圖》，張氏僅言"序具本集"，並未列入"傳於後"諸圖中，僅在卷三"述古之祕畫珍圖"時提及，可見張氏本人也未嘗經眼。當然，這並不等於張氏時代《職貢圖》（或其摹本）已經失傳，否則，《舊唐書》、《新唐書》的記載也就難以理解了。[7]

又，梁元帝所撰《蕃客入朝圖》內容不詳，顧名思義，描述的似乎是諸蕃客朝覲的場面。而《歷代名畫記》卷三於"《職貢圖》一"下注曰："外國酋渠、諸蕃土俗本末，仍各圖其來賓者之狀，《金樓子》言之。梁元帝畫。"或視兩者爲同一幅圖；[8] 似有未安。

入宋後，仍時見有關蕭繹《職貢圖》和《蕃客入朝圖》（或其摹本）的著錄。

首先是孫升述、劉延世錄《孫公談圃》[9]（1101年成書）卷中：

黔川謝師德，嘗收《梁職貢圖》，小筆尤精，後有陶尚書跋尾數百字，開寶時親筆，公（韓琦，1008—1075年）甚愛之。公云：其畫絕妙，世鮮有之。師德，公之女夫也。

僅稱圖爲《梁職貢圖》，未涉及内容。值得注意的是該圖有陶穀（902—970年）跋尾，這是下述其他宋代著錄沒有提到的。

　　其次是李薦《德隅齋畫品》：[10]

　　《番客入朝圖》：梁元帝爲荆州刺史日所畫。粉本。魯國而上三十有五國，皆寫其使者，欲見胡越一家、要荒種落共來王之職。其狀貌各不同，然皆野怪寢陋，無華人氣韻。如丁簡公家凌煙功臣、孔子七十門人小樣，亦唐朝粉本，形性態度，人人殊品，畫家蓋以此爲能事也。此圖題字殊妙，高昌等國皆注云：貞觀某年所滅。又落筆氣韻，閻立本所作《職貢圖》亦相若，得非立本摹元帝舊本乎？或以謂元帝所作，傳至貞觀，後人因事記於題下，亦未可知。然畫筆神妙，不必較其名氏，或梁元帝，或閻立本，皆數百年前第一品畫也。紙縫有褚長文審定印章，長文鑒畫有名于古，定然知此不凡也。

李氏所謂《番客入朝圖》，就其内容而言，似乎應即《歷代名畫記》所傳蕭繹《蕃客入朝圖》摹本之一。"貞觀某年所滅"云云乃臨摹者所加，似不能因此懷疑所摹乃蕭繹《蕃客入朝圖》。據此，可知蕭氏《蕃客入朝圖》共有三十五國使臣圖像。值得注意的是李氏沒有提到此圖有題記記各國"土俗本末",這足以說明該圖原底並非蕭繹《職貢圖》。

第三是所謂"李公麟（1049—1106 年）帖"。樓鑰《攻媿集》[11]卷七五有"跋傅欽甫所藏《職貢圖》"一文引該帖云：

> 梁元帝蕭繹鎮荊時,作《職貢圖》,首虜而終䍲,凡三十餘國。

今案:李公麟所述與李薦所傳似非一圖。然參照李帖,可知後者"魯"字有誤,本應作"虜",蓋同音致訛。也可能摹者以爲"虜國"不辭,改爲"魯國"。"虜"其實指拓跋魏。[12]"䍲"即"蜑",亦作"蜓",南蠻之一種。《隋書·南蠻傳》稱:"南蠻雜類,與華人錯居,曰蜓,曰獽……"[13]

《攻媿集》引李帖又有"恨筆墨凡惡而未究真"之句,樓氏既以爲帖文所描述者其實是李氏自摹本,故指此句爲龍眠"自謙之辭"。至於李帖稱是圖"狀其形而識其土俗",則說明李氏所見圖除使臣圖像外,尚有題記記述各國土俗,與《金樓子》自述相符,則其原底有可能是蕭繹《職貢圖》。

第四便是上引樓鑰（1137—1213 年）《攻媿集》卷七五"跋傅欽甫所藏《職貢圖》"一文。據稱,傅藏圖有來貢使臣圖像二十又二,依次爲：魯國、丙丙國、河南國、中天竺國、師子國、北天竺國、渴盤陀國、武興蕃國、滑國、波斯國、百濟國、龜茲國、倭國、周古柯國、呵跋檀國、胡密丹國、白題國、末國、林邑國、婆利國、宕昌國、狼牙脩國。樓氏前後三跋,則對傅藏圖作了描述和考證。

第一跋先臚列河南以下各國名稱,各國名稱下均由樓氏依據《南史》、《通典》等略述其地望、朝梁年代及所貢方物等。[14] 接著有考證說:

> 正字傅欽甫攜《職貢圖》見示。不惟畫筆精好,其上題字亦自合作。李龍眠有帖云:"梁元帝蕭繹鎮荊時,作《職貢圖》,首虜而終蠕,凡三十餘國。"今此卷纔二十有二,必有遺脫者,今試攷之。其一曰魯國使,龍眠以為"首虜",而此曰"魯",豈有誤耶?徧閱《南史》梁之紀、傳,及《通典》、《太平御覽》,皆無魯國與丙丙國。其下二十國則有之。既列于前,皆曾朝貢于梁者也。"武帝紀"中又有扶南、鄧至、于闐、蠕蠕、高麗、干陁利、新羅、盤盤、丹丹九國,豈圖之所遺耶?亦不見所謂蠕者。……元帝字世誠,武帝第七子也。工書善畫,自圖宣尼像,為之贊而書,時人謂之三絕。江陵城陷,聚圖書十餘萬卷,盡燒之。著書甚多,內有《職貢圖》一卷,此幾是矣。然尚有可疑者:既曰圖書盡燒,何由得傳。使不在煨燼中,去今已六百五十三年,紙之壽雖過于絹素,亦不應尚爾全好,恐是龍眠摹本,前帖即其自跋矣。故又云:"恨筆墨凡惡而未究真。"此蓋其自謙之辭也。標題小楷與帖字頗類,疑亦龍眠之筆。又帖云:"狀其形而識其土俗。"今不見所識,又疑止摹其形也。況龍眠好摹古名畫……澹巖張公右丞達

明，龍眠之甥，亦言伯時于前人遺跡靡所不叩。則元帝之畫，當是其所臨者。貞觀、開元等印，高下勻布，如出一時。貞觀既在御府，不應百濟之下書"顯慶四年滅"。又内殿圖書、内合同印集賢院御書等，雖皆是李後主印，然近世工于臨畫者，僞作古印甚精。玉印至刻滑石爲之，直可亂真也。姑罄所聞，更俟博識之士訂之。噫，龍眠之筆在今日甚不易遇，欽甫寶之，安知他日不獲其餘也。

今案：第一國既爲"魯國"，知傅藏圖與李薦所傳同源。祗是前者注有"顯慶四年滅"，後者則皆注云"貞觀某年所滅"，也許兩者並非一圖。"不見所謂蠶者"，或許是因爲後半殘缺之故。

又，樓氏以爲傅藏圖即李公麟所摹蕭繹《職貢圖》，亦即李帖所述蕭繹《職貢圖》摹本，其實並無確據，其說且自相矛盾。一則，李公麟所述圖"首虜"，而傅藏圖"其一曰魯國"；二則，傅藏圖"不見所識"，而李帖稱該摹本"狀其形而識其土俗"，李帖所述圖若"止摹其形"，何出此言？由此可見，李帖所述圖雖"筆墨凡惡而未究真"，其形制似更接近蕭繹《職貢圖》。

又，樓氏既指傅藏圖爲李氏所摹蕭繹《職貢圖》，李帖又稱蕭圖有"三十餘國"，故曰"必有遺脫"。

又，樓氏第二、三兩跋疑"丙丙"與"芮芮"（即蠕蠕）相類，恐傳寫之誤。今案："丙丙"係"芮芮"之訛，可以無疑。

要之，李公麟雖有摹寫《職貢圖》之舉，[15]但傅藏圖未必李氏摹本，更不能指李帖所述爲傅藏圖。而從"止摹其形"來看，後者與李薦所傳有淵源亦未可知。

第五是王應麟（1223—1296 年）《玉海・朝貢》（卷一五二）[16]引《中興館閣書目》（1178 年秘書監陳騤撰進）曰：

《金樓子》：其自序云，乃纂百（圖）[國]一卷，今存二十有七。爲湘東王時，諸蕃使者入貢，圖其形貌服飾，次以本國風俗。序曰："尼丘有（徒）[圖]人之法，晉帝有樂（象）[賢]之（賢）[象]。甘泉寫閼氏之形，後宮玩單于之圖。夷歌成章，胡人遙集。自塞以西萬八千里，路之陿者，尺有六寸，高山尋雲，深谷絕景。占雲望日，度青丘而跨丹穴。

所謂"乃纂百國一卷"，一說當作"纂百國爲一卷"，並非《職貢圖》又名《百國》。[17]今案："國"一本作"圖"，而"百圖"二字疑是"職貢圖"三字之奪訛。中興館閣所記究竟是李公麟所見，抑或另有一本雖亦不得而知，但若考慮到是卷"圖其形貌服飾，次以本國風俗"，則與後者同一原底的可能性不能排除。既稱"今存二十又七"，又記及"本國風俗"，知此卷必非李薦所傳或傅藏圖。

第六是尤袤（1127—1194 年）《遂初堂書目》[18]"地理類"："梁二十八國《職貢圖》"。今案：尤袤搜書的年代與中興館閣大致相同，很可能與後者所記原底相同但並非一本。

第七是闕名《悅生所藏書畫別錄》載賈似道（1213—1275 年）家藏名畫八十五卷中有"梁元帝《番客入朝圖》"一卷。[19]

第八是周密（1232—1298 年）《雲烟過眼錄》[20]卷上："名畫：

梁元帝《番客入朝圖》。"周密過眼者也許就是賈似道所藏。此卷既稱《番客入朝圖》，有可能與《德隅齋畫品》所述及傅藏圖同源。

此後，明宋濂（1310—1381年）《宋文憲公全集》[21]卷四五有"題梁元帝畫《職貢圖》"一文：

> 梁元帝《職貢圖》一卷，自且末、中天竺、師子、北天竺、渴槃陀、武興番、高昌，及建平蠻、臨江蠻，凡九國。前圖使者形狀，後列其土俗、貢獻歲月，而各國咸如之。絹素剝蝕，幾若不可觸。古誠古矣，然猶有可辯者。據梁元帝即蕭繹，其字世誠，武帝第七子也。《梁書》稱其任荆日畫《番客入朝圖》。《名畫記》遂因其說，亦云畫《職貢圖》并序外國貢事。又據裴孝源《公私畫錄》所載，梁元帝畫六卷，並有題印，而無《職貢圖》。又云《職貢圖》三卷，江僧寶畫，乃隋朝官本，上有陳、梁年號。後來議者謂裴貞觀中人，官爲中書舍人。距繹時尚未遠，其言當可徵。洛陽任子羔一祖裴說，而駁史氏之妄，踰數百言，則此圖已不能定於何人所作矣。況繹以湘東王鎮江陵，與岳陽王詧互相攻戰，曾無寧日，詧遂降魏，魏遣柱國于謹取江陵，繹焚古今圖書十四萬卷，歎曰："文武之道，今夕盡矣。"繹尋遇害。竊計其時，繹亦何暇娛情於繪畫之事。脫誠有之，亦與十四萬卷同歸灰燼矣，惡能至於今日哉。此濂之所未喻也。又據李龍眠手帖云："梁《職貢圖》，首虜而終蠻，凡三十餘國。"而所謂三十餘國，又皆不與史合。自晉氏渡江，南北分統，北虜豈能越海而來貢耶。嗜

古之家又謂此圖唯傅正字欽父所藏者爲眞。首河南而終狼牙修，凡二十二國。其國與龍眠所言又有同異，且似疑龍眠首虜之說，而易虜爲魯。魯乃伯禽之裔，東表元侯之國。四夷之中亦豈有所謂魯耶。今以此卷較之傅本，又絕不同。均號《職貢圖》，而乃復參差如此。此又濂之所未喻也。又據此卷題曰"梁元帝畫"。每段所寫土俗貢獻之事，則云"陶學士書"。豈繹畫此時特留餘地而候陶之書耶。此又姑置之。陶自跋其後，初書"廣順三年（953年）"云云。中間字多糜爛，不可屬讀，後復書云："夏五月二十九日，汴上雨中書，北海陶穀，時具位珥貂三載也。"據陶穀字秀實，邠之新平郡人，邠卽豳也，古在雍州之域，漢屬安定北地郡。漢末置新平郡，今易北地爲北海，亦當有其說也。陶起家校書郎，在周爲翰林學士，入宋歷禮刑戶部三尚書，遷承旨，年六十八卒，贈右僕射。陶嘗自言頭骨當珥貂，因人笑之，自悔不復言，況在翰林日初不珥貂，安肯自書以衒人耶。陶博學善記，以辭翰擅一世。今所書字形體窘束，絕無俊逸之氣，頗類書經手所爲。觀其書，"佛"作"仏"，"婿"作"聟"，蓋未能猝變者，此又濂之所未喻也。然其畫意渾樸而無世俗纖陋之態，固不得爲眞梁物，要亦爲宋代名筆所作，世之粗工塗青抹紅以欺人者，見之必循牆而避矣。濂與王君子克同觀青溪上，偶因吻創在告，援筆題之，不覺其辭之多也。

宋濂試圖根本上否定蕭繹《職貢圖》傳世、乃至創作之可能性，其主要依據其實僅僅是題記假託"陶學士書"一端。今案：其說非是。

一則，蕭繹鎮荆州日作《職貢圖》，有其自序爲證，固無待《梁書》與《歷代名畫記》著錄而後明。《歷代名畫記》所謂"《梁書》具載"者乃指《蕃客入朝圖》，並非《職貢圖》，兩者不應混爲一談。今傳世之《梁書》不見有關前者的記載，故《歷代名畫記》所謂《梁書》有可能是指謝吳《梁書》。果然，蕭繹曾創作《蕃客入朝圖》之事，亦不能否定，蓋謝氏曾任梁中書郎，據《隋書·經籍志二》尚著有"記元帝事"的《梁皇帝實錄》五卷，對於蕭繹繪事應知之甚悉。又，裴孝源當時不可能讀遍天下名畫，故裴氏書不載蕭繹《職貢圖》，亦不足以否定蕭氏曾創作此圖。裴氏不錄，至多表明當時蕭繹《職貢圖》之真蹟已不復傳世，甚至不能說明此圖之摹本亦已消失。要之，蕭繹任荆州刺史時日理萬機，不等於無暇創作《職貢圖》，江陵城破日，十四萬卷同歸於盡，《職貢圖》也許包括在内，但不能排除當時已有摹本傳世的可能性。

二則，龍眠手帖所述《職貢圖》諸事，於史並無不合（詳下文）。"南北分統，北虜豈能越海而來貢"云云，表明宋氏對南北朝時期中原與西域、塞北關係不甚了了，其誤毋須置辯。李帖所述與傳藏圖不合，至多說明兩者並非同出一源，不能因此懷疑蕭繹創作《職貢圖》一事之真實性。

三則，宋氏題所見圖有關"陶學士書"的評述，令人噴飯。但這並不足以表明該圖不是蕭繹《職貢圖》的摹本之一，更不能據以否定蕭繹《職貢圖》或其摹本曾經傳世。據前引《孫公談圃》，可知確有陶穀跋尾之《職貢圖》。當然，宋濂所題決非謝師德所收。前者韓琦贊爲"絕妙，世鮮有之"，陶跋乃"開寶時親筆"；後者則書"廣順三年"、其字"形體窘束，絕無俊逸之氣"，其文竟"自書以衒人"；可以爲證。或者謝師德所收已佚，宋濂所題乃俗手倣古之作，故紕漏百出。要之，宋初確有陶跋《梁職貢圖》傳世，宋濂題詞正可印證。

又，宋濂所題《職貢圖》僅存九國，從這九國排列的次序，以及"前圖使者形狀，後列其土俗、貢獻歲月"的形制，該圖（且可由此推知謝師德所收）或與李公麟手帖所述同源，而決非《德隅齋畫品》所傳或傅藏圖。

再後，焦竑（1541—1620年）《國史經籍志·史類·地理·朝聘》（卷三）[22]亦載：梁元帝"《職貢圖》一卷"。今案：《四庫全書總目·史部·目錄類存目》（卷八七）指出焦氏書"無所考核，不論存亡，率爾濫載古來目錄"，斥之爲"最不足憑"。但焦氏所錄卽宋氏所題之可能性不能排除。[23]

又，焦竑前引書同卷另著錄"《職貢圖》三卷"，內容不詳，若爲梁《職貢圖》，則可能是江僧寶之作。[24]

綜上所述，自宋至明有多幀被認爲是蕭繹《職貢圖》一類的作品或其摹本傳世。雖然由於各種記載均語焉不詳，所傳各圖的具體內容不得而知，但似乎可以大別爲兩類。李薦所傳、樓鑰所跋、悅生所藏，乃至周密所見或可歸入第一類。這一類多被稱爲《蕃客入朝圖》，僅有使者形容而無敘述諸國土俗之題記。謝師德所收、李公麟所述，中興館閣所記，遂初堂所錄，乃至宋濂所題、焦竑所載或可歸入第二類。這一類一律被稱爲梁元帝《職貢圖》，除有使臣形容外，還有題記敍述各國土俗本末。第一類最多者圖三十五國，最少者二十二國，第一國爲"魯國"；第二類最多者亦有"三十餘國"，最少者僅存九國，第一國爲"虜國"。今案：第一類雖亦有稱爲《職貢圖》者（如傅藏圖），其實並非蕭繹《職貢圖》或其摹本，應爲張彥遠《歷代名畫記》所傳《蕃客入朝圖》或其摹本。

二

一般認爲，蕭繹《職貢圖》摹本之一的殘卷今存南京故宫博物院。[25]是卷於清初歸諸梁蕉林，由其友吳升在所著《大觀錄》[26]中首次著錄。嗣後，入清之御府，復爲《石渠寶笈》[27]著錄。兩者據宋元人題跋，分別稱之爲"閻立德《王會圖》"和"閻立德《職貢圖》"。《大觀錄》卷一一載：

> 閻立德《王會圖》：絹本，高八寸，長一丈二尺二寸，大設色，人物高可六寸，繪入朝番客，凡二十六國，冠裳結束，殊俗異製，虬髯碧眼，奇形詭態，國國不同。每一番客後，疏其國名，采錄其道里山川風土，皆小楷書，端嚴謹重，具唐人法度。字繁不錄，止錄國名。第一國前已損失，止存後書十四

行。第二國爲波斯，三爲百濟國，四爲龜茲，五爲倭國，六爲高句驪，七爲于闐，八爲新羅，九爲宕昌，十爲狼牙脩，十一鄧至國，下爲周古柯、阿跋檀、胡密丹、白題國、靺國、中天竺、師子國、北天竺、朅盤陀、武興番、高昌國、天門蠻、建平蜑、臨江蠻。諸番客則以次而繪而采錄焉。子容題在絹尾，壓宋印一方。子容者，蘇頌也，有名於宋。康里子山、王叔善二跋並精妙。

卷末宋蘇頌（1020—1101 年）題曰：

《王會圖》，熙寧丁巳（1077 年）傳張次律國博本，杭州山堂校過，子容題。

知是卷爲宋熙寧間摹本。[28]"《王會圖》"究竟是蘇頌所題，抑或是張本原有，不得而知。不管怎樣，自蘇氏以下，一直目之爲閻立德《王會圖》，康里子山且說：

余今觀閻立德所畫《王會圖》，本諸唐貞觀間太宗事。……是圖誠爲後世珍鑑，又非庸常繪畫所能擬議也，是宜寶之，子山記。

亦卽將圖中人事歸諸唐貞觀年間。這顯然是錯誤的。

在《大觀錄》和《石渠寶笈》著錄的年代，是卷尚存二十五段，蓋據後者卷三二：

> 唐閻立德《職貢圖》一卷：素絹本，著色，畫凡二十五段，每段節錄《職方志》一則。無款，姓氏見跋中。

知《大觀錄》所謂"繪入朝番客凡二十六國"，"六"字應爲"五"字之誤。吳升稱"二十六國"的依據可能是卷末王餘慶跋：

> 僧蘭谷得故畫蠻夷二十六國圖以示余，傅色沈實而筆力能各盡其態，誠可珍玩也。

也就是說在王餘慶作跋時，是卷尚有二十六國。然而鑒於《石渠寶笈》卷三二所錄王跋"二十六圖"之"六"字已缺，故不能排除這樣一種可能性：吳升所見王跋亦作"二十五"，祇因"五"字漫漶不清，被吳氏誤讀爲"二十六"。[29]

至於今存殘卷，僅存十二國使臣圖像和十三國題記。具體而言：包括自滑國至末國一段，且其間高句麗、于闐、新羅三國使臣圖像、題記及宕昌國使臣圖像，均已佚失。倭國下徑接宕昌，乃重新裝裱的結果。說者指今存殘卷或其原底爲蕭繹《職貢圖》，主要依據如下：[30]

1. 今存殘卷之形制與前引《金樓子》所述十分相似。具體而言便是圖其形容，記其土俗。

2. 今存殘卷題記所述諸國多不見於《宋書》、《南齊書》以及其他各代史書，僅見於《梁書》。

3. 今存殘卷題記所傳各國地望、歷史、風俗、朝貢等情況與《梁書·諸夷傳》所傳若合符契。

4. 今存殘卷題記所涉及的年代不僅止於梁，而且均在推定的蕭繹創作《職貢圖》的時間之前。

5. 據《石渠寶笈》卷三二，今存殘卷末尚有贊語：

粵若稽古，辨方正位，海外有截，王廷斯洎，曰夏曰殷，質文雖異，胥人象人，設官咸置，天子廷燎，萬方來王，侯服采服，執圭執璋。憬彼聲教，爰被殊方，車懸馬束，山梯海航。不耐之城，不灰之木，魚文驔裹，蒲桃苜蓿，扶拔□□，□□□□，[31]承我乾行，戒示景福。此通元□□，□□□□，□□□□，□□□□，並海無際，陰山接天，遐哉鳥穴，永矣鷄田。青雲入呂，黃星出翼，湖開表瑞，河清呈色。尸臣外相，屢觀殊域。記爾風土，圖茲貢職。

"北通"以下至"鷄田"一段，正可與《藝文類聚》所引片段印證。[32]這最後一點被認爲是今存殘卷係蕭繹《職貢圖》或其摹本，而非閻立德《王會圖》或《職貢圖》之確證。

但是，祇要仔細推敲，就不難發現，上述結論不是沒有疑問的。

1. 今存殘卷使臣圖題記記載有各國朝梁年代者如次：滑國：天監十五年、普通元年；波斯：大通二年；百濟：普通二年；龜茲：普通二年；宕昌：天監四年；狼牙脩：天監十五年；鄧至：

天監五年；周古柯：普通元年；呵跋檀：普通元年；胡蜜丹：普通元年；白題：普通三年；末國：普通五年。

由此可見，所載諸國朝梁年代均在蕭繹出任荊州刺史之前，例外僅見諸波斯一國。尤其值得注意的是：其中龜茲、狼牙脩、周古柯、呵跋檀、胡蜜丹、白題、末國朝梁總共一次。唯據《梁書·西北諸戎傳》，鄧至朝梁除題記所載天監五年一次外，尚有天監元年一次，凡兩次。又，題記雖未及倭國朝梁年代，但據《梁書·東夷傳》可知，該國與梁之來往也僅天監初一次。這就是說，蕭繹在荊州刺史任上根本不可能會見這九國使者，或者說這九國來朝使臣圖像顯然並非取材於荊州。《職貢圖》序所謂"臣以不佞，推轂上游。夷歌成章，胡人遙集，款開蹶角，沿沂荊門。瞻其容貌，訴其風俗"，於此無法落實。

2. 今存殘卷末國使臣圖題記"今王姓安石末深盤"八字之下，一般認為缺"普通五年遣使來貢獻"九字，可據今本《梁書·西北諸戎傳》補齊。果然，則該國使臣圖題記寫作於普通五年前後。這就是說，至少末國使臣圖像及題記可以肯定完成於蕭繹鎮荊州之前，不屬於因"來朝京輦，不涉漢南"而"別加訪採"之列。

3. 滑國朝梁，今存使臣圖題記殘卷僅載天監十五年、普通元年二次，其實尚有普通七年（《梁書·西北諸戎傳》）、大同元年、大同七年（《梁書·武帝紀》）各一次。宕昌朝梁，使臣圖題記殘卷僅載天監四年一次，其實尚有大同七年一次（《梁書·西北諸戎傳》）；百濟朝梁，今存使臣圖題記殘卷僅載普通二年一次，其實尚有中大通六年、大同七年、太清三年（《梁書·東夷傳》）各一次。這就是說，有可能是蕭繹在鎮荆州期間完成的題記反而不載當時的朝貢事情，豈非怪事！特別是大同七年，正值所謂"皇帝君臨天下之四十載"，作《職貢圖》的蕭繹，對於滑國、宕昌國和百濟國使臣這一年的來朝視而不見，避而不提，實在不近情理。既然今存殘卷使臣圖題記的體例表明各國使臣來朝年代並非僅載首次，也就祇能認爲以上三國使臣圖像及題記亦非寫成於蕭繹任荆州刺史之時。

4. 今存殘卷波斯國使臣圖題記載波斯國於大通二年朝梁，按之《梁書·西北諸戎傳》，"大通"似應作"中大通"。這是今存殘卷題記中出現的最晚的年號。雖然無論是大通還是中大通二年，蕭繹已在荆州刺史任上，但這並不表明指波斯國使臣圖像及其題記爲蕭繹所作已無妨礙。蓋據《梁書·西北諸戎傳》，波斯國中大通二年朝梁後，復於中大通五年、大同元年朝梁，這後兩次朝梁，蕭繹均在荆州刺史任上，如果波斯國使臣圖像及題記作於這一時期，對此不應沒有反映。或許有人認爲波斯國使臣圖像及題記可能作於大通或中大通二年，既已完成，無法增補。今案：果然如此，則百濟等國使臣圖像不應列於波斯國使臣圖像之後，沒有證據表明兩者的次序原來是顛倒的。

5. 據《大觀錄》卷一一所載可知，今存殘卷在《大觀錄》描述的時代尚有二十五國，除以上一十三國外，尚應有高句麗、于闐、新羅、中天竺、師子、北天竺、渴盤陀、武興蠻、高昌、天門蠻、建平蜓、臨江蠻，凡一十二國使臣圖像及題記。其中，天門蠻、建平蜓、臨江蠻三者朝貢事不載今本《梁書》，祇能存而不論。而據《梁書·諸夷傳》，新羅、中天竺、北天竺三國朝梁年代均在蕭繹鎮荊州之前，情況與龜茲等國相同。師子國，據《梁書·諸夷傳》，僅大通元年朝梁一次。據《梁書·武帝紀》，蕭繹出鎮荊州在普通七年十月，而師子國來朝在翌年即大通元年三月，其時《職貢圖》的創作未必已經開始，也就是說，師子國也可歸入新羅等三國一類，蓋不能排除師子國使臣圖像及題記作於蕭氏出鎮荊州之前的可能性。

又，按之《梁書·武帝紀》和同書"諸夷傳"的記載，高句麗、于闐、武興三者既有蕭繹鎮荊州之前也有鎮荊州期間朝梁的記錄。但是，這三者的使臣圖題記很可能和滑、宕昌、百濟的情況相同，祇有鎮荊州之前的朝貢記錄。也就是說，這三國圖像及題記均作於蕭繹鎮荊州之前的可能性同樣存在。雖然，高句麗等三者圖像及題記成於蕭繹之手的可能性也不能排除；換言之，三則題記事實上載有蕭繹鎮荊州期間的朝貢事情。

又，高昌一國，查《梁書》"本紀"與"諸夷傳"，祇有蕭繹第一次任荊州刺史期間的朝貢記錄。如果已佚高昌國使臣圖題記與之符合，則該國使臣圖像及題記有可能出諸蕭繹之手。

又，渴盤陀一國，《梁書·西北諸戎傳》載，"中大同元年（546年），遣使獻方物"。這是已知渴盤陀唯一的一次朝梁。據此，當然可以指渴盤陀國使臣圖像和題記之原底出諸蕭繹之手，祇是必須承認蕭氏在作序後尚有續圖之舉。而中大同元年便成了《職貢圖》最後完成年代之上限。

但是，不能由此推出今存殘卷原底有可能全部出諸蕭繹之手的結論。這是因爲今存殘卷乃至《大觀錄》所列諸國次序與諸國首次朝梁年代完全無關，而且沒有證據表明諸國原來是按照首次朝梁年代先後排列的，特別是沒有證據表明高昌國等使臣圖像和題記原來位置於渴盤陀使臣圖像和題記之前，如果渴盤陀國使臣圖像確因該國首次朝梁年代最遲而在作序後續畫，則不應位置於高昌等國之後。

要之，今存殘卷一十三國使臣圖像題記出諸蕭繹之手的可能性幾乎沒有。而如果按照《大觀錄》所載二十五國進行考察，也祇有高句麗、于闐、渴盤陀、武興、高昌五國使臣圖像及題記有可能出諸蕭氏之手。卽使加上天門蠻、建平蜒、臨江蠻三者，亦不過八國。

三

南京故宫博物院今存殘卷一十二國使臣圖像之原底及一十三國使臣圖題記可能是裴子野《方國使圖》。

一則，據《梁書·裴子野傳》：

是時西北徼外有白題及滑國，遣使由岷山道入貢。此二國歷代弗賓，莫知所出。子野曰："漢穎陰侯斬胡白題將一人。服虔注云：白題，胡名也。又，漢定遠侯擊虜，八滑從之，此其後乎。"時人服其博識。敕乃使撰《方國使圖》，廣述懷來之盛，自要服至于海表，凡二十國。

毫無疑義，裴氏《方國使圖》一定包括白題和滑國，而如果此圖也有題記，其文字與今存殘卷白題及滑國使臣圖題記相同是完全可能的。蓋裴氏關於白題及滑國出處的敍述，別無依據，全屬他個人的臆測。[33] 可以說祇此一家，別無分出。蕭繹與裴子野同時代，雖然《梁書·元帝紀》稱：

世祖性不好聲色，頗有高名，與裴子野、劉顯、蕭子雲、張纘當時才秀爲布衣之交。

但他也未必在白題和滑國出處問題上毫無保留地採納裴氏的意見。何況，據蕭繹《職貢圖》序，可知蕭氏圖畫來使形容，述其土俗，是經過一番調查研究的，與裴氏全憑臆測者畢竟不同，完全有理由設想蕭繹《職貢圖》於白題和滑國二者之來歷應有近乎實際的交代。

二則，據《梁書·裴子野傳》，子野於"中大通二年（530 年）卒官"。這一年無疑便是《方國使圖》完成年代的下限，而如前述，今存殘卷使臣圖題記涉及的朝貢年代最遲者爲大通二年。"大通"，如依《梁書·武帝紀》則應作"中大通"。果然，則波斯國使臣圖像及題記完成於子野去世當年。質言之，就創作時間而言，指今存殘卷圖像及題記之原底爲裴子野《方國使圖》較指爲蕭繹《職貢圖》更爲貼切。雖然不能徹底排除蕭氏完全照錄裴氏題記之可能性（蕭繹坐鎮荊州，與諸國使臣有直接接觸，決非閉門造車者流，故這種可能性微乎其微），衹是應該承認蕭氏另創新圖，至少表明他對裴氏之圖有所不滿，全部照抄照搬（甚至包括各國朝貢年代），意義何在？

三則，若考察《大觀錄》所載二十五國，按照前面的分析，至少還有新羅、中天竺、師子、北天竺四國使臣圖像及題記採自《方國使圖》，高句麗、于闐和武興三者使臣圖像之原底及題記屬於裴氏圖的可能性不能排除。這七國加上今存殘卷的一十三國，"凡二十國"。這也許僅僅是巧合，但如果以上所考不無合理之處，則至少可以說裴子野《方國使圖》尚有殘部傳世。

至於《大觀錄》所傳另外五國，則既可能採自蕭圖（更可能是其殘卷），也可能採自其他梁代（譬如江僧寶的）《職貢圖》。大概閻立德（甚或其前人）將當時傳世的裴子野《方國使圖》和其他梁代《職貢圖》殘卷剪裁、拼湊成一幅，其本意或在存古，或在做古，故名之爲《職貢圖》。所謂"畫家蓋以此爲能事也"。各卷或以摹古者名義傳世，或以原作者名義傳世——後者多託名梁元帝，當然是因爲梁代《職貢圖》諸作者中以他名氣最大的緣故。至於在圖之末尾錄上一段傳世的梁元帝"《職貢圖》贊"，可以說是題中應有之義，更不足爲怪了。既然宋元時人均曾以爲是閻立德《王會圖》或《職貢圖》，《大觀錄》所傳亦即今存殘卷無妨認爲是閻立德的再創作，應該命名爲閻立德《梁職貢圖》。

結合前一節的考察，可知所述屬於第二類的諸圖與今存殘卷同源，其原底或者皆爲閻立德的《梁職貢圖》。今存殘卷前部已佚，不知第一國爲何，但其尾部在《大觀錄》描述時代是完整的。據載，該圖最後一國是臨江蠻，與前引李帖所述圖"始虜而終蠻"似乎不合。然而，不能因此認爲李氏所述與今存殘卷並不同源，因爲這樣一種可能性不能排除：李氏所述在當時尾部已經殘缺，最後一國成了"建平蠻"。所謂"終蠻"也者，實際上並不是說全圖，而是說李氏所述在當時是以"建平蠻"結束的。也許正是因爲如此，李氏沒有肯定地說他所見圖有"三十四國"，而是含糊地說"三十餘國"。

在《大觀錄》之前，明張丑（1577—1643 年）《真蹟日錄》[34]卷二已著錄有"閻立本《王會圖》"。據載，此圖乃"絹本，大著色，前後凡廿四國，每國標題，字頗拙樸，不入真賞，後有康里子山等三跋"。同書卷三則錄有"閻立德《王會圖》"一卷。據稱，是圖亦有使臣圖像二十四，末尾亦有康里巙、王餘慶、王宇泰三跋。前兩跋與《大觀錄》所載閻立德《王會圖》兩跋略同，所繪二十四國則以次爲：

虞□□、芮芮國、波斯國、百濟國、胡密丹、白題國、靺國、中天竺、獅子國、北天竺、渴槃陀、武興國、龜茲國、倭國、高麗國、于闐國、新羅國、宕昌國、狼牙脩、鄧至國、周古柯、阿跋檀、建平蛋、女蛋國

今案：張氏的記錄似有混淆，因爲兩幅不同的圖之後有相同的三跋似乎是不可能的。結合《石渠寶笈》卷三二關於閻立德《職貢圖》

有康里子山、王餘慶二跋（文字與《真蹟日錄》卷三所載略同）、同卷關於閻立本《王會圖》的記載：

> 唐閻立本《王會圖》一卷：素卷本，著色，畫凡二十四段，每段楷書署國名於上，卷後一印漫漶不可識，拖尾王肯堂贊云。

以及吳其貞《書畫記》[35]（記明崇禎八年至清康熙十六年間所見書畫）卷六所載：

> 閻立德《王會圖》絹畫一卷：絹色白淨，丹墨鮮明，畫《王會》者，是唐太宗時外蕃來朝，有二十四國，命立德圖之，以彰一時之盛。畫法不媚，古雅有餘，是唐畫無疑。大抵唐畫絹色白淨、丹墨鮮明者，想當時卷中不用膠礬之故，不然何有此種氣色。此圖當時已有臨本，至宋時臨本又多。此圖後面有吳（應作"康里"）子山、王餘慶、王肯堂跋。

不妨認爲事實很可能是這樣的："前後凡廿四國"者爲閻立本《王會圖》，"廿四國"即以上所列"虞"以下諸國，末尾僅有王宇泰一跋。立德之圖稱爲《職貢圖》而非《王會圖》，"凡二十五段"，末尾有康里子山、王餘慶、王宇泰三跋。後者很可能就是《大觀錄》所載之圖。《書畫記》作"二十四國"乃指使臣圖像（"畫凡二十四段"），《石渠寶笈》作"二十五段"，乃指圖像題記（所謂"《職方志》"）。該圖當時已經殘破無疑。至於張丑《真蹟日錄》卷三所錄王餘慶跋：

僧蘭谷得故畫蠻夷二十四國圖以示余，傅色沈實而筆力能各盡其態，誠可珍玩也。

稱立德之圖有"二十四國"，所指似乎亦是使臣圖像。

又，史繩祖《學齋佔畢》[36]卷二"王會、貢職兩圖之異"條稱：

東坡有閻立本"職貢圖詩"，[37]注引《譚賓錄》載：貞觀三年（629年）東蠻謝元深入朝。顏師古奏："昔周武王時遠國歸欸，乃集其事爲'王會篇'，可圖寫遺後，爲'王會圖'。"詔令閻立本圖之。及考《唐書》，亦同，謂之"王會圖"。[38]至武宗時，黠戛斯君長來朝，李德裕上言，有詔爲"續王會圖"，卽無"職貢"之名。而所謂"貢職圖"者，見於祕府"羣玉帖"中李公麟所述，云："梁元帝時，蕭繹鎭荆時作'貢職圖'，狀其形而識其土俗，首虜而後蠻，凡三十餘國。唐閻令作"西域圖"，兼彼土山川，而絕色伽梨，凡九國，中有狗頭、大耳、鬼國爲可駭。皆所以盛會同而奢遠覽，亦"貢職"之流也。元祐元年（1068年）六月望日，李公麟書于奏邸竹軒。"詳此，則是"貢職圖"乃蕭繹、而"王會"及"西域圖"乃閻立本也，坡指"職貢"爲閻所圖，誤矣。

力辨立本無"職貢圖"之作。然其說未必是。蓋趙秉文（1159—1232年）《滏水集》[39]卷八有"題閻立本職貢圖臨本"二首，其一曰：

周王職貢朝萬邦，右相丹青古無雙；
好本不應天下獨，解如明月印千江。

知立本確實也有名爲《職貢圖》之作。前引李薦《德隅齋畫品》也說蕭繹《蕃客入朝圖》之"落筆氣韻"與立本所作《職貢圖》相若，以致懷疑前者係立本之摹作，這說明李氏曾親見立本《職貢圖》。値得注意的是趙氏所題立本《職貢圖》並非閻氏之創作而爲"臨本"（所謂"明月印千江"）。這似乎可以佐證閻立本曾做作《梁職貢圖》之說。

另外，郁逢慶《續書畫題跋》（1634年以後成書）[40]卷一及汪砢玉《珊瑚網》（1643年成書）[41]卷二五均錄有"唐閻立本《諸夷圖》"一卷，據稱，這卷《諸夷圖》"起武興至狼牙脩，計國二十六，爲人二十八，具列國狀貌"。（國、人分言，很可能一指題記，一指圖像）。今案：這卷《諸夷圖》，與張氏所載閻立本《王會圖》似乎並非一圖。不僅列國次序不同，張氏所錄在郁、汪之前，不應國數反較後者爲少。雖然，兩者原底或者相同，或者便是蘇、趙所題《職貢圖》。至於它和立本與立德同名之圖究竟有何關係，因資料缺乏，尚難判斷。

最後，宋程俱《北山集》[42]卷一六有"閏唐待詔顧德謙畫《入貢圖》贊"一文：

大道之行，人無斁懷，泊焉相忘，莫往莫來。逮德下衰，親譽畏侮，邇之不能，縶遠是務，招徠不足，求以兵旅。有服斯叛，無得何亡，我觀此圖，掩卷慨慷。宣和乙巳八月，舟行道睢陽，趙叔問攜此圖過河亭共閱，爲題此贊。

似乎說明南唐顧德謙也有閻氏兄弟類似的創作。今案：這卷所謂《入貢圖》，其實很可能就是《石渠寶笈續編》[43]載顧德謙所摹《蕃客入朝圖》：

> 素箋本，縱八寸四分，橫一丈六尺八寸。白描畫各國人物，衣飾各異。標題：一魯國，二芮芮國，三河南，四中天竺，五爲（案：此處應有奪訛）國，六林邑國，七師子國，八北天竺，九渴盤陀國，十武興蕃，十一宕昌國，十二狼牙脩國，十三鄧至國，十四波斯國，十五百濟國，十六龜茲國，十七倭國，十八周古柯，十九呵跋檀，二十胡密丹國，二十一白題國，二十二臨江蠻，二十三高麗國，二十四高昌國，二十五天門蠻，二十六建平蠻，二十七滑國，二十八于闐，二十九新羅，三十干陀國（案：應爲"干陀利國"之奪訛），三十一扶南國。無名款。卷首尾有宋理宗題識，云："梁元帝《蕃客入朝圖》，定爲南唐顧德謙所臨。"鈐印二："御書之寶"，乾卦圓印；又瓢印一："己酉"。

今案：此圖並無題記。核其國名，其原底很可能與前述第一類亦即李薦所傳、樓鑰所跋相同。

四

　　《梁書·西北諸戎傳》序語僅稱"有梁受命，其奉正朔而朝闕庭者，則仇池、宕昌、高昌、鄧至、河南、龜茲、于闐、滑諸國焉。今綴其風俗，爲'西北戎傳'云"，沒有說明其資料來源。以下試圖通過傳文與今存殘卷使臣圖題記的對照，對這個問題作一初步探討。

　　一、《梁書·西北諸戎傳·滑國傳》：

　　　　滑國者，車師之別種也。漢永建元年，八滑從班勇擊北虜有功，勇上八滑爲後部親漢侯。自魏、晉以來，不通中國。至天監十五年，其王厭帶夷栗陁始遣使獻方物。普通元年，又遣使獻黃師子、白貂裘、波斯錦等物。七年，又奉表貢獻。元魏之居桑乾也，滑猶爲小國，屬芮芮。後稍強大，征其旁國波斯、盤盤、罽賓、焉耆、龜茲、疏勒、姑墨、于闐、句盤等國，開地千餘里。土地溫暖，多山川，[少] 樹木，有五穀。國人以麨及羊肉爲糧。其獸有師子、兩脚駱駝、野驢有角。人皆善射，著小袖長身袍，用金玉爲帶。女人被裘，頭上刻木爲角，長六尺，以金銀飾之。少女子，兄弟共妻。無城郭，氈屋爲居，東向開戶。其王坐金牀，隨太歲轉，與妻並坐接客。無文字，以木爲契。與旁國通，則使旁國胡爲胡書，羊皮爲紙。無職官。事天神、火神，每日則出戶祀神而後食。其跪一拜而止。葬以木爲槨。父母死，其子截一耳，葬訖卽吉。其言語待河南人譯然後通。

今存殘卷滑國使臣圖題記：

　　1 滑國使

　　2（前缺）有功勇與八滑□□

　　3 部索虜入居桑乾滑爲小國屬芮芮齊時始走莫獻〔獻〕而居後強大

　　4 征其旁國破波斯槃槃〔槃槃〕罽賓烏纏〔纏〕龜茲疎勒于闐勾殿〔般〕等國開地

　　5 千里其土溫暖多山川少林木有五穀〔穀〕國人以麨〔麨〕及羊肉爲粮獸〔獸〕有師〔師〕子兩

　　6 脚駱駞野驢有角人善騎射着小袖長身袍金玉爲絡帶（如）〔女〕人被裘頭上

　　7 刻木爲角長六尺金銀飾之少女子兄弟共妻無城郭氈屋爲居東向

　　8 開戶其王坐金床隨太歲轉與妻並坐接賓客無文字以木爲契刻之

　　9 約物數與旁國通則使旁國胡爲胡書羊皮爲紙無職官所降小國使

　　10 其王爲囚隸事天神每日則出戶祀神而後食其跪一拜而止止即鳴其

　　11 王手足賤者鳴王囷圉以木爲椰〔槨〕父母死子截一耳

輦已卽去魏晉以

　　12 來不逼中國因監十五年國王姓厭帶名夷栗陁始使蒲多達□皸［獻］

　　13 疌［延？］賓□名纈杯普通元年又遣富何了了獻黃師子白貂裘

　　14 波斯□□子錦王妻□□亦遣使康符真同貢物其使人拳頭剪髮

　　15 著波斯錦褶□錦袴朱糜［麋］皮長壅韡其語言則河南人重譯而通焉

今案：比較《梁書·滑國傳》與今存殘卷滑國使臣圖題記，不難發現後者原底所據乃前者所本。因此，後者前端業已殘缺的部份，可大致復原如下："滑國，車師之別種也。漢永建元年，八滑從班勇擊北虜有功，勇上八滑爲後部親漢侯。"今存殘卷"勇與八滑"句"與"字原字或爲"以"，音近致訛。《通典·邊防九·西戎五》作"以八滑爲後部親漢侯"。又，"索虜"徑上接"部"字，恐係後人裱糊所致，並非原貌。[44]

但是，《梁書·西北諸戎傳》"滑國條"的編者對後者所據作了文字的修飾和刪節。重要的刪節有：

1. "屬芮芮"之下"齊時始走莫獻而居"一句。這一句暗示了滑人佔領東部伊朗的時間，蓋"莫獻"[mak-xian]不妨看作Margiana的略譯。[45]

2. "以木爲契"之下"刻之約物數"五字。

3. "所降小國使其王爲[奴]隸"一句。

4. "其跪一拜而止"之下"止卽鳴其王手足賤者鳴王衣"十二字。

5. 天監十五年滑國王厭帶夷粟陁所遣使臣之名"蒲多達□"、所獻方物名稱，以及普通元年滑國王所遣使臣之名"富何了了"。

6. 普通元年"王妻□□亦遣使康符眞同貢物"一句。滑國王妻的使者"康符眞"很可能是一個康國（Samarkand）人。康國人擅經商，故爲滑國王妻所遣。

7. "其人翦頭剪髮，著波斯錦褶、錦袴、朱麂皮長甕鞾"一句。這是對滑國使臣形象的勾勒。由此可見，今存殘卷第一幀圖像正是滑國使臣的圖像。

今日看來，被刪去的內容都是十分重要的資料。

比較《梁書·西北諸戎傳》"滑國條"和今存殘卷滑國使臣圖題記還可以發現前者有所增益。這主要是"七年"以下七字。添加部份的來源當與《梁書·武帝紀》同。至於題記僅稱滑人事"天神"，未及"火神"，很可能是摹本奪脫。[46]

另外，李公麟帖所謂"首虜而終鎝"，表明《梁職貢圖》第一國應爲"虜"國。所謂"虜"，應指拓跋魏，證據便在《梁職貢圖》本身，滑國使臣圖題記稱拓跋魏爲"索虜"。

二、《梁書·西北諸戎傳》"周古柯國條"：

> 周古柯國，滑旁小國也。普通元年，使使隨滑來獻方物。

今存殘卷周古柯國使臣圖題記：

　　1 周古柯國使

　　2 周古柯滑旁小國普通元年隨滑使朝貢囡表曰一切所恭敬一切吉具

　　3 足如天靜無雲滿月明曜天子身清靜具足亦如此爲四海弘願以爲舟

　　4 舫揚州閻浮提第一廣大國人囻布滿歡樂庒〔莊〕嚴如天上不異周

　　5 古柯王頂禮弁拜問訊天子□□今上金□一琉璃椀一馬一疋

今案：《梁書·周古柯國傳》乃刪節今存殘卷題記所據而成。

三、《梁書·西北諸戎傳》"呵跋檀國條"：

　　呵跋檀國，亦滑旁小國也。凡滑旁之國，衣服容貌皆與滑同。普通元年，使使隨滑使來獻方物。

今存殘卷呵跋檀國使臣圖題記：

　　1 呵跋檀國使

　　2 呵跋檀滑旁小國普通元年隨滑使囚貢。其〔表〕曰最所囻恭敬吉天

3 子東方大地呵跋檀王問訊﹝歷﹞一過乃百千﹝万﹞億天子安（隱）［穩］我今遣
　　4 使手送此書書不空故上馬一疋銀器一故

今案：《梁書·呵跋檀國傳》乃刪節今存殘卷題記所據而成。"凡滑旁之國，衣服、容貌皆與滑同"一十三字不見於今存殘卷題記，或爲《梁書·西北諸戎傳》編者所添，但顯然並不確切。從今存殘卷所傳滑國與滑旁諸國使者圖像來看，祇能認爲衣服相同，而不能認爲容貌相同。既然《梁書·西北諸戎傳》編者依據的主要資料便是今存殘卷題記所據，別無其他可以考察滑及滑旁之國容貌的途徑，不能不認爲所謂容貌相同，不過是這位編者因衣服相同連類而及，不能據以爲滑國人具有西歐亞體質特徵（Western Eurasian physical elements）之證據。

　　四、《梁書·西北諸戎傳》"胡蜜丹國條"：

　　胡蜜丹國，亦滑旁小國也。普通元年，使使隨滑使來獻方物。

今存殘卷胡蜜丹國使臣圖題記：

　　1 胡蜜丹國使
　　2 胡蜜丹滑旁小國也普通元年使使隨滑使來朝其表曰（楊）［揚］州天子［曰］

3 出處大國聖主胡蚤［蜜］王名□儶遙長跪合掌作禮千万今滑使到聖

　　4 國用附函啓幷水精鍾一口馬一疋聖主有若所勑不敢有異

今案：《梁書·西北諸戎傳》"胡蜜丹國條"乃刪節今存殘卷題記所據而成。

五、《梁書·西北諸戎傳》"白題國條"：

　　白題國，王姓支名史稽毅，其先蓋匈奴之別種胡也。漢灌嬰與匈奴戰，斬白題騎一人。今在滑國東，去滑六日行，西極波斯。土地出粟、麥、瓜菓，食物略與滑同。普通三年，遣使獻方物。

今存殘卷白題國使臣圖題記：

　　1 白題國使

　　2 白題匈奴旁別種胡也漢初灌嬰與匈奴戰斬白題騎一人今在滑

　　3 國東六十日行西極波斯二十日行土地出粟夌［麥］菓食衣物與滑國

　　4 畧同國王姓支名使［稽］毅晋［普］通三年白題道釋氈獨活使安

　　5 遠憐伽到京師貢獻［獻］

今案：《梁書·西北諸戎傳》"白題國條"乃刪節、修飾今存殘卷題記所據而成。今存殘卷題記"（白）題道釋氎獨活使安遠憐伽到京師貢獻"意思頗爲費解，當有奪訛。傳文徑刪改爲"遣使獻方物"，未識何據。

白題去滑之行程，傳文作"六日"，題記作"六十日"，何者爲是，似乎頗難判斷。但如果題記下文"西極波斯二十日"不誤，則當以"六日"爲是。蓋滑國在波斯國東，自位於滑國之東六十日行程的白題國西抵波斯，顯然不可能衹需"二十日"。

至於"白題國傳"刪去"西極波斯"之後的"二十日行"四字。很可能是因爲在《梁書·西北諸戎傳》編者看來，自位於滑國東"六日行"的白題國西抵波斯，"二十日行"是不可能的。

六、《梁書·西北諸戎傳》"龜茲國條"：

龜茲者，西域之舊國也。後漢光武時，其王名弘，爲莎車王賢所殺，滅其族。賢使其子則羅爲龜茲王，國人又殺則羅。匈奴立龜茲貴人身毒爲王，由是屬匈奴。然龜茲在漢世常爲大國，所都曰延城。魏文帝初即位，遣使貢獻。晉太康中，遣子入侍。太元七年，秦主苻堅遣將呂光伐西域，至龜茲，龜茲王帛純載寶出奔，光入其城。城有三重，外城與長安城等。室屋壯麗，飾以琅玕金玉。光立帛純弟震爲王而歸，自此與中國絶不通。普通二年，王尼瑞摩珠那勝遣使奉表貢獻。

今存殘卷龜茲國使臣圖題記：

1 龜茲國使

2 龜茲西域所居曰延城漢以公主妻烏孫烏孫遣其女至漢學皷

3 琴龜茲請爲妻其王降□□以得曰漢外孫願□既及京師皆賜

4 印綬加其妻以公主之號錫車騎笳皷既歸慕漢制乃治宮室作繳

5 道〔周〕衛出入傳呼頗自強大歷魏晉至梁歲來獻〔獻〕名馬普通二

6 年遣使康石憶丘波郁奉表入朝

今案：《梁書·西北諸戎傳》"龜茲國條"主要根據今存殘卷題記所據寫成，也參考前史作了一些補充。"普通二年"以下十七字應取自今存殘卷題記所據，祇是省去了來獻使臣之名。王名"尼瑞摩珠那勝"不見於今存殘卷題記，可能別有依據，但也不能排除這樣一種可能性：今存殘卷原來載有普通二年在位的龜茲王名，而爲今存殘卷臨摹者在抄錄題記時省略或奪脫。

七、《梁書·西北諸戎傳》"末國條"：

> 末國，漢世且末國也。勝兵萬餘戶。北與丁零，東與白題，西與波斯接。土人剪髮，著氈帽，小袖衣，爲衫則開頸而縫前。多牛羊騾驢。其王安末深盤，普通五年，遣使來貢獻。

今存殘卷末國使臣圖題記：

1 末國使

　　2 末國漢世且末國□□勝兵万餘戶［北與丁零東與白］

　　3 題接西與波斯接土人剪髮着圓［帽小袖衣爲衫則開頸而縫前多牛羊］

　　4 騾驢今王姓安石末粲［深］盤［普通五年遣使來貢獻］

今案：《梁書·西北諸戎傳》"末國條"文字全本今存殘卷題記所據。

八、《梁書·西北諸戎傳》"波斯國條"：

　　波斯國，其先有波斯匿王者，子孫以王父字爲氏，因爲國號。國有城，周迴三十二里。城高四丈，皆有樓觀。城內屋宇數百千間，城外佛寺二三百所。西去城十五里有土山，山非過高，其勢連接甚遠，中有鷲鳥噉羊，土人極以爲患。國中有優鉢曇花，鮮華可愛。出龍駒馬。鹹池生珊瑚樹，長一二尺。亦有琥珀、馬腦、真珠、玫瑰等，國內不以爲珍。市買用金銀。婚姻法：下聘訖，女婿將數十人迎婦，婿著金線錦袍，師子錦袴，戴天冠，婦亦如之。婦兄弟便來捉手付度，夫婦之禮，於茲永畢。國東與滑國，西及南俱與婆羅門國，北與汎慄國接。中大通二年，遣使獻佛牙。

今存殘卷波斯國使臣圖題記：

　　1 波斯國使

2 波斯盖［蓋］波斯匿王之後也王子祇陁之子孫以王父字爲氏因爲國稱

3 释［釋］道安西域諸國志揵陁越西西海中有安息國揵陁越南波羅

4 陁國波羅陁國西有波羅斯國城周圍三十二里高四丈皆築土爲基

5 城門皆有樓觀城内屋宇數百閒城外有寺一二百西十五里有土山

6 湧泉下流向南山中有鶩鳥噉羊時時下地銜羊而去土人患之有優鉢

7 曇花出萉［龍］駒馬別有鹹池生珊［珊］瑚馬腦虎魄真珠玫珂等寶土人不甚

8 珎交易用金銀婚禮以金帛奴妌［婢］牛馬等以四疋馬爲輂五彩爲盖［蓋］

9 迎婦兄弟把手付度國東万五千里滑國西万里極婆羅門國南万里有

10 又婆羅門國北万里卽（沉）［汎］壇［懍］國大進［通］二年遣（中）［使］至安馹越奉獻佛牙

今案：《梁書·西北諸戎傳》"波斯國條"乃修飾、刪節今存殘卷所據而成，刪略者主要有以下幾處。

1 "王子祇陁之子孫"一句。

2 "釋道安《西域諸國志》：揵陁越西、西海中有安息國，揵陁越南波羅陁國，波羅陁國西有波羅斯國"一節。

3 中大通二年波斯國所遣使臣之姓名。

至於若干處文字不同，很可能是《梁書·西北諸戎傳》編者所見與今存殘卷題記有異。今存殘卷係摹本，題記奪漏錯訛不少。一般說來，不能據以校正《梁書·西北諸戎傳》"波斯國條"文字。例如：汎慄，今存殘卷作"沉壏"，後者似因形似致誤。又如"中大通二年"今存殘卷作"大通二年"，很可能奪"中"字。諸如此類，茲不一一。

另外，唐釋道宣（596—667年）《釋迦方志》[47]卷下"遺跡篇第四之餘"有如下引文：

案《梁貢職圖》云："去波斯北一萬里，西南海島有西女國（非印度），拂懍年別送男夫配焉。"彼圖又云："波羅斯西一萬里，極婆羅門國南一萬里，又是婆羅門。"

而成書於668年卽唐高宗總章元年的釋道世《法苑珠林·感通篇·聖迹部》[48]（卷二九）亦引"《梁貢職圖》"云：

去波斯北一萬里，西南海島有西女國（非印度攝），拂壏年別送男夫配焉。

雖然兩書所引與今存殘卷波斯國使臣圖題記有所不同，但不能據以爲後者出諸蕭繹之手，蓋今本殘卷畢竟是摹本。也就是說，無妨認爲《釋迦方志》與《法苑珠林》所引接近裴氏《方國使圖》原文。[49]

九、《梁書·西北諸戎傳》"宕昌國條"：

> 宕昌國，在河南之東南，益州之西北，隴西之西，羌種也。宋孝武世，其王梁瑾忽始獻方物。天監四年，王梁彌博來獻甘草、當歸，詔以爲使持節、都督河涼二州諸軍事、安西將軍、東羌校尉、河涼二州刺史、隴西公、宕昌王，佩以金章。彌博死，子彌泰立，大同七年，復授以父爵位。其衣服、風俗與河南略同。

今存殘卷宕昌國使臣圖題記：

> 1（前文缺）貢方囗齊永明中囗（以下缺文）
> 2 監十年梁（梁）彌博［博］表獻［獻］甘草當歸詔爲
> 囗囗囗囗囗囗（使持節都督河涼）二州安西［將］軍
> 3 護羌［羌］（授）［校］尉河涼二州刺史隴西公衣物風俗與河南國畧同

今案：《梁書·西北諸戎傳》"宕昌國條"乃修飾、增删今存殘卷題記所據而成。删去者主要是"齊永明中"以下缺文，增添者主要是"彌博死"以下二十七字。後者的依據或與《梁書·武帝紀中》同。又天監"十年"乃摹寫致誤，《梁書·西北諸戎傳》編者所見《方國使圖》

題記應作"四年"。又,"東羌校尉"今存殘卷作"護羌校尉"。

一〇、《梁書·西北諸戎傳》"鄧至國條":

鄧至國,居西涼州界,羌別種也。世號持節、平北將軍、西涼州刺史。宋文帝時,王象屈耽遣使獻馬。天監元年,詔以鄧至王象舒彭爲督西涼州諸軍事,號安北將軍。五年,舒彭遣使獻黃耆四百斤,馬四匹。其俗呼帽曰突何。其衣服與宕昌同。

今存殘卷鄧至國使臣圖題記:

1 鄧至國使
2 鄧至居西涼州界羌[羌]別種也宋文帝世鄧至王象屈就遣其所置囗
3 水鎮將[將]象破羌[羌]上書獻[獻]駿馬天監五年國王象舒彭遣厲僧崇獻[獻]
4 黃耆四百斤馬四疋其俗呼帽曰突阿其衣服與宕昌畧同

今案:《梁書·西北諸戎傳》"鄧至國條"乃增删、修飾今存殘卷題記所據而成。删去的主要是宋文帝時來獻鄧至國使臣之官職、姓名;增添的主要是"世號"以下一十三字和"天監元年"以下二十五字,後者的依據或與《梁書·武帝紀中》相同。同紀載:

[八月]乙巳,平北將軍、西涼州刺史象舒彭進號安西將

軍，封鄧至王。

"安西將軍"當作"安北將軍"。前文載同年閏四月"丁酉，以行宕昌王梁彌邕爲安西將軍、河涼二州刺史，正封宕昌王"。知象舒彭所封爲"安北將軍"無疑。

除上述十國外，今存殘卷尚有百濟、倭、狼牙脩三國使臣圖題記，對照《梁書·諸夷傳》百濟、倭、狼牙脩三國使臣圖題記，不難發現後者並不依賴前者所據。因此，似乎可以得出以下結論：

1.《梁書·西北諸戎傳》與今存殘卷西北各國使臣圖像題記的上述對應關係表明兩者有相同的資料依據。

2. 既如前述，今存殘卷各國使臣圖像題記取材自裴子野《方國使圖》題記。可見《梁書·西北諸戎傳》（至少上述十國之傳記）取材於裴子野《方國使圖》。

3. 既然《梁書·西北諸戎傳》主要取材於裴子野《方國使圖》，前者編寫之際，蕭繹《職貢圖》（至少上述十國使臣圖像的題記）可能已經不復傳世。[50]

■ 注釋

[1] 文淵閣四庫全書本。

[2] 汪紹楹校本，上海古籍出版社，1985年。

[3] 據《梁書·武帝紀》，入爲五年"秋七月己卯"，出爲六年"十二月壬子"。

[4] 參見岑仲勉"現存的《職貢圖》是梁元帝原本嗎",《金石論叢》,上海古籍出版社,1981年,pp. 476-483。

[5]《遼海叢書》第4冊,遼瀋書社,1985年,pp. 2519-2520。

[6] 上海人民美術出版社,1963年。

[7] 宋劉克莊(1187—1269年)《後村題跋》卷四"李伯時畫《十國圖》"有云:"舊題云:李伯時學吳道子畫。按:梁元帝自畫《職貢圖》,至唐猶存,似非道子作古,竊意此畫源流甚遠。"今案:劉氏稱元帝《職貢圖》"至唐猶存",未識何據。

[8] 金維諾"《職貢圖》的時代與作者——讀畫劄記",《文物》1960年第7期,pp. 14-17。

[9] 文淵閣四庫全書本。

[10] 于安瀾編《畫品叢書》,上海人民美術出版社,1982年,p. 157。李薦,《宋史》卷四四四有傳,其活躍的年代約爲十一世紀最後的二十年;參看榎一雄"梁職貢圖について",《東方學》26(1963年),pp. 31-46。

[11] 四部叢刊初編本。李公麟,《宋史》卷四四四有傳。又,王應麟《玉海·藝文·圖》(卷五六):"李公麟有帖云:梁元帝鎮荊州,作《職貢圖》,首虜而終蠕,凡三十餘國。今纔二十有二。其一曰魯國,《南史》及《通典》、《太平御覽》皆無魯國與丙丙國,其下二十國則有之:河南、中天竺、師子、北天竺、渴槃陀、武興蕃、滑、波斯、百濟、龜茲、倭、(因)[周]古柯、呵跋檀、胡密丹、白題、末、林邑、婆利、宕昌、狼牙修,皆朝貢於梁者。'武帝紀'中又有扶南、鄧至、于闐、蠕蠕、高麗、干陁利、新羅、盤盤、丹丹九國,豈圖之所遺耶?亦不見所謂蠕者。疑丙丙與芮芮相類,卽蠕蠕也。《通志》云二十八國。《崇文目》又有《職貢圖》三卷。"今案:自

"李公麟有帖云"至"卽蠕蠕也"，乃節錄樓鑰《攻媿集》之文字。

[12] 注 10 所引榎一雄文以爲"虜"字係"魯"之誤。而"魯"乃"稟"或"壔"之形訛。"稟"或"壔"其實是"拂稟"或"拂壔"（Frum）之奪訛。今案：其說迂曲，不可從。在今存殘卷（李公麟所述圖與之同源）中，Frum 譯作"（沉）[沕] 壔"，可以爲證。

[13]《南史·明僧紹傳》（卷五〇）載僧紹子慧照於齊高帝"建元元年，爲巴州刺史，綏懷蠻蜓"。知南朝有"蜑"。

[14] 榎一雄"滑國に關する梁職貢圖の記事について"，《東方學》27（1964 年），pp. 12-32，以爲這些記事係傅藏圖原有；非是。該圖衹有使臣圖像，並無題記之類，下文所謂"止摹其形"者也。細玩"徧閱"至"皆曾朝貢於梁者也"一段自可明瞭。

[15]《宣和畫譜·人物三》（卷七）載李氏"寫《職貢圖》二"。（文淵閣四庫全書本）

[16] 文淵閣四庫全書本。

[17] 注 10 所引榎一雄文。

[18] 涵芬樓本《說郛》卷二八，見《說郛三種》，上海古籍出版社，1989 年，p. 490。

[19] 黃賓虹、鄧實編《美術叢書》四集第一〇輯，江蘇古籍出版社，1986 年，p. 2928。

[20] 見注 10 所引于安瀾書，p. 324。

[21] 中華書局聚珍仿宋本。

[22]《叢書集成初編·總類》。

[23] 注 14 所引榎一雄文。

[24] 唐裴孝源《貞觀公私畫史》載："《職貢圖》三卷、《小兒戲鴨圖》一卷；

右四卷，江僧寶畫，隋朝官本，亦有梁、陳年號題。"見注 10 所引于安瀾書，p. 37，知梁代《職貢圖》之作，除蕭繹外，尚有江氏。

[25] 見注 8 所引金維諾文。

[26] 庚申（1911 年）九月武進李氏聖譯廎印莫棠署耑。

[27] 文淵閣四庫全書本。

[28] 見注 8 所引金維諾文。

[29] 參看注 10 所引榎一雄文。

[30] 見注 8 所引金維諾文。

[31] 此處所加之"□"表示可能缺少的最低限度的字。

[32] "圖茲貢職"是爲了押韻，這也許是蕭繹《職貢圖》又名《貢職圖》的由來。

[33] 參看余太山《嚈噠史研究》，齊魯書社，1986 年，pp. 13-15。

[34] 文淵閣四庫全書本。

[35] 上海人民美術出版社，1963 年，pp. 650-651。

[36] 文淵閣四庫全書本。

[37] 詩見王文誥輯注《蘇軾詩集》卷三四，中華書局（孔凡禮點校本第六冊），1982 年，p. 1830。

[38] 事載《舊唐書·南蠻傳》和《新唐書·南蠻傳下》，然傳文未及《王會圖》之作者。

[39] 文淵閣四庫全書本。又，趙詩"題閻立本職貢圖臨本"其二曰："金犀勢面覷天庭，王會圖中見典刑；已了宣威沙漠事，更煩右相寫丹青。"

[40] 文淵閣四庫全書本。

[41] 文淵閣四庫全書本。

[42] 文淵閣四庫全書本。

[43] 臺北故宮博物院編印《秘殿珠林、石渠寶笈續編·石渠寶笈二》，臺北，1971年，p. 923。

[44] 參見注14所引榎一雄文。

[45] 注33所引余太山書，pp. 82-83。

[46] 參見注14所引榎一雄文。

[47] 范祥雍校注本，中華書局，1983年。

[48]《大正新脩大藏經》T53, No. 2122, p. 505。

[49] 參看白鳥庫吉"拂菻問題の新解釋"，《白鳥庫吉全集·西域史研究（下）》（第7卷），東京：岩波，1971年，pp. 403-596, esp. 503-510。

[50] 張楚金《翰苑》所引高麗國使臣圖題記很可能是裴子野《方國使圖》之逸文，但係蕭繹或梁代其他人《職貢圖》遺文的可能性也不能完全排除。

四 《魏書·西域傳》原文考

如所周知，魏收所撰《魏書·西域傳》久已佚失，今本《魏書·西域傳》乃後人自《北史·西域傳》採入。[1]而由於《北史·西域傳》是李延壽據《魏書·西域傳》、《周書·異域傳下》和《隋書·西域傳》編成，便有人試圖根據《北史·西域傳》恢復《魏書·西域傳》的原貌，辦法是從《北史·西域傳》中剔除《周書·異域傳下》和《隋書·西域傳》的文字。祇是論者對今本《魏書·西域傳》中究竟哪些字句出自《周書·異域傳下》和《隋書·西域傳》存在意見分歧，《魏書·西域傳》復原的工作可以說迄今尚未完成。[2]考慮到這是一項很有意義的工作，在此，我也打算採用前人類似的方法，就《魏書·西域傳》原文再作一次考證，力圖使這項工作向前推進一步，同時也揭示《北史·西域傳》的編纂過程。

查今本《魏書·西域傳》所傳西域諸國文字堪與《魏書·西域傳》、《隋書·西域傳》乃至《通典》等對勘者有以下諸節；茲依次加以討論。

一

《夏書》稱"西戎即序"，班固云：就而序之，非盛威武，致其貢物也。漢氏初開西域，有三十六國。其後分立五十五王，置校尉、都護以撫納之。王莽篡位，西域遂絕。至於後漢，班超所通者五十餘國，西至西海，東西萬里，皆來朝貢，復置都護、校尉以相統攝。其後或絕或通，漢朝以爲勞弊中國，其官時置時廢。暨魏晉之後，互相吞滅，不可復詳記焉。太祖初，經營中原，未暇及於四表。既而西戎之貢不至，有司奏依漢氏故事，請通西域，可以振威德於荒外，又可致奇貨於天府。太祖曰："漢氏不保境安人，乃遠開西域，使海內虛耗，何利之有？今若通之，前弊復加百姓矣。"遂不從。歷太宗世，竟不招納。太延中，魏德益以遠聞，西域龜茲、疏勒、烏孫、悅般、渴槃陁、鄯善、焉耆、車師、粟特諸國王始遣使來獻。世祖以西域漢世雖通，有求則卑辭而來，無欲則驕慢王命，此其自知絕遠，大兵不可至故也。若報使往來，終無所益，欲不遣使。有司奏九國不憚遐嶮，遠貢方物，當與其進，安可豫抑後來，乃從之。於是始遣行人王恩生、許綱等西使，恩生出流沙，爲蠕蠕所執，竟不果達。又遣散騎侍郎董琬、高明等多齎錦帛，出鄯善，招撫九國，厚賜之。初，琬等受詔，便道之國可往赴之。琬過九國，北行至烏孫國，其王得朝廷所賜，拜受甚悅，謂琬曰："傳聞破洛那、者舌皆思魏德，欲稱臣致貢，但患其路無由耳。今使君等既到此，可往二國，副其慕仰之誠。"琬於是自向破洛那，遣明使者舌。烏孫王爲發導譯達二國，琬等宣詔慰賜之。已而琬、明東還，烏孫、破洛那之屬遣使與琬俱來貢獻者十有六國。自後相繼而來，不間于歲，國使亦數十輩矣。初，世祖每遣使西域，常詔河西王沮渠牧犍令護送，至姑臧，牧犍恒發使導路出於流沙。後使者自西域還，至武威，牧犍左右謂使者曰："我君承蠕蠕吳提妄說，云：'去歲魏天子自來伐我，士馬疫死，大敗而還，我禽其長弟樂平王丕。'我君大喜，宣言國中。"又聞吳提遣使告西域諸國，稱："魏已削弱，今天下唯我為強，若更有魏使，勿復恭奉。"西域諸國亦有貳者，牧犍事主稍以慢惰。使還，具以狀聞，世祖遂議討牧犍。涼州既平，鄯善國以為"脣亡齒寒，自然之道也，今武威為魏所滅，次及我也。若通其使人，知我國事，取亡必近，不如絕之，可以支久"，乃斷塞行路，西域貢獻，歷年不入，後平鄯善，行人復通。始琬等使還京師，具言凡所經見及傳聞傍國，云：西域自漢武時五十餘國，後稍相并。至太延中，為十六國，分其地為四域。自葱嶺以東，流沙以西為一域；葱嶺以西，海曲以東為一域；者舌以南，月氏以北為一域；兩海之間，水澤以南為一域。內諸小渠長蓋以百數。其出西域本有二道，後更為四：出自玉門，渡流沙，西行二千里至鄯善為一道；自玉門渡流沙，北行二千二百里至車師為一道；從莎車西行一百里至葱嶺，葱嶺西一千三百里至伽倍為一道；自莎車西南五百里〔至〕葱嶺[3]，西南一千三百里至波路為一道焉。自琬所不傳而更有朝貢者，紀其名，不能具國俗也。其與前使所異者錄之。

1."《夏書》稱"以下至"致其貢物也"二十三字，不見於《周書·異域傳下》和《隋書·西域傳》，可以視作《魏書·西域傳》原文。這是《魏書》作者借用《漢書·西域傳》贊語："《書》曰'西戎即序'。禹既就而序之，非上威服致其貢物也"，僅字句略有出入而已。《魏書》引用《漢書》不止一處，《魏書·西域傳》在體例上也摹做《漢書·西域傳》，更何況文意堪與下文相呼應。

2."漢氏初開西域"以下至"不可復詳記焉"一段乃《隋書·西域傳》之文。蓋文字與《隋書·西域傳》序大致相同，差異僅"東西萬里"與"東西四萬里"，"不可復詳記矣"與"不可詳焉"之類。更重要的是若干敍述與下文不僅重複，而且矛盾。例如：此處說："漢初開西域，有三十六國，其後分立五十五王"，下文卻說"西域自漢武時五十餘國"云云，雖然後者出自董琬等人之口，但與前文顯然不協調，編者不應置之不問。由此可見，這一節不可能是《魏書·西域傳》原文。

3."太祖初"至"竟不招納"一段係《魏書·西域傳》原文。所述乃北魏事情，不可能是《周書·異域傳下》、《隋書·西域傳》之文。更重要的是按之《魏書》其他紀傳，太祖時確與西域沒有來往。至於"保境安人"四字，正如前人早已指出，《魏書·西域傳》原文應爲"保境安民"，"民"字避唐諱改。

4."太延中"至"國使亦數十輩矣"一段係《魏書·西域傳》原文。所述乃北魏事情，不可能是《周書·異域傳下》、《隋書·西域傳》之文。說者以爲自"太延中"至"厚賜之"一節中有《北史》編者在編輯《北史·西域傳》時造成的錯簡，並作了復原的努力。[4] 今案：其說非是。這一段文通字順，並無錯簡存在。[5]

5. "初，世祖每遣使西域"以下至"行人復通"一段可以認爲是《魏書·西域傳》原文。或以爲所述爲北魏事情，文字亦類《魏書·西域傳》，但插在兩段有關董琬西使的敍述之間，使文義中斷，有可能不是《魏書·西域傳》原文；《北史》編者引自《十六國春秋》一類的書亦未可知。[6]今案：此說似有未安。一則，《北史·西域傳》全篇取材《魏書·西域傳》、《周書·異域傳下》和《隋書·西域傳》編成，各處未見例外，唯獨此處引用三傳以外的資料可能性極小。二則，董琬西使事蹟在這一段之前已經說完，序言最後一節乃總述西域形勢，不過借董琬等之口而已，不能認爲有關董琬西使事蹟的敍述被打斷。說者因《通志·四夷三·西域序略》引《魏書·西域傳》序言不採此節而懷疑此節非《魏書·西域傳》原文，亦有未安；蓋《通志》無非節錄，並非引用全篇。其實，《魏書·西域傳》序言敍述北魏初通西域情況自不能不提及北涼政權所起阻礙作用。至於序文稱涼州平定後，鄯善國"斷塞行路"以致"西域貢獻，歷年不入"，固然有欠確切，但是這也不能成爲指"世祖遂議討牧犍"至"行人復通"一段非《魏書·西域傳》原文之理由。

6. "始琬等使還京師"至"其與前使所異者錄之"一段應係《魏書·西域傳》原文。此處所載"四域"，《通典·邊防七·西戎三·西戎總序》記作"三域"：

至後魏太武帝，使董琬使西域，還，且言其地爲三域。自葱嶺以東、流沙以西爲一域；姑墨以南、月氏以北爲一域；兩海之間、水澤以南爲一域。三域之內，諸小渠長蓋以百數。

或以爲《魏書·西域傳》原文應作"三域"，如《通典》所錄，今本作"四域"是李延壽按後代的知識改寫的結果。[7] 今案：此說非是。[8]

說者又以爲"西域自漢武時五十餘國，後稍相并。至太延中，爲十六國"二十二字乃李延壽妄加。今案：此說亦未安。李氏既採《隋書·西域傳》"漢氏初開西域，有三十六國，其後分立五十五王"數句入《北史·西域傳》序，便不可能再寫出上述二十二字，因爲這兩者矛盾是十分明顯的。而如果這二十二字是原有的，李氏在引入《隋書·西域傳》時沒有發現存在的矛盾卻是可能的。誠如說者所指，這二十二字包含的內容是錯誤的，尤其是北魏"太延中"的西域決不止"十六國"。但是，不能因此指這二十二字係李延壽妄加，祇能認爲這二十二字是有奪訛的《魏書·西域傳》原文。換言之，很可能並不是李延壽沒有發現這段文字與所引《隋書·西域傳》的矛盾，而是事實上並不存在這種矛盾。

說者又以爲："其出西域本有二道，後更爲四"應據《通典·邊防七·西戎三·西戎總序》改爲"其出西域，更爲四道"。今案：其說或是。

說者又以爲"至波路爲一道焉"以下應據《通典·邊防七·西戎三·西戎總序》補"於是貢獻者十有六國"九字。今案：這九字有可能是《魏書·西域傳》原文（"於是"二字乃《通典》編者摘引時所加)。不過,與其說應補在"至波路爲一道焉"之後,不如置於"至太延中"之後。"至太延中,(於是)貢獻者十有六國,分其地爲四域",是說太延中來朝者有一十六國,此一十六國分佈於四域之中。

二

鄯善國,都扜泥城,古樓蘭國也。去代七千六百里,所都城方一里。地多沙鹵,少水草,北卽白龍堆路。至太延初,始遣使來獻。四年,遣其弟素延耆入侍。[9]及世祖平涼州,沮渠牧犍弟無諱走保敦煌。無諱後謀渡流沙,遣其弟安周擊鄯善,王比龍恐懼欲降。會魏使者自天竺、罽賓還,俱會鄯善,勸比龍拒之,遂與連戰,安周不能克,退保東城。後比龍懼,率衆西奔且末,其世子乃應安周。[後,魏遣使使西域,道出其國,][10]鄯善人頗剽劫之,令不得通。世祖詔散騎常侍、成周公萬度歸乘傳發涼州兵討之,度歸到敦煌,留輜重,以輕騎五千渡流沙,至其境。時鄯善人衆布野,度歸敕吏卒不得有所侵掠,邊守感之,皆望旗稽服。其王真達面縛出降,度歸釋其縛,留軍屯守,與真達詣京都。世祖大悅,厚待之。是歲,拜交趾公韓拔爲假節、征西將軍、領護西戎校尉、鄯善王以鎮之,賦役其人,比之郡縣。

1. "鄯善國"以下七字係《魏書·西域傳》原文。"都扜泥城"四字不見於《周書·異域傳下》。[11]

2. "古樓蘭國也"五字乃《周書·異域傳下》之文。

一則，五字亦見於《周書·異域傳下》。

二則，《周書·異域傳下》記西域諸國好用"……（國），古……國也"的句型。例如：稱鄯善，"古樓蘭國也"；稱波斯國，"古條支國也"。

三則，今本《魏書·西域傳》稱：粟特國，"古之奄蔡，一名溫那沙"。按之《太平寰宇記·四夷一五·西戎七》引《魏書·西域傳》文曰：

粟特，一名溫那沙，古之奄蔡國。

以及《通典·邊防九·西戎五》"奄蔡條"："後魏時曰粟特國，一名溫那沙。"可知至遲在北魏時已將粟特與奄蔡混爲一談，而《太平寰宇記》所引確係《魏書·西域傳》原文。旣然如此，《周書·異域傳下》所見粟特國"蓋古之庵蔡，一名溫那沙"乃至"治於大澤，在康居西北"數句均錄自《魏書·西域傳》；似乎《魏書·西域傳》記西域諸國亦有採用與上述《周書·異域傳下》相類似句型者；因而不能遽斷"古樓蘭國也"五字非《魏書·西域傳》之文。[12] 但是，"古之……國"在《魏書·西域傳》中僅此一見，與此相對，《魏書·西域傳》多用"故……國"，如：稱者舌國，"故康居國"；稱伽倍國，"故休密翕侯"等等。何況，"古之……國"這一句型畢竟與"古……國也"不同。

3. "去代"以下七字係《魏書·西域傳》原文。北魏都於代。

4."所都城方一里"六字乃《周書·異域傳下》之文。

一則,六字見於《周書·異域傳下》。

二則,《周書·異域傳下》記西域諸國都城多載其規模。例如:焉耆國,"所治城方二里";龜茲國,"所治城方五六里";于闐國,"所治城方八九里"等等。尤其是稱嚈噠國都城"方十餘里",顯然不可能採自《魏書·西域傳》,蓋北魏時嚈噠並無都城可言,知都城"方"若干里確係《周書·異域傳下》特有之記事。

5."地多沙鹵"至"白龍堆路"一十三字乃《周書·異域傳下》之文。

一則,這一十三字見於《周書·異域傳下》。

二則,這一十三字正與前文"古樓蘭國也"五字相呼應。蓋此一十三字其實是《漢書·西域傳》關於樓蘭國的描述,《周書·異域傳下》既稱鄯善爲"古樓蘭國",轉述有關事情亦就不足爲奇了。

三則,《周書·異域傳》序言稱:"其四夷來朝聘者,今竝記之於後。至於道路遠近,物産風俗。詳諸前史,或有不同。斯皆錄其當時所記,以備遺闕云爾。"知該傳所傳西域諸國均係來朝北周者。而瀏覽全傳,不難發現,所傳諸事未必前史所無,確切些說,多有採自前史者,是特別在"當時所記"甚少以致不能敷衍成篇之際。以上一十三字便是據《漢書·西域傳》有關記載改寫者。與之相對,《魏書·西域傳》可能因爲資料比較豐富,很少採錄前史。亦可見此一十三字並非《周書·異域傳下》採自《魏書·西域傳》者。[13]

6. 自"至太延初"至"比之郡縣"皆《魏書·西域傳》原文。唯"賦役其人"之"人"字本當作"民",避唐諱改。

三

且末國,都且末城,在鄯善西,去代八千三百二十里。真君三年,鄯善王比龍避沮渠安周之難,率國人之半奔且末,後役屬鄯善。且末西北方流沙數百里,夏日有熱風爲行旅之患。風之所至,唯老駝豫知之,即鳴而聚立,埋其口鼻於沙中,人每以爲候,亦即將氈擁蔽鼻口。其風迅駛,斯須過盡,若不防者,必至危斃。

1. "且末國"至"後役屬鄯善"一段係《魏書·西域傳》原文。所述均北魏事情,不應出自《周書·異域傳下》、《隋書·西域傳》,何況兩書均未爲且末國立傳。

2. "且末西北方"至"必至危斃"七十一字應出自《隋書·西域傳》所據原始史料,《周書·異域傳》編者誤採入《周書·異域傳下》"鄯善條",《北史》編者復據《周書·異域傳下》採入《北史·西域傳》"且末條",可謂一誤再誤,顯非《魏書·西域傳》原文。[14]

一則,《隋書·西域傳》"吐谷渾傳"有類似段落:

[吐谷渾]地兼鄯善、且末。西北有流沙數百里,夏有熱風,傷斃行旅。風之將至,老駝預知之,則引頸而鳴,聚立,

以口鼻埋沙中。人見則知之,以氊擁蔽口鼻而避其患。

雖然沒有"其風"以下一十六字,但一望而知,與《周書·異域傳下》、《魏書·西域傳》所見同出一源。不過,《隋書·西域傳》所謂"西北"乃指吐谷渾之西北部,與今本《魏書·西域傳》"西北"指且末"西北方"者大異其趣。不難想見,《周書·異域傳下》編者因涉上文"地兼鄯善、且末"句,而誤以爲"西北"乃指鄯善西北,於是將這一段移往"鄯善傳"。"其風"以下一十六字《隋書·西域傳》所據原始史料當有。蓋鄯善西北雖有沙漠,然並不當道,似無必要大書特書,而吐谷渾在兼有鄯善、且末之地後,其西北的沙漠正是所謂"白龍堆",乃古來有名的大沙漠。

二則,《周書·異域傳下》亦有類似文字:

> 西北有流沙數百里,夏日有熱風,爲行旅之患。風之欲至,唯老駞知之,卽鳴而聚立,埋其口鼻於沙中,人每以爲候,亦卽將氊擁蔽鼻口。其風迅駛,斯須過盡,若不防者,必至危斃。

文字與今本《魏書·西域傳》略同,可知乃《魏書·西域傳》"且末條"文字所自來。雖據《漢書·西域傳》自且末西北向似有道穿越大沙漠赴尉犂,但亦非常道,不應有如此記載。很可能《北史·西域傳》的編者因涉上文"其王西奔且末"句,而誤以爲"西北"乃指且末西北,於是將這一段移往"且末條"。

四

于闐國，在且末西北，葱嶺之北二百餘里。東去鄯善千五百里，南去女國二千里，西去朱俱波千里，北去龜茲千四百里，去代九千八百里。其地方亘千里，連山相次。所都城方八九里，部内有大城五，小城數十。于闐城東三十里有首拔河，中出玉石。土宜五穀并桑麻，山多美玉，有好馬、駝、騾。其刑法，殺人者死，餘罪各隨輕重懲罰之。自外風俗物産與龜茲略同。俗重佛法，寺塔僧尼甚衆，王尤信尚，每設齋日，必親自灑掃饋食焉。城南五十里有贊摩寺，即昔羅漢比丘［比］盧旃爲其王造覆盆浮圖之所，石上有辟支佛跣處，雙跡猶存。于闐西五百里有比摩寺，云是老子化胡成佛之所。俗無禮義，多盜賊、淫縱。自高昌以西，諸國人等深目高鼻，唯此一國，貌不甚胡，頗類華夏。城東二十里有大水北流，號樹枝水，即黃河也，一名計式水。城西五十五里亦有大水，名達利水，與樹枝水會，俱北流。

真君中，世祖詔高涼王那擊吐谷渾慕利延，慕利延懼，驅其部落渡流沙。那進軍急追之，慕利延遂西入于闐，殺其王，死者甚衆。顯祖末，蠕蠕寇于闐，于闐患之，遣使素目伽上表曰："西方諸國，今皆已屬蠕蠕，奴世奉大國，至今無異。今蠕蠕軍馬到城下，奴聚兵自固，故遣使奉獻，延望救援。"顯祖詔公卿議之，公卿奏曰："于闐去京師幾萬里，蠕蠕之性，惟習野掠，不能攻城，若爲所拒，當已旋矣。雖欲遣使，勢無所及。"顯祖以公卿議示其使者，亦以爲然。於是詔之曰："朕承天理物，欲令萬方各安其所，應敕諸軍以拯汝難。但去汝遐阻，雖復遣援，不救當時之急，已停師不行，汝宜知之。朕今練甲養卒，一二歲間當躬率猛將，爲汝除患，汝其謹警候以待大舉。"先是，朝廷遣使者韓羊皮使波斯，波斯王遣使獻馴象及珍物。經于闐，于闐中于王秋仁輒留之，假言慮有寇不達。羊皮言狀，顯祖怒，又遣羊皮奉詔責讓之，自後每使朝獻。

1. "于闐國"以下八字係《魏書·西域傳》原文。于闐國"在且末西北"，猶如稱且末國"在鄯善西"，是《魏書·西域傳》特有的標誌諸國方位的方式，所傳諸國次序亦按此排列。[15]

2. "葱嶺之北二百餘里"八字，乃《周書·異域傳下》之文，後者標誌諸國方位多以山川河流爲基準，與《魏書·西域傳》以鄰國爲基準者有別。

3. "東去"以下三十字，乃《隋書·西域傳》之文，不僅文字與《隋書·西域傳》全同，而且"女國"、"朱俱波"之類地名亦始見於《隋書·西域傳》。

《通志·四夷三·西戎下》有載："後魏世，于闐國使來云：其國見在且末西北，葱嶺之北二百餘里。東去鄯善千五百里，南去女國三千里，去朱俱波千里，北去龜兹千四百里，去代九千八百里，疑卽漢時舊治也。"全錄《北史·西域傳》之文，而冠以"後魏世"云云，似乎以上三十字乃《魏書·西域傳》原文；其實不然。《通志》編者因見文有"去代"字樣，妄斷爲北魏時情況；稱得自"于闐國使"，乃想當然耳。另一種可能性是《通志》以上文字乃編者抄自佚失後自《北史》採入的《魏書·西域傳》，以致產生這些誤會。果然，則《通志》編者已不及見原本《魏書·西域傳》。要之，不能因《通志》這段文字懷疑這三十字出自《隋書·西域傳》。[16]

4. "去代九千八百里"至"連山相次"一十七字係《魏書·西域傳》之文。代係北魏都城。"其地"以下十字又不見《周書·異域傳下》、《隋書·西域傳》。

5. "所都城"以下至"小城數十"一十七字，乃《周書·異域傳下》之文。不僅文字全同，而且如前所說，《周書·異域傳下》好載諸國都城規模。

6. "于闐城東"至"有好馬、駝、騾"三十一字係《魏書·西域傳》之文。有關文字不見《周書·異域傳下》、《隋書·西域傳》。"于闐"二字或係《北史》編者所加，以呼應所增《周書·異域傳下》之文。

7. 自"其刑法"至"必親自灑掃饋食焉"五十三字，無妨看作《周書·異域傳下》之文，蓋文字全同。

8. 自"城南"至"雙跡猶存"三十九字，無妨看作《周書·異域傳下》之文，蓋文字幾乎亦同。

《洛陽伽藍記》卷五引"宋雲行紀"記于闐國事有云："于闐王不信佛法。有商胡將一比丘名毗盧旃在城南杏樹下，向王伏罪云：今輒將異國沙門來在城南杏樹下。王聞忽怒，即往看毗盧旃。旃語王曰：如來遣我來，令王造覆盆浮圖一所，使王祚永隆。"下文且具體提到"辟支佛靴"，知北魏時已知于闐國覆盆浮圖的傳說，這三十九字似乎難保不是《魏書·西域傳》原文。[17]今案：《魏書‧西域傳》編者當然見過"宋雲行紀"，且曾在編寫《魏書‧西域傳》時引用；今本《魏書‧西域傳》末所載：

> 初，熙平中，肅宗遣王伏子統宋雲、沙門法力等使西域，訪求佛經。時有沙門慧生者亦與俱行，正光中還。慧生所經諸國，不能知其本末及山川里數，蓋舉其略云。

可以爲證。但是，《魏書‧西域傳》一般並不記載神蹟奇事，對照傳末與《洛陽伽藍記》卷五所引"宋雲行紀"關於渴槃陁（漢盤陀）、鉢和、波知、賖彌、烏萇（烏場）、乾陀（乾陀羅）六國的記載（括弧內是《洛陽伽藍記》採用的譯名）便能明白這一點。要之，不能僅僅因《魏書‧西域傳》編者見過"宋雲行紀"，而後者已載有覆盆浮圖傳說，便認爲以上三十九字可能是《魏書》原文。

9．"于闐西"以下至"多盜賊、淫縱"二十九字，乃《隋書‧西域傳》之文，蓋文字全同（今本《魏書‧西域傳》"西五百里"原作"西五里"奪"百"字，茲據中華書局標點本）。雖然《通志‧四夷三‧西戎下》亦將此歸諸"後魏世，于闐國使"所言（缺"俗無"以下九字），但正如前述，這不能作爲此二十九字係《魏書‧西域傳》原文的證據。

宋謝守灝編《混元聖記》卷八載唐弘文館學士員半千"（不毀化胡經）議"有云：

> 謹按范蔚宗《後漢〔書〕‧襄楷傳》、《魏略‧西（域）〔戎〕

傳》，兼《北史·西域傳》及周隋十餘家書傳並云老子西入流沙，皆稱化胡云云。[18]

列舉諸家，唯獨不提《魏書·西域傳》，可以爲證。所謂"周隋十餘家書"中應包括《隋書·西域傳》，而《北史·西域傳》類似記載則抄自前者。

10. "自高昌"以下至"頗類華夏"二十五字，乃《周書·異域傳下》之文。《周書·異域傳下》關於西域諸國的記述其實始自高昌國，故有"自高昌以西"之說。

11. 自"城東二十里"至"俱北流"四十五字，乃襲自《周書·異域傳下》，不僅兩者文字略同（《周書·異域傳下》"計式"作"計戎"），且"樹枝水"即前文之"首拔河"（"拔"係"枝"字之誤）。《北史》編者於此失察，以致文意重複。

12. 自"真君中"至"自後每使朝獻"一段，均爲《魏書·西域傳》原文。蓋所述皆北魏事情，不可能出自《周書·異域傳下》或《隋書·西域傳》。

五

焉耆國，在車師南，都員渠城，白山南七十里，漢時舊國也。去代一萬二百里。其王姓龍，名鳩尸卑那，即前涼張軌所討龍熙之胤。所都城方二里，國內凡有九城。國小人貧，無綱紀法令。

兵有弓刀甲矟。婚姻略同華夏。死亡者皆焚而後葬，其服制滿七日則除之。丈夫並翦髮以爲首飾。文字與婆羅門同。俗事天神，並崇信佛法。尤重二月八日、四月八日，是日也，其國咸依釋教，齋戒行道焉。氣候寒，土田良沃，穀有稻粟菽麥，畜有駝馬。養蠶不以爲絲，唯充綿纊。俗尚蒲萄酒，兼愛音樂。南去海十餘里，有魚鹽蒲葦之饒。東去高昌九百里，西去龜茲九百里，皆沙磧；東南去瓜州二千二百里。

恃地多險，頗剽劫中國使。世祖怒之，詔成周公萬度歸討之，約齎輕糧，取食路次。度歸入焉耆東界，擊其邊守左回、尉犁二城，拔之。進軍向員渠。鳩尸卑那以四五萬人出城守險以拒。度歸募壯勇，短兵直往衝，鳩尸卑那衆大潰，盡虜之，單騎走入山中。度歸進屠其城，四鄙諸戎皆降服。焉耆爲國，斗絕一隅，不亂日久，獲其珍奇異玩殊方譎詭不識之物，橐駝馬牛雜畜巨萬。時世祖幸陰山北宮，度歸破焉耆露板至，世祖省訖，賜司徒崔浩書曰："萬度歸以五千騎經萬餘里，拔焉耆三城，獲其珍奇異物及諸委積不可勝數。自古帝皇雖云卽序西戎，有如指注，不能控引也。朕今手把而有之，如何？"浩上書稱美。遂命度歸鎮撫其人。初鳩尸卑那走山中，猶覬城不拔，得還其國。既見盡爲度歸所克，乃奔龜茲，龜茲以其壻，厚待之。

1."焉耆國"以下一十一字係《魏書·西域傳》原文。《周書·異域傳下》、《隋書·西域傳》均不載焉耆都城之名，而載諸國都城之名乃《魏書·西域傳》體例。

2."白山"以下十一字可能是《隋書·西域傳》之文。一則，

《隋書·西域傳》亦有類似文字；二則，雖然《周書·異域傳下》亦稱"焉耆國在白山之南七十里"，但並無"漢時舊國也"五字。稱某國爲"漢時舊國"或"漢時某國"乃《隋書·西域傳》之特色。

焉耆，《資治通鑑·宋紀四》（文帝元嘉十二年）考異稱："《後魏書》皆作'烏耆'，云'漢時舊國也'。按《漢書》作'焉耆'，今從之。"果如所言，則"漢時舊國也"五字爲《魏書·西域傳》原有。然而，卽使如此，今本所見，亦應爲《北史》編者抄自《隋書·西域傳》者。質言之，此五字蓋由《隋書》編者錄自《魏書·西域傳》，復由《北史》編者錄自《隋書·西域傳》。另外，按之《魏書》紀傳，"焉耆"僅一處（《魏書·世宗紀》"景明三年"條）作"烏耆"，不知《考異》何所見而云然。

3. "去代"以下七字係《魏書·西域傳》原文。北魏以代爲都城。

4. "其王"以下二十字（"名鳩尸卑那"五字除外）係《周書·異域傳下》之文。《隋書·裴矩傳》載矩所撰《西域圖記》序稱："雖大宛以來，略知戶數，而諸國山川未有名目。至如姓氏風土，服章物產，全無纂錄，世所弗聞。"但是，裴氏以前諸史未必不書國王姓氏。"名鳩尸卑那"五字應是《北史》編者增添。[19]

5. "所都城方二里"至"有魚鹽蒲葦之饒"一段係《周書·異域傳下》之文。不僅文字大抵相同（《周書·異域傳下》"都"字作"治"，"國內"作"部內"，又多"牛羊"兩字）。而且機械拼湊的痕蹟十分明顯。前文早已提及國都，此處始敍述其情況，一也；下文說焉耆如何富饒，此處則稱"國小人貧"，二也。

6. "東去"以下至"二千二百里"二十七字乃錄自《隋書·西域傳》。蓋以高昌、瓜州爲表示方位之基準。

7. "恃地多險"至"厚待之"一段，乃《魏書·西域傳》原文。所述全係北魏時事，且可與《魏書》其他紀傳相印證。

六

龜茲國，在尉犂西北，白山之南一百七十里，都延城，漢時舊國也。去代一萬二百八十里。其王姓白，即後涼呂光所立白震之後。其王頭繫綵帶，垂之於後，坐金師子牀。所居城方五六里。其刑法，殺人者死，劫賊則斷其一臂并刖一足。稅賦準地徵租，無田者則稅銀錢。風俗、婚姻、喪葬、物產與焉耆略同，唯氣候少溫爲異。又出細氈、饒銅、鐵、鉛、麖皮、氍毹、鐃沙、鹽綠、雌黃、胡粉、安息香、良馬、犎牛等。東有輪臺，即漢貳師將軍李廣利所屠者。其南三百里有大河東流，號計式水，即黃河也。東去焉耆九百里，南去于闐一千四百里，西去疏勒一千五百里，北去突厥牙帳六百餘里，東南去瓜州三千一百里。其東城戍。寇竊非一。

世祖詔萬度歸率騎一千以擊之，龜茲遣烏羯目提等領兵三千距戰，度歸擊走之，斬二百餘級，大獲駝馬而還。俗性多淫，置女市，收男子錢入官。土多孔雀，羣飛山谷間，人取養而食之，孳乳如雞鶩，其王家恒有千餘隻云。其國西北大山中有如膏者流出成川，行數里入地，如餳餬，甚臭，服之髮齒已落者能令更生，病人服之皆愈。自後每使朝貢。

1."龜茲國"以下八字係《魏書·西域傳》原文。《周書·異域傳下》、《隋書·西域傳》均不載龜茲都城之名。

2."白山之南一百七十里"以及"漢時舊國也"，凡一十四字，不妨認爲是《隋書·西域傳》之文。說見前文。其間"都延城"三字係《魏書·西域傳》原文。

3."去代一萬二百八十里"九字是《魏書·西域傳》原文。

4."其王姓白"以下一十五字乃《周書·異域傳下》之文。一則文字全同，二則《魏書·西域傳》不載國王姓氏，三則《魏書·呂光傳》載有龜茲王帛純事蹟，《魏書·西域傳》果載龜茲王姓，亦應作"帛"，不應作"白"。

5."其王頭繫綵帶"以下一十五字乃《隋書·西域傳》之文。一則文字全同，二則"頭繫綵帶"云云，乃纂錄所謂"服章物產"，按之前引裴矩之言，應爲《隋書·西域傳》之特色。

6."所居城方五六里"以下至"卽黃河也"一段乃《周書·異域傳下》之文。一則文字相同，二則"計式水"《魏書·西域傳》作"首拔河"（"拔"係"枝"字之誤）。

7."東去焉耆"以下至"東南去瓜州三千一百里"四十五字乃《隋書·西域傳》之文。一則文字全同，二則以突厥牙帳、瓜州爲標誌方位基準。

8."其東城"以下至"自後每使朝貢"全係《魏書·西域傳》原文。所載全是北魏事情，且可與《魏書》其他紀傳相印證。

七

　　疏勒國，在姑墨西，白山南百餘里，漢時舊國也。去代一萬一千二百五十里。高宗末，其王遣使送釋迦牟尼佛袈裟一，長二丈餘。高宗以審是佛衣，應有靈異，遂燒之以驗虛實，置於猛火之上，經日不然，觀者莫不悚駭，心形俱肅。其王戴金師子冠。土多稻、粟、麻、麥、銅、鐵、錫、雌黃、錦、綿，每歲常供送於突厥。其都城方五里，國內有大城十二，小城數十。人手足皆六指，産子非六指者卽不育。勝兵二千人。南有黃河，西帶葱嶺，東去龜茲千五百里，西去鏺汗國千里，南去朱俱波八九百里，東北至突厥牙帳千餘里，東南去瓜州四千六百里。

　　1. "疏勒國"以下七字係《魏書·西域傳》原文。

　　2. "白山南"以下一十一字不妨認爲《隋書·西域傳》之文，說見前文。

　　3. "去代"以下一十一字係《魏書·西域傳》原文。北魏以代爲都城。

　　4. "高宗末"至"心形俱肅"一段係《魏書·西域傳》原文。所載係北魏事情，不可能是《周書·異域傳下》或《隋書·西域傳》之文。

　　《太平御覽》卷七九三引《後魏書》曰："高宗末，其王遣使送釋迦佛袈裟，長二丈餘，廣丈餘。高宗以審是佛衣，應有靈異，遂燒之以驗虛實，置於猛火之上，經日不燃，觀者莫不悚駭。後每使朝貢。"可知《太平御覽》與今本《魏書·西域傳》均有奪漏，就《魏書·西域傳》原文而言，主要是"長二丈餘"下奪"廣丈餘"三字，"心形俱肅"下奪"後每使朝貢"五字。

5. "其王戴金師子冠"以下至"東南去瓜州四千六百里"一段乃《隋書·西域傳》之文。一則文字相同，不過次序有所更改而已。二則詳述"服章物產"乃《隋書·西域傳》特色，三則進貢突厥是隋代形勢，四則以突厥牙帳、瓜州等作爲方位基準首見《隋書·西域傳》，五則"鏺汗"、"朱俱波"等國名均係《隋書·西域傳》所採用者。

八

粟特國，在葱嶺之西，古之奄蔡，一名溫那沙。居於大澤，在康居西北，去代一萬六千里。先是，匈奴殺其王而有其國，至王忽倪已三世矣。其國商人先多詣涼土販貨，及克姑臧，悉見虜。高宗初，粟特王遣使請贖之，詔聽矣。自後無使朝獻。

1. "粟特國"三字《魏書·西域傳》、《周書·異域傳下》均有。

2. "在葱嶺之西"五字乃《周書·異域傳下》之文。一則文字相同，二則以山川標誌方位符合《周書·異域傳下》的習慣。

3. "古之奄蔡"以下一十八字，文字與《周書·異域傳下》略同，但應爲《魏書·西域傳》原文，《周書·異域傳下》類似文字乃襲自《魏書·西域傳》者。

一則，《通典·邊防九·西戎五》載：奄蔡，"後魏時曰粟特國，一名溫那沙"。前引《太平寰宇記·四夷一五·西戎七》亦有類似記載。

二則，"居於大澤，在康居西北"云云，符合《魏書·西域傳》的表述方式。

三則，《周書·異域傳下》所傳西域諸國均係朝貢北周者，有時並無不同於前史的內容可記，又不能不爲之立傳，便祇能抄襲前史，粟特國的情況正是這樣（"在葱嶺之西"之類，不過想當然耳）。

4. "去代一萬六千里"至"自後無使朝獻"係《魏書·西域傳》原文。所載全係北魏時事，[20]不可能出自《周書·異域傳下》。末句"無"字當作"每"，蓋《魏書》本紀明載粟特在北魏克姑臧後曾多次朝貢。《通志·四夷三·西戎下》引此正作"自後每使朝貢"。

5. 《通典·邊防九·西戎五》稱奄蔡"後魏時曰粟特國，一名溫那沙"。注曰："《後魏史》云：初，匈奴殺其王而有其國，至文成帝初，遣使朝貢，其王忽倪已三代矣。"準此，則《魏書·西域傳》原文"至王忽倪已三世矣"句"至"字下應奪"高宗初遣使朝貢其"八字（"文成帝"當作"高宗"），可據補。[21]

九

波斯國，都宿利城，在忸密西，古條支國也。去代二萬四千二百二十八里。城方十里，戶十餘萬，河經其城中南流。土地平正，出金、銀、鍮石、珊瑚、琥珀、車渠、馬腦、多大真珠、頗梨、瑠璃、水精、瑟瑟、金剛、火齊、鑌鐵、銅、錫、朱砂、水銀、綾、錦、疊、毦、氍毹、毾㲪、赤麖皮，及薰陸、鬱金、蘇合、青木等香，胡椒、畢撥、石蜜、千年棗、香附子、訶梨勒、無食子、鹽綠、雌黃等物。氣候暑熱，家自藏冰。地多沙磧，引水漑灌。其五穀及鳥獸等與中夏略同，唯無稻及黍、稷。土出名馬、大驢及駝，往往有日行七百里者。富室至有數千頭。又出白象、師子、大鳥卵。有鳥形如橐駝，有兩翼，飛而不能高，食草與肉，亦能噉火。

其王姓波氏，名斯。坐金羊床，戴金花冠，衣錦袍、織成帔，飾以真珠寶物。其俗：丈夫剪髮，戴白皮帽，貫頭衫，兩廂近下開之，亦有巾帔，緣以織成，婦女服大衫，披大帔，其髮前爲髻，後披之，飾以金銀花，仍貫五色珠，絡之於膊。王於其國內，別有小牙十餘所，猶中國之離宮也。每年四月出遊處之，十月乃還。王卽位以後，擇諸子內賢者，密書其名，封之於庫，諸子及大臣皆莫之知也。王死，衆乃發書視之，其封內有名者，卽立以爲王，餘子出，各就邊任，兄弟更不相見也。國人號王曰"醫囋"，妃曰"防步率"，王之諸子曰"殺野"。大官有摸胡壇，掌國內獄訟；泥忽汗，掌庫藏（開）[關]禁；地卑，掌文書及衆務；次有遏羅訶地，掌王之內事；薛波勃，掌四方兵馬。其下皆有屬官，分統其事。兵有甲矟圓排劍弩弓箭，戰兼乘象，百人隨之。其刑法：重罪懸諸竿上，射殺之，次則繫獄，新王立乃釋之；輕罪則劓刖若髡，或剪半鬢，及繫牌於項，以爲恥辱；犯强盜者，繫之終身；姦貴人妻者，男子流，婦人割其耳鼻。賦稅則準地輸銀錢。

俗事火神、天神。文字與胡書異。多以姊妹爲妻妾，自餘婚合，亦不擇尊卑，諸夷之中最爲醜穢矣。百姓女年十歲以上有姿貌者，王收養之，有功勳人即以分賜。死者多棄屍於山，一月著服。城外有人別居，唯知喪葬之事，號爲不淨人，若入城市，搖鈴自別。以六月爲歲首，尤重七月七日，十二月一日，其日人庶以上各相命召，設會作樂，以極歡娛。又每年正月二十日，各祭其先死者。

神龜中，其國遣使上書貢物，云：“大國天子，天之所生，願日出處常爲漢中天子。波斯國王居和多千萬敬拜。”朝廷嘉納之。自此每使朝獻。

1.“波斯國”以下一十一字係《魏書·西域傳》原文。“宿利”，《周書·異域傳下》作“蘇利”，《隋書·西域傳》作“蘇繭”，雖爲一地，用字各不相同。“忸密”，亦《魏書》獨有之譯稱。

2.“古條支國也”五字乃《周書·異域傳下》之文。《魏書·西域傳》本爲條支立傳，今《北史·西域傳》有“條支國條”可以爲證。今本《魏書·西域傳》不見“條支國條”，顯然是將《北史·西域傳》移入《魏書·西域傳》者所刪，其根據便是“古條支國也”這五個字。

3.“去代”以下一十二字係《魏書·西域傳》原文。北魏以代爲都城。

4.“城方”以下八字乃《周書·異域傳下》之文。載都城規模乃《周書·異域傳下》之慣例。

5. "河經其城中"以下一十一字不見於《周書·異域傳下》和《隋書·西域傳》，當係《魏書·西域傳》原文。

6. "出金"以下至"雌黄等物"不妨認爲《周書·異域傳下》之文。

一則，所列名目、次序均與《周書·異域傳下》大致相同。"車渠"一物爲《周書·異域傳下》所無，或者是今本有奪文。

二則，所列名目與《隋書·西域傳》頗有不同，說明《北史·西域傳》編者於此並未採錄《隋書·西域傳》。

三則，這樣一種可能性不能排除：《魏書·西域傳》原文雖然亦有這類物産的記錄，祇是由於所載並未超出《周書·異域傳下》範圍，因而被《北史·西域傳》編者用《周書·異域傳下》的記錄取代。換言之，《魏書·西域傳》原始記錄已不可得知。

7. "氣候暑熱"以下至"唯無稻及黍、稷"三十四字乃《周書·異域傳下》之文。一則，兩者文字全同；二則，《周書·異域傳下》好以"中夏"、"諸夏"、"華夏"諸稱與西域相對，與《魏書·西域傳》稱"中原"者有別。

8. "土出名馬"至"富室至有數千頭"二十四字中，除"大驢"及"往往有日行七百里者"九字外，均可視爲《周書·異域傳下》之文。"大驢"二字乃《北史·西域傳》編者採自《隋書·西域傳》，以補充《周書·異域傳下》之文。"往往"以下九字乃《魏書·西域傳》原文，應在本節之末，誤入此處（詳下）。

9. "又出"以下九字乃《周書·異域傳下》之文。[22] 一則文字全同，二則於"大鳥卵"之下續敍"大鳥"本身，後者既係《魏書・西域傳》原文（詳下），這九字便很可能是插入者。

10. "有鳥"以下至"亦能噉火"係《魏書・西域傳》原文，不過已有奪誤。蓋據《太平御覽》卷九一四引《後魏書》曰："波斯國有鳥，形如橐駞，有羽翼，飛而不能高，食草與肉，亦能噉火，馳走甚疾，一日能七百里也。"可知"兩翼"乃"羽翼"之訛，"火"字之下應補"馳走甚疾"四字，而前文"往往"以下九字應移至"疾"字之下，文字亦應據《御覽》改正。

11. "其王姓波氏"以下至"俗事天神、火神"，皆爲《周書・異域傳下》之文。

一則，文字與《周書・異域傳下》大致相同，而與《隋書・西域傳》不同。

二則，《周書・異域傳下》所載西域各國情況多包括服制、官制、刑法、宗教、婚姻、習俗，與《魏書・西域傳》尤注重政治者不同。

三則，強調國王姓氏亦非《魏書・西域傳》之特徵。[23]

尤其重要的是《周書・異域傳下》混入有關貴霜—薩珊朝的資料，"坐金羊床，戴金花冠"云云衹可能是貴霜—薩珊統治者的服飾；這類記載正與後者所謂"波斯國，大月氏之別種"相呼應。[24]

"俗事火神、天神"，《周書・異域傳下》作"俗事火祆神"，兩者表述略有不同，前者爲《魏書・西域傳》的可能性不能完全排除。

12. "文字與胡書異"六字，不見於《周書・異域傳下》、《隋書・西域傳》，應爲《魏書・西域傳》之文。

13. "多以姊妹爲妻妾"以下至"各祭其先死者",乃《周書·異域傳下》之文。

14. "神龜中"以下至"自此每使朝獻"係《魏書·西域傳》原文。所載全是北魏事情。

總上所考,《魏書·西域傳》"波斯國傳"原文大致如下:"波斯國,都宿利城,在忸密西,去代二萬四千二百二十八里。土地平正。有鳥,形如橐駝,有羽翼,飛而不能高,食草與肉,亦能噉火,馳走甚疾,往往一日能七百里也。文字與胡書異。神龜中……"文字、內容與同傳所記葱嶺以西諸國相當,似可證以上所考不誤。

一〇

安息國,在葱嶺西,都蔚搜城。北與康居,西與波斯相接,在大月氏西北,去代二萬一千五百里。

1. "安息國"三字當爲《魏書·西域傳》原文。

2. "在葱嶺西"以下一十八字乃《周書·異域傳下》之文。然《魏書·西域傳》亦應有"都蔚搜城"四字。蓋《魏書·西域傳》體例如此;且《通志·四夷三·西戎下》有載:"後魏時,安息嘗通焉。使人云,其國見都蔚搜城,去代二萬一千五百里。"故此四字很可能爲《周書·異域傳下》、《魏書·西域傳》兩者所共有。

3. "在大月氏西北"以下一十六字,係《魏書·西域傳》原文。

一一

《魏書·西域傳》原文在"安息國傳"之後應爲"條支國傳",可據《北史·西域傳》補入以下一十六字:"條支國,在安息西,去代二萬九千四百里。"[25]

一二

嚈噠國,大月氏之種類也,亦曰高車之別種,其原出於塞北。自金山而南,在于闐之西,都烏許水南二百餘里,去長安一萬一百里。其王都拔底延城,蓋王舍城也。其城方十里餘,多寺塔,皆飾以金。風俗與突厥略同。其俗兄弟共一妻,夫無兄弟者其妻戴一角帽,若有兄弟者依其多少之數,更加角焉。衣服類加以纓絡。頭皆剪髮。其語與蠕蠕、高車及諸胡不同。衆可十萬。無城邑,依隨水草,以氈爲屋,夏遷涼土,冬逐暖處。分其諸妻,各在別所,相去或二百、三百里。其王巡歷而行,每月一處,冬寒之時,三月不徙。王位不必傳子,子弟堪任,死便授之。其國無車有輿。多駝馬。用刑嚴急,偸盜無多少皆腰斬,盜一責十。死者,富者累石爲藏,貧者掘地而埋,隨身諸物,皆置冢內。其人兇悍,能鬥戰。西域康居、于闐、沙勒、安息及諸小國三十許皆役屬之,號爲大國。與蠕蠕婚姻。自太安以後,每遣使朝貢。正光末,遣使貢師子一,至高平,遇万俟醜奴反,因留之。醜奴平,送京師。永熙以後，朝獻遂絕。其國南去漕國千五百里，東去瓜州六千五百里。

今案：《魏書・西域傳》"嚈噠國傳"原文可考定如下："嚈噠國，高車之別種，其原出於塞北。自金山而南，[至高宗時已八九十年矣]。衣服類[胡]，加以纓絡。頭皆剪髮。其語與蠕蠕、高車及諸胡不同。衆可十萬。無城邑，依隨水草，以氈爲屋，夏遷涼土，冬逐暖處。分其諸妻，各在別所，相去或二百、三百里。其王巡歷而行，每月一處，冬寒之時，三月不徙。王位不必傳子，子弟堪任，死便授之。其國無車有輿。多駝馬。用刑嚴急，偷盜無多少皆腰斬，盜一責十。死者，富者累石爲藏，貧者掘地而埋，隨身諸物，皆置冢內。[受諸國貢獻，南至牒羅，北盡勅勒，東被于闐，西及波斯，四十餘國皆來朝賀，]號爲大國。與蠕蠕婚姻。自太安以後，每遣使朝貢。正光末，遣使貢師子一，至高平，遇万俟醜奴反，因留之。醜奴平，送京師。永熙以後，朝獻遂絕。"[26]

一三

康國者，康居之後也。遷徙無常，不恒故地，自漢以來，相承不絕。其王本姓溫，月氏人也。舊居祁連山北昭武城，因被匈奴所破，西踰蔥嶺，遂有其國。枝庶各分王，故康國左右諸國，並以昭武爲姓，示不忘本也。王字世夫畢，爲人寬厚，甚得衆心。

其妻突厥達度可汗女也。都於薩寶水上阿祿迪城，多人居。大臣三人共掌國事。其王索髮，冠七寶金花，衣綾、羅、錦、繡、白疊；其妻有髻，幪以皁巾。丈夫翦髮，錦袍。名爲強國，西域諸國多歸之。米國、史國、曹國、何國、安國、小安國、那色波國、烏那曷國、穆國皆歸附之。有胡律，置於祆祠，將決罰，則取而斷之。重者族，次罪者死，賊盜截其足。人皆深目、高鼻、多髯。善商賈，諸夷交易多湊其國。有大小鼓、琵琶、五弦箜篌。婚姻喪制與突厥同。國立祖廟，以六月祭之，諸國皆助祭。奉佛，爲胡書。氣候溫，宜五穀，勤修園蔬，樹木滋茂。出馬、駝、驢、犎牛、黃金、硇沙、䶈香、阿薛那香、瑟瑟、麖皮、氀毼、錦、疊。多蒲萄酒，富家或至千石，連年不敗。太延中，始遣使貢方物，後遂絕焉。

今案：此節全係《隋書・西域傳》之文，固不待言。"太延中"應爲"大業中"，誠如今本《魏書・西域傳》卷末宋人校語所謂："案《隋書・西域傳》云康國'大業中，始遣使貢方物，後遂絕焉'，此改'大業'字爲'太延'，蓋後人妄改。"

一四

史臣曰：西域雖通魏氏，而中原始平，天子方以混一爲心，未遑征伐。其信使往來，深得羈縻勿絕之道耳。

今案：此節非《魏書・西域傳》原文，乃自《北史・西域傳》

中剔除《隋書·西域傳》"史臣曰"而剩餘的部份，當出自李延壽之手。

一五

最後是若干補充：

1. 悅般國條："其人清潔於胡。俗剪髮齊眉。"《通志·四夷三·西戎下》作："其人清潔，倣胡俗剪髮齊眉。"《太平寰宇記·四夷十五·西戎七》作："其人清潔，或倣胡俗剪髮齊眉。"今案：後二者近是。今本《北史·西域傳》或《魏書·西域傳》應有奪訛，蓋"倣"字易訛爲"於"。

又："真君九年，遣使朝獻。并送幻人，稱能割人喉脉令斷，擊人頭令骨陷，皆血出，或數升或盈斗，以草藥內其口中，令嚼咽之，須臾血止，養瘡一月復常，又無痕瘢。世祖疑其虛，乃取死罪囚試之，皆驗。云中國諸名山皆有此草，乃使人受其術而厚遇之。又言其國有大術者，蠕蠕來抄掠，術人能作霖雨狂風大雪及行潦，蠕蠕凍死漂亡者十二三。"可據《法苑珠林》卷六一，於"血出"後補"淋落"二字；於"行潦"後補"水之池"三字。[27]

2.《太平御覽》卷七九七引《後魏書》曰："烏利國，去代二萬五百里。國中出金玉、良馬、白疊，土宜五穀"。此則二十三字有可能是《魏書·西域傳》原文，或可補入拔豆國傳之後。[28]

3. 罽賓國條："罽賓國，都善見城。"據《魏書·靜帝紀》，"孝静皇帝，諱善見"。罽賓國都城之名在魏收原文中不應作"善見"，但也不排除魏收作爲齊人不避魏末帝諱之可能性。[29]

4. 傳末有載："初，熙平中，肅宗遣王伏子統宋雲、沙門法力等使西域，訪求佛經。時有沙門慧生者亦與俱行，正光中還。慧生所經諸國，不能知其本末及山川里數，蓋舉其略云。"其下是朱居、渴槃陁、鉢和、波知、賒彌、烏萇和乾陀七國傳記。所列既與前文多有重複（朱居即悉居半、鉢和即伽倍、賒彌即折薛莫孫、乾陀即小月氏），此段是否《魏書・西域傳》或魏收原文固然不無懷疑之理由。[30]但是，如果考慮到宋雲、惠生等西使事蹟本應入載《魏書・西域傳》，錄其"行紀"則不足爲怪。既欲寫其全程，則難免與前文重複（也不排除由於譯稱不同以致誤一國爲二國的可能性）。至於列於嚈噠國條之後，則可能是爲補嚈噠國條之不足，蓋宋雲等所傳諸國當時多爲嚈噠屬國。

■ 注釋

[1]《魏書》卷一百二，諸本目錄均注："闕"。卷末有宋人校語："魏收書'西域傳'亡，此卷全寫《北史・西域傳》，而不錄安國以後。"

[2] 據我所知，以往研究《魏書・西域傳》原文而又作出成績的主要是日本學者，集中體現在内田吟風"魏書西域傳原文考釋（上，中，下）"，《東洋史研究》29～1（1970年），pp. 83-106；30～2（1971年），pp. 82-101；31～3（1972年），pp. 58-72。此外，研究這一問題的尚有船木勝馬："魏書西域傳考——

成立と補綴と復原"，《東洋史學》2（1951年），pp. 55-74；"魏書西域傳の復原——魏書西域傳考（二）"，《東洋史學》5（1952年），pp. 1-18 等。除非有不同意見，凡引用以上諸篇不再加注。

[3] "至"字據《通典・邊防七・西戎三・西戎總序》補。

[4] 注2所引內田吟風文（上）。

[5] 參看余太山《嚈噠史研究》，齊魯社，1986年，pp. 217-244。

[6] 注2所引內田吟風文（上）。

[7] 注2所引內田吟風文（上）。

[8] 參看注5所引余太山書，pp. 217-244。

[9] 《北史・西域傳》作："至太延初，始遣其弟素延耆入侍。"這顯然是在被移錄於《魏書》之後出現的奪訛。

[10] 據《通志・四夷三・西戎下》補。

[11] "都扜泥城"，"都"字原文應爲"治"；李延壽爲避唐高宗諱改。《魏書・西域傳》中此類"都"字均應復原；茲不一一。

[12] 注2所引內田吟風文（上）。

[13] 注2所引內田吟風文（上）以爲此一十三字是《魏書》原文的可能性不能完全排除，未免過於謹慎。

[14] 注2所引內田吟風文（上）雖以爲"且末西北方"以下至"必至危斃"一節可能是《周書・異域傳下》之文，但又因《隋書・吐谷渾傳》亦有類似字句，認爲難以遽斷《魏書》原文沒有這一節。今案：其說未安。

[15] 注5所引余太山書，pp. 217-244。

[16] 注2所引內田吟風文（上）據《通志》之文以爲于闐去女國、朱俱波等國的里距後魏時代人已經從于闐國使處獲悉。今案：內田氏此說未安。

[17] 不僅"宋雲行紀",《水經注》卷二亦有類似記載:"法顯所不傳,疑非佛跡也。"魏收可能亦因疑非佛跡而不予轉引,但也可能是魏氏無意摘錄這類記載。

[18]《正統道藏》第 30 冊,藝文印書館,1977 年,p. 23826。《道藏》第 17 冊,文物出版社,1988 年,p. 860。

[19]"名鳩尸卑那"五字,注 2 所引内田吟風文(中)以爲《周書·異域傳下》之文,船木勝馬文以爲《魏書·西域傳》原文;皆未安。

[20] 參看注 5 所引余太山書,pp. 44-65。

[21] 參看余太山"囐噠史若干問題的再研究",《中國社會科學院歷史研究所學刊》第 1 集,社會科學文獻出版社,2001 年,pp. 180-210。

[22] 注 2 所引内田吟風文(中)因《洛陽伽藍記》卷三有載波斯王獻獅子,卷四又傳河間王琛遠至波斯求名馬事,以爲《魏書·西域傳》原文未必沒有"師子、名馬"之類記載。今案:此說未免執著。

[23] 注 2 所引内田吟風文(中)以爲"其王姓波氏,名斯"應爲《魏書·西域傳》原文,理由是顯祖末(466—471 年),魏使者韓羊皮使波斯,時值波斯王 Pērōz(458—484 年)在位,因而有波斯國王姓波氏名斯之說。今案:此說未必是。果如說者所言,魏使誤以爲"波斯"卽 Pērōz 之漢譯,按照《魏書·西域傳》慣例,應徑稱"其王波斯"。《周書·異域傳下》所謂"王姓波斯氏"顯係"王姓波氏,名斯"之奪訛。參看中華書局標點本《周書·異域傳下》校勘記。

[24] 參看田邊勝美"ローマと中國の史書に秘められたクシャノ・ササン朝",《東洋文化研究所紀要》124(1994 年),pp. 33-101。

[25] 注 2 所引内田吟風文(下)。

[26] 注5所引余太山書，pp. 217-244。

[27] 《大正新脩大藏經》T53, No. 2122, p. 749。

[28] 烏利，一說可能是"烏黎師斂"之略譯，卽 Jerusalem；見羽田亨"景教經典序聽迷詩所經に就いて"，《內藤博士還曆祝賀支那學論叢》，京都：弘文堂，1926年，pp. 117-148。

[29] 內田吟風"《魏書》卷一百二西域傳譯注稿"，內田吟風編《中國正史西域傳の譯注》，京都：河北印刷株式會社，1980年，pp. 1-34。

[30] 如注2所引船木勝馬文以爲這些內容是魏收去世之後修訂《魏書·西域傳》時加入的。換言之，這些文字屬於《魏書·西域傳》，但並非出自魏收之手。

五　兩漢魏晉南北朝正史"西域傳"的體例

瞭解兩漢魏晉南北朝正史"西域傳"的編纂體例，對於詮釋傳文極爲重要，故在此略作探討。

一

"西域傳"記述的範疇："西域"。

1. 一般認爲，正史"西域傳"創始於司馬遷《史記》，《史記·大宛列傳》可以視作第一篇"西域傳"。其實，這是一種誤解，至少是不確切的。《史記·大宛列傳》與其說是一篇"西域傳"，不如說是張騫與李廣利兩人的合傳。當然，它可以認爲是後來正史有關"西域"記述的濫觴。

2. 嚴格意義上的"西域傳"始於班固《漢書》。《漢書·西域傳》編者似乎在傳首便給"西域"一語下了定義：

西域以孝武時始通，本三十六國，其後稍分至五十餘，皆在匈奴之西、烏孫之南。南北有大山，中央有河，東西六千餘里，南北千餘里。東則接漢，阨以玉門、陽關，西則限以葱嶺。其南山，東出金城，與漢南山屬焉。其河有兩原：一出葱嶺山，一出于闐。于闐在南山下，其河北流，與葱嶺河合，東注蒲昌海。蒲昌海，一名鹽澤者也，去玉門、陽關三百餘里，廣袤三百里。其水亭居，冬夏不增減，皆以爲潛行地下，南出於積石，爲中國河云。

準此，"西域"乃指今玉門、陽關以西，帕米爾以東，天山以南，昆侖山以北地區。

但是，《漢書·西域傳》所傳諸國的範圍遠遠越出了上述地區，可以說幾乎包括了大部份中亞、南亞和西亞地區。[1] 也就是說，傳首對"西域"下的定義與傳文實際的記述的範圍存在著巨大的差距。

其實，最初採用這一"西域"概念的是匈奴。據《史記·匈奴列傳》，文帝前元四年（前176年）冒頓單于遺漢書中提到匈奴征服了"樓蘭、烏孫、呼揭及其旁二十六國"。這"二十六國"顯然是"三十六國"之誤。[2] 也就是說，"三十六國"成了匈奴的勢力範圍。正是這一範圍，被匈奴稱爲"西域"。據《史記·大宛列傳》，匈奴滅亡烏孫後，匈奴單于收養了成爲遺孤的烏孫昆莫。昆莫長成後，匈奴單于將其父民衆予昆莫，"令長守於西域"。當然，烏孫昆莫所守祇是其中很小的一部份。而據同傳，在烏孫因西擊月氏率衆遠徙後，匈奴單于令渾邪王鎮守"西域"，故《史記·驃騎列傳》徑稱渾邪爲"匈奴西域王"。[3] 此外，《漢書·西域傳》傳末贊語稱：

> 西域諸國，各有君長，兵衆分弱，無所統一，雖屬匈奴，不相親附。匈奴能得其馬畜旃罽，而不能統率與之進退。與漢隔絕，道里又遠，得之不爲益，棄之不爲損，盛德在我，無取於彼。

也透露出同樣的信息。蓋"屬匈奴"諸國主要位於葱嶺以東，天山以南。也就是說，上述"西域"的概念形成於西漢展開西域經營之前，亦即上述地區被匈奴統治的時期。

因此，上引傳首的文字客觀上成了對"西域"一語來歷的說明。西域"本三十六國"云云，是說"西域"最初僅僅是對"三十六國"的指稱。這"三十六國"便位於玉門、陽關以西，帕米爾以東，天山以南，昆侖山以北地區，並不是說"西域"祇有"三十六國"，或者這"三十六國"所在地區便是"西域"。[4]

還應該指出的是：武帝以降，有很長一段時期西域經營的重點在葱嶺以西。《漢書·西域傳》的描述遠遠越出了上述"西域"的範圍充分說明了這一點。但漢王朝經營或控制的核心地區卻基本上沒有越出上述"屬匈奴"的範圍，儘管漢人對玉門、陽關以西的地區的瞭解越來越多，"西域"這一概念的内涵也越來越豐富，其結果是狹義"西域"概念的形成。這就是說，客觀上，漢人接受了這一最初曾由匈奴採用的概念。這大概是《漢書·西域傳》傳首按照"屬匈奴"的範圍定義"西域"從而形成矛盾的原因。

要之，"西域"有廣狹二義。廣義的"西域"，泛指玉門、陽關以西廣大地區。[5] 狹義的"西域"主要指塔里木盆地及其周圍地區。

我曾指出狹義西域的概念"祇能是後起的"[6]。這是說對於"西域"這一概念，漢人採納狹義者似乎遲於廣義者，但時間無法確指。

3.《後漢書·西域傳》也有與《漢書·西域傳》類似的提法：

> 西域內屬諸國，東西六千餘里，南北千餘里，東極玉門、陽關，西至蔥領。其東北與匈奴、烏孫相接。南北有大山，中央有河。其南山東出金城，與漢南山屬焉。其河有兩源，一出蔥領東流，一出于寘南山下北流，與蔥領河合，東注蒲昌海。蒲昌海一名鹽澤，去玉門三百餘里。

但是，這不過是對後者的承襲。實際上，《後漢書·西域傳》所載"西域"的範圍還超過了《漢書·西域傳》所載。具體而言，將意大利半島和地中海東岸、北岸和南岸也包括在內了。這是兩漢魏晉南北朝正史"西域傳"所描述的"西域"中涉及範圍最大的，以後各史"西域傳"再也沒有越出這一範圍。

4. 毫無疑問，兩漢魏晉南北朝正史"西域傳"所謂"西域"祇是上述廣義的"西域"。但是，必須看到，按照這一概念編纂"西域傳"的除《漢書》和《後漢書》外，僅《魏書》、《南史》和《北史》三史，[7] 其餘各史的"西域傳"，包括後來的《舊唐書》和《新唐書》，均將西域事情并入"西戎傳"了。其中，《隋書》和《新唐書》雖有"西域傳"之名，描述的範圍其實與"西戎傳"相同。這種編纂法最早見諸《魏略·西戎傳》。這與其說是各史編者觀念不同所致，不如說是由於編者爲編纂方便採取的權宜之計。質言之，前後漢以及北魏時期有關西戎與西域兩者的材料都比較多，必須分開記述。其餘各史編者或者由於掌握的有關西戎與西域的材料都比較少，或者由於掌握的有關西戎或西域的材料比較少，可以合并記述。

二

"西域傳"記述的單位："國"。

1. 兩漢魏晉南北朝正史中，無論是純粹的"西域傳"還是包括在"西戎傳"内的"西域傳"，均按"國"立傳。"西域傳"在很大程度上是"西國傳"。按"國"立傳亦始自《漢書·西域傳》。

2. 兩漢魏晉南北朝正史"西域傳"所謂"國"，既包括大秦、安息（波斯）等帝國，也包括綠洲城郭政權和遊牧政權。"西域傳"編者或按其生活方式劃分爲"行國"與"土著",或按其戶口多少籠統地區別爲"大國"和"小國"。

3. 絕大多數情況下一傳一"國",偶爾也有一"國"二傳,或一傳數"國"的。後者如《漢書·西域傳》所載康居"五小王",前者則見於《魏書·西域傳》。[8]

4. 對於每一"國","西域傳"記述的內容一般來說包括:王治名稱,去中原王朝都城(西漢、北周爲長安,東漢、西晉爲洛陽,北魏爲代)之距離(有時還標明去陽關或敦煌之距離),戶、口和勝兵數,職官名稱和人數,去中原王朝駐西域長官府治(西漢爲都護,東漢爲長史)之距離,去周圍諸國王治距離(亦有以山川爲基準標明方位者),風土、物類、民俗,與中原王朝之關係(魏晉以降尤重朝貢),間或提及各國與塞北遊牧部族以及諸國彼此間的關係。於諸國本身歷史則甚爲疏忽。此例由《漢書·西域傳》首開,其後各傳大致遵從之。

三

南北朝以前編纂的"西域傳"最重交通路線,記述諸國之先後取決於各國在交通線上的位置。

1. 此例亦由《漢書·西域傳》首開,全傳結構因此可圖示於下:[9]

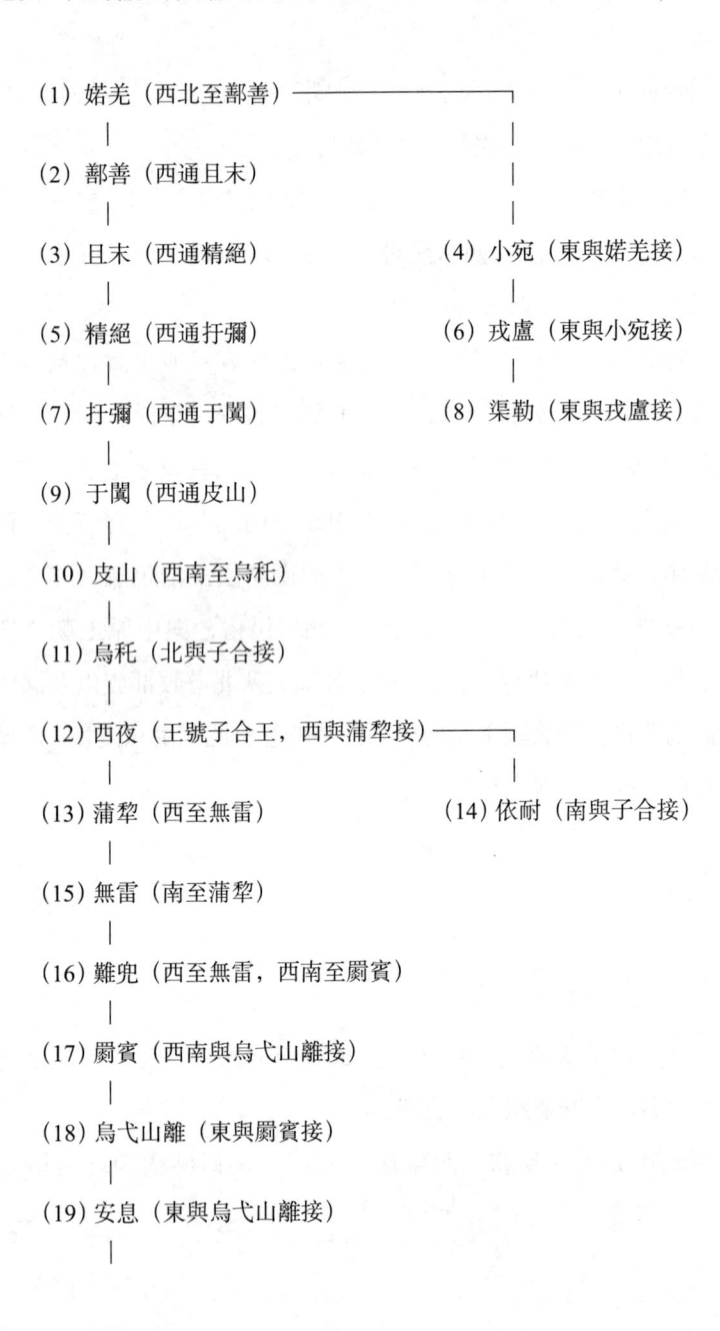

(1) 婼羌（西北至鄯善）──────────┐
    │   │
(2) 鄯善（西通且末）   │
    │   │
(3) 且末（西通精絕）   (4) 小宛（東與婼羌接）
    │   │
(5) 精絕（西通扞彌）   (6) 戎盧（東與小宛接）
    │   │
(7) 扞彌（西通于闐）   (8) 渠勒（東與戎盧接）
    │
(9) 于闐（西通皮山）
    │
(10) 皮山（西南至烏秅）
    │
(11) 烏秅（北與子合接）
    │
(12) 西夜（王號子合王，西與蒲犁接）──┐
    │   │
(13) 蒲犁（西至無雷）   (14) 依耐（南與子合接）
    │
(15) 無雷（南至蒲犁）
    │
(16) 難兜（西至無雷，西南至罽賓）
    │
(17) 罽賓（西南與烏弋山離接）
    │
(18) 烏弋山離（東與罽賓接）
    │
(19) 安息（東與烏弋山離接）
    │

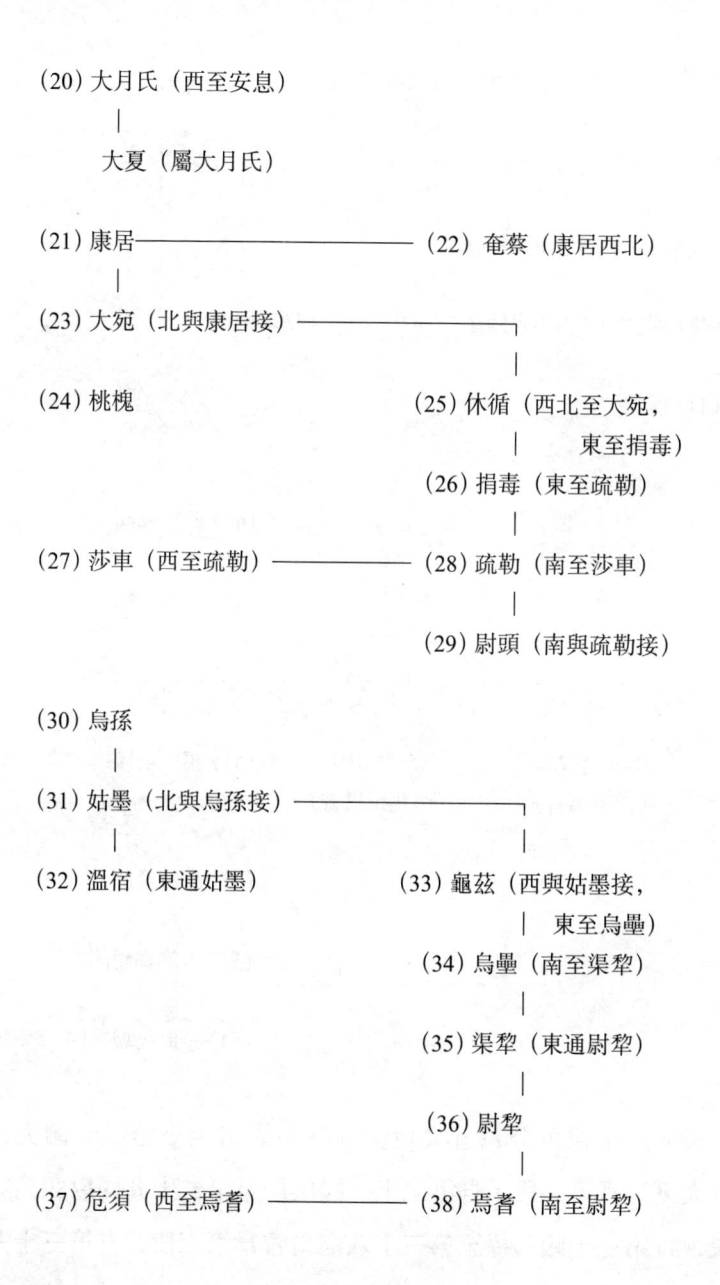

(20) 大月氏（西至安息）
　　　｜
　　大夏（屬大月氏）

(21) 康居――――――――――――(22) 奄蔡（康居西北）
　　　｜
(23) 大宛（北與康居接）―――――――┐
　　　　　　　　　　　　　　　　　｜
(24) 桃槐　　　　　　　　(25) 休循（西北至大宛，
　　　　　　　　　　　　　　｜　　東至捐毒）
　　　　　　　　　　　　(26) 捐毒（東至疏勒）

(27) 莎車（西至疏勒）――――――(28) 疏勒（南至莎車）
　　　　　　　　　　　　　　　　　｜
　　　　　　　　　　　　　　(29) 尉頭（南與疏勒接）

(30) 烏孫
　　　｜
(31) 姑墨（北與烏孫接）――――――┐
　　　｜　　　　　　　　　　　　　｜
(32) 溫宿（東通姑墨）　　(33) 龜茲（西與姑墨接，
　　　　　　　　　　　　　　｜　　東至烏壘）
　　　　　　　　　　　　(34) 烏壘（南至渠犁）
　　　　　　　　　　　　　　｜
　　　　　　　　　　　　(35) 渠犁（東通尉犁）
　　　　　　　　　　　　　　｜
　　　　　　　　　　　　(36) 尉犁
　　　　　　　　　　　　　　｜
(37) 危須（西至焉耆）――――――(38) 焉耆（南至尉犁）

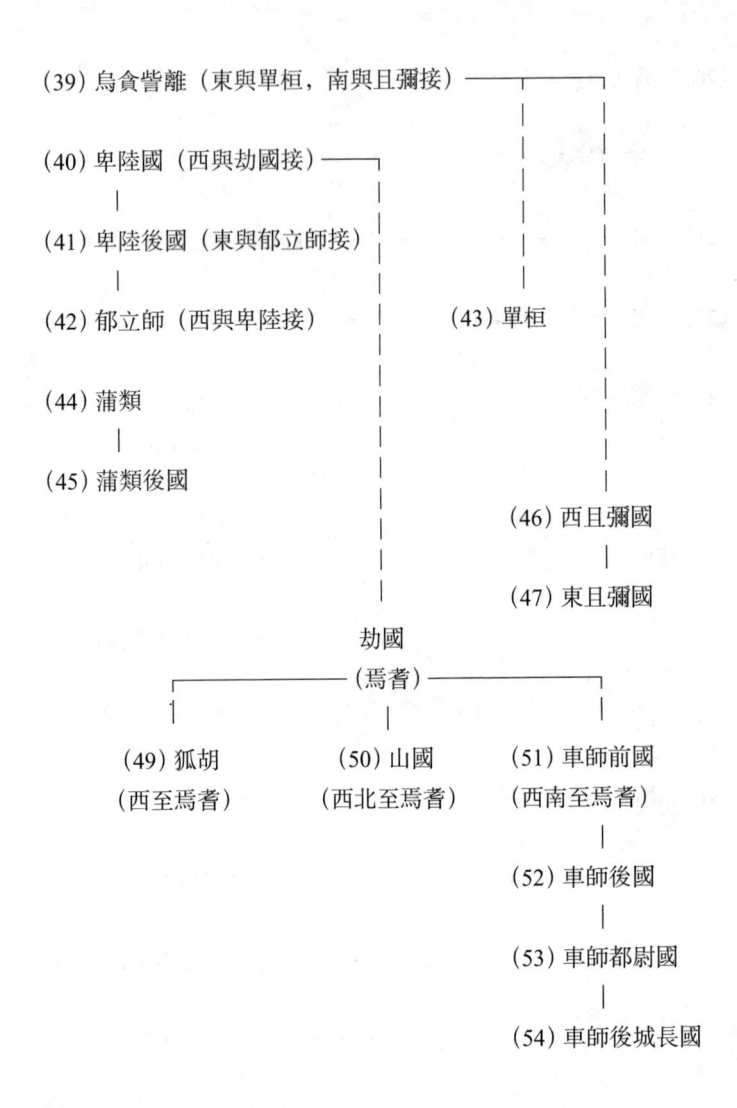

```
(39) 烏貪訾離（東與單桓，南與且彌接）─┬─┐
                                    │ │
(40) 卑陸國（西與劫國接）─┐          │ │
                        │          │ │
(41) 卑陸後國（東與郁立師接）        │ │
                        │          │ │
(42) 郁立師（西與卑陸接） │  (43) 單桓 │
                                    │ │
(44) 蒲類                            │ │
     │                              │ │
(45) 蒲類後國                        │ │
                          (46) 西且彌國
                                    │
                          (47) 東且彌國

                    劫國
              ┌─────（焉耆）─────┐
              │        │        │
        (49) 狐胡  (50) 山國  (51) 車師前國
        （西至焉耆）（西北至焉耆）（西南至焉耆）
                                    │
                              (52) 車師後國
                                    │
                              (53) 車師都尉國
                                    │
                              (54) 車師後城長國
```

據此，全傳可分爲五大段。自第一國婼羌至第二十國大月氏（大夏）爲第一段，自第二十一國康居至第二十九國尉頭爲第二段，自第三十國烏孫至第三十八國焉耆爲第三段，自第三十九國烏貪訾離至第四十八國劫國爲第四段，第四十九國狐胡至第五十四國車師後城長國爲第五段。

其實，第一段與第二段祇是一段。蓋據《史記·大宛列傳》，大月氏"北則康居"，故大月氏後徑接康居並不違例。第二段與第三段之間也沒有間隙，因爲尉頭之北便是烏孫。第四段本應與第五段相接，中間插入第四段亦即天山以北諸國，可能是爲了將有關車師的事情移至傳末，以便結束全文。

2. 這種體例在《史記·大宛列傳》中已見端倪。該傳記張騫首次西使歸國後向武帝報告身臨及傳聞諸國次序如下：

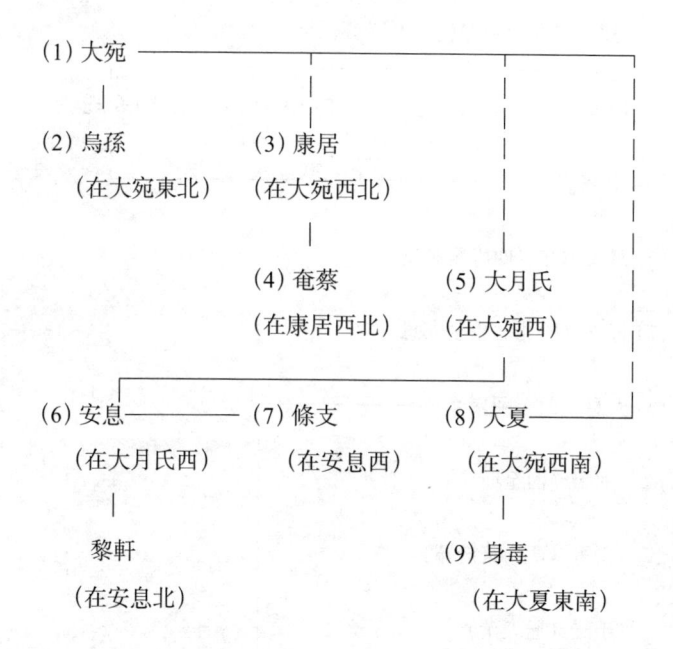

```
(1) 大宛 ─────────┬──────────┬──────────┐
    │              │          │          │
(2) 烏孫      (3) 康居        │          │
  (在大宛東北)  (在大宛西北)    │          │
                  │            │          │
              (4) 奄蔡      (5) 大月氏     │
              (在康居西北)   (在大宛西)    │
                  │            │          │
(6) 安息 ──── (7) 條支      (8) 大夏       │
  (在大月氏西) (在安息西)    (在大宛西南)
    │                          │
   黎軒                     (9) 身毒
  (在安息北)                 (在大夏東南)
```

3. 順便說說，繼《漢書·西域傳》之後編纂的《魏略·西戎傳》

之全貌雖不得而知，但僅就裴注所引來看，該傳無疑十分重視交通道。因此，不無理由推測，如果魚豢亦逐國立傳，在考慮先後時，很可能也遵守與《漢書‧西域傳》相同的原則。

4.《後漢書‧西域傳》全傳結構亦可圖示如下：

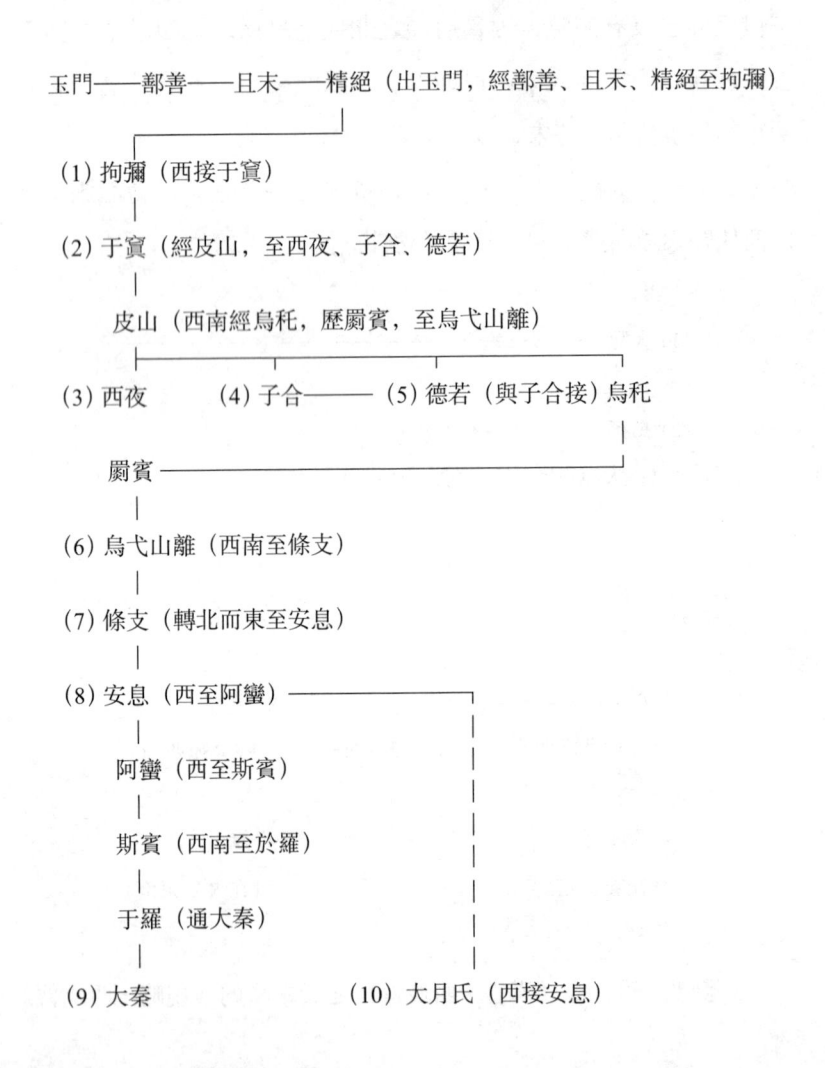

```
玉門──鄯善──且末──精絕（出玉門，經鄯善、且末、精絕至拘彌）
                    │
(1) 拘彌（西接于寶）
    │
(2) 于寶（經皮山，至西夜、子合、德若）
    │
    皮山（西南經烏秅，歷罽賓，至烏弋山離）
    │
(3) 西夜    (4) 子合───(5) 德若（與子合接）烏秅
    │
    罽賓────────────────────────
    │
(6) 烏弋山離（西南至條支）
    │
(7) 條支（轉北而東至安息）
    │
(8) 安息（西至阿蠻）──────────
    │                        │
    阿蠻（西至斯賓）          │
    │                        │
    斯賓（西南至於羅）        │
    │                        │
    于羅（通大秦）            │
    │                        │
(9) 大秦           (10) 大月氏（西接安息）
```

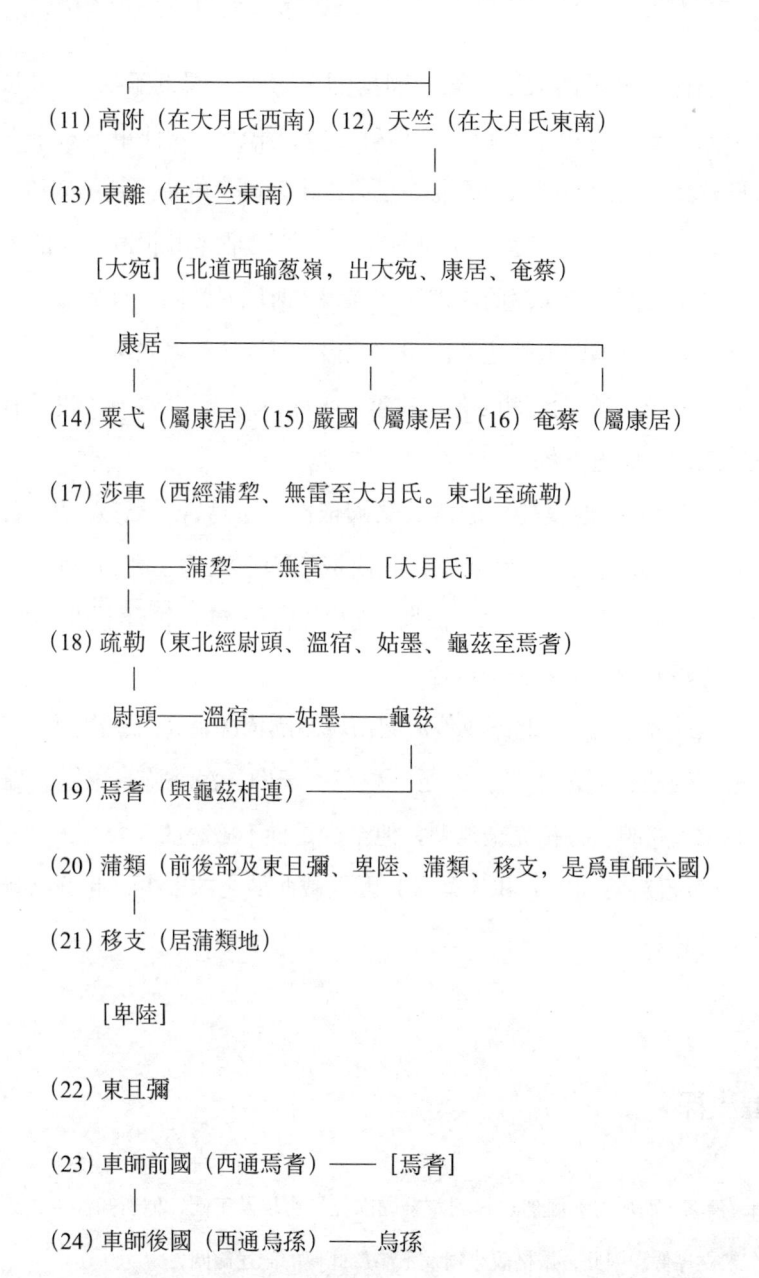

```
            ┌─────────────────────────┐
(11) 高附（在大月氏西南）(12) 天竺（在大月氏東南）
                                      │
(13) 東離（在天竺東南）────────────────┘
```

　　[大宛]（北道西踰葱嶺，出大宛、康居、奄蔡）
　　　　│
　　　康居 ──────────────┬──────────────┐
　　　　│   │   │
(14) 粟弋（屬康居）(15) 嚴國（屬康居）(16) 奄蔡（屬康居）

(17) 莎車（西經蒲犂、無雷至大月氏。東北至疏勒）
　　　　│
　　　├──蒲犂──無雷──[大月氏]
　　　　│
(18) 疏勒（東北經尉頭、溫宿、姑墨、龜茲至焉耆）
　　　　│
　　　尉頭──溫宿──姑墨──龜茲
　　　　　　　　　　　　　│
(19) 焉耆（與龜茲相連）──┘

(20) 蒲類（前後部及東且彌、卑陸、蒲類、移支，是爲車師六國）
　　　　│
(21) 移支（居蒲類地）

　　[卑陸]

(22) 東且彌

(23) 車師前國（西通焉耆）──── [焉耆]
　　　　│
(24) 車師後國（西通烏孫）────烏孫

全傳可分爲四大段。第一國拘彌至第十三國東離爲第一段，第十四國粟弋至第十六國奄蔡爲第二段，第十七國莎車至第十九國焉耆爲第三段，第二十國蒲類至第二十四國車師後國爲第四段。

第一段是經由南道前往的各國，後三段是經由北道前往的各國。決定各國先後次序的原則與《漢書·西域傳》同，具體做法則略有變通。分爲四道敘述則已開《魏書·西域傳》之先例。

5.之後，遵從此例的有《魏書·西域傳》，且更嚴謹，我已有專文討論，此處不贅。[10]

6.《晉書·西戎傳》記西域諸國依次爲：焉耆、龜茲、大宛、康居、大秦。《周書·異域傳》記西域諸國依次爲：高昌、焉耆、龜茲、嚈噠、粟特、安息、波斯。雖可以認爲基本符合上述原則，但所傳國既少，毋寧說是巧合。

至於《梁書·西北諸戎傳》記西域諸國依次爲高昌、滑國、周古柯、呵跋檀、胡蜜丹、白題、龜茲、于闐、渴盤陁、末國。雖不能說與路線、方位完全無關，但至少是極不嚴謹的。

《晉書》、《周書》和《梁書》因入載西域之國太少，此例已無遵循之必要。

■ **注釋**

[1]《漢書·西域傳》雖然也提到犛靬國卽托勒密埃及王國，但所知甚少，故未立專傳。因此，嚴格說來埃及不屬於此傳的記述範圍。

[2] "三十六國"是泛指,並不是說綠洲諸國不多不少恰恰三十又六個。說見伊瀨仙太郎《中國西域經營史研究》,嚴南堂,1968年,pp. 30-35。今案:冒頓單于遺漢書中樓蘭與烏孫(在伊吾一帶)、呼揭(在阿爾泰山南麓)一樣不列入"三十六國"之內,說明當時的樓蘭並不如《史記·大宛列傳》所載,位於鹽澤附近。張騫首次西使歸國時(前127年),樓蘭國已位於鹽澤附近很可能是樓蘭人在被匈奴打敗後遷徙的結果。

[3] 余太山《塞種史研究》,中國社會科學出版社,1992年,pp. 132-133,對烏孫西遷塞地前的居地("昆莫地"),以及後來匈奴渾邪王的駐地("渾邪地")兩者的範圍有所考證,可參看。今案:應該強調的是兩者均在"匈奴西域"範圍內,具體而言爲"昆莫地",爲"渾邪地",籠統而言爲"西域"或"匈奴西域"。

[4] "本三十六國,其後稍分至五十餘"一句亦頗易引起誤解。蓋《漢書·西域傳》所傳"國"凡五十四。既然這五十四國分佈的範圍遠遠超出上引傳首界定的"西域",可見這決不能將這五十四國理解爲分自"三十六國"者。因此,"稍分至五十餘"云云,不過說明《漢書·西域傳》的編者在誤以爲蔥嶺以東、天山以南確曾有過三十六國的同時,又誤以爲在傳文描述時代存在的五十四國皆分自這三十六國,忘記了這五十四國所處的地域已超出三十六國的範圍;質言之,與其據以肯定傳首界定的"西域"確曾存在過"五十餘"國,不如認爲是《漢書·西域傳》編者概念多重混淆的表述。

[5] 廣義的西域在《史記·大宛列傳》中被稱爲"西北國"或"西北外國"。

[6] 余太山《兩漢魏晉南北朝與西域關係史研究》,中國社會科學出版社,1995年,p. 244。

[7]《魏書·西域傳》不收"高昌傳"是出自高昌與中原關係特殊的考慮,《北

史》編者將該傳從"西戎傳"轉錄入"西域傳",應該說是正確的。

[8] 參看余太山《嚈噠史研究》,齊魯書社,1986年,pp. 235-242。

[9] 徐松《漢書西域傳補注》卷上:"傳敘諸國,以南道始,北道終。自鄯善至烏弋山離,南道也,以次而西南。其道經蔥嶺東南,以至嶺之西南,由烏弋山離轉北而東,至蔥嶺西,得安息四國,東入蔥嶺,經嶺中休循、捐毒二國,莎車傍蔥嶺西山之東,不當烏弋山離道,故下蔥嶺經其國。自南道北行至北道,得疏勒,以次東北至焉耆,焉耆之北卽天山,車師地於此終焉。"見《二十五史三編》第三分冊,嶽麓書社,1994年,p. 834。丁謙《漢書西域傳地理考證》:"按此傳(烏弋山離)末轉北而東得安息句,非僅為安息傳作過文,實為以下七國作一絕大關捩。蓋上文由皮山、烏秅踰蔥嶺而至罽賓、烏弋,皆自近以及遠,下文由安息而月氏,由月氏而康居,由康居而大宛,由大宛而桃槐、休循、捐毒,皆自遠以及近,班史脈絡深細如此,後人每忽不及覺,負作者苦心矣,因特揭之以清眼目。"見《二十五史三編》第三分冊,嶽麓書社,p. 1023。兩者均涉及傳文結構,岑仲勉《漢書西域傳地里校釋》,中華書局,1981年,p. 544,則以為"揄揚太過"。

今案:諸家所言,其實均未中肯綮。

[10] 參看注8所引余太山書,pp. 235-242。

中卷

一　兩漢魏晉南北朝正史"西域傳"所見西域族名、國名、王治名

兩漢魏晉南北朝正史"西域傳"所見西域族名、國名、王治名猶如有待破譯的密碼，蘊涵著有關古代中亞史和我國西北民族史的豐富信息。在研究塞種史時，我曾試著解讀其中一部份族名、國名、王治名。本文則擬在已有研究的基礎之上，作較全面的整理，亦略窺兩漢魏晉南北朝時期非漢語地名的命名原則。

就西域族名、國名、王治名而言，兩漢魏晉南北朝正史"西域傳"可以大致分爲兩組：一組包括《史記·大宛列傳》、《漢書·西域傳》、《後漢書·西域傳》和《晉書·西戎傳》，還可以加上《魏略·西戎傳》；另一組包括《魏書·西域傳》、《周書·異域傳下》和《梁書·西北諸戎傳》。

本文第一至六節討論第一組，第七節討論第二組。第一組所傳絕大部份與塞種諸部有關，首先予以說明，[1]其餘則大致按地域敍述。後一組則大致遵照《魏書·西域傳》的"四道"次序先後。[2]應予指出的是，今本《魏書·西域傳》已非原本，乃轉錄自《北史·西域傳》，其中一些專名出諸《隋書·西域傳》者，不在本文討論之列。[3]

一

　　《漢書・西域傳》所見塞種，應卽阿喀美尼朝波斯大流士一世（Darius I，前 521—486 年）貝希斯登（Behistun）銘文所見 Sakā，"塞"[sək] 卽 Sakā 之對譯。

　　《史記・大宛列傳》所載張騫首次西使"身所至"的大國大宛、大月氏、大夏、康居，以及所"傳聞"大國中的烏孫、奄蔡，均與《漢書・西域傳》所載"塞種"直接或間接有關，尤其與構成"塞種"這一部落聯合體的四個主要部落卽 Asii、Tochari、Gasiani 和 Sacarauli 有關。

　　公元前七世紀末，塞種已出現在伊犂河、楚河流域；遲至公元前六世紀二十年代末，塞種西向擴張至錫爾河，逐去原居該河右岸的 Massagetae 人。約公元前 177/ 前 176 年，由於大月氏人西遷，塞種被迫放棄伊犂河、楚河流域，部份退縮至錫爾河北岸，部份南下，散處帕米爾各地。公元前 140 年左右，大批塞人渡錫爾河南下，一支進入費爾幹納（Ferghāna），一支進入巴克特里亞（Bactria），後者滅亡了希臘巴克特里亞王國。他們各自建立的政權（可能均以 Tochari 人爲主），《史記・大宛列傳》分別稱之爲大宛國和大夏國。"大宛"[dat-iuan] 和 "大夏"[dat-hea] 均得視爲 Tochari 之對譯。《史記・大宛列傳》所載大夏國都藍市城（《漢書・西域傳》所載大月氏國的王治監氏城和《後漢書・西域傳》所載大月氏國王治藍氏城），應卽希臘巴克特里亞王國的都城 Bāχtri 的另一個名稱 Alexandria 之略譯。"藍市"[lam-zhiə]、"監氏"[keam-zjie] 和 "藍氏"[lam-zjie] 均爲 Alexandria 的縮譯。

大概在此同時，另一支塞種（可能以 Asii 人爲主）順錫爾河而下，遷往鹹海乃至裏海沿岸。《史記·大宛列傳》將這一支塞種稱爲奄蔡，而將留在錫爾河北岸的塞種（可能以 Sacarauli 人爲主）稱爲康居。"奄蔡"[iam-tsat]、"康居"[khang-kia] 得分別視爲 Asii、Sacarauli 之對譯。

前七世紀末出現在伊犁河、楚河流域的塞種諸部可能遷自東方。Asii、Gasiani、Tochari 和 Sacarauli 似卽先秦典籍所見允姓[jiuən-sieng] 之戎、禺知 [ngio-tie]（禺氏 [ngio-zjie]）、大夏和莎車[sai-kia]。其中，禺知（禺氏）西遷者可能祇是其中一小部份，留在故地者終於發展成一個強盛的部族卽大月氏的前身——月氏。而西遷允姓戎的餘種便是烏孫之祖。因此，烏孫、大月氏與同屬塞種的 Asii、Gasiani 是同源異流的關係。公元前 130 年，烏孫人在匈奴人的支援下，遠征大月氏，戰而勝之，奪取了伊犁河、楚河流域。大月氏人再次西遷，到達阿姆河流域，擊敗大夏，佔領其地。《史記·大宛列傳》的烏孫國和大月氏國於是成立。"烏孫"[a-suən]、"月氏"[njiuk-zjie] 得分別視爲 Asii、Gasiani 之對譯。

二

《漢書·西域傳上》稱："昔匈奴破大月氏，大月氏西君大夏，而塞王南君罽賓。塞種分散，往往爲數國。自疏勒以西北，休循、捐毒之屬，皆故塞種也。"其中，明載由南下分散塞種所建小國僅休循、捐毒兩國。但是，細考《漢書·西域傳》所載族名、國名、王治名乃至其他地名，不難發現有許多亦與塞種四部即 Asii、Gasiani、Tochari 和 Sacarauli 有關；因此，不妨認爲蔥嶺地區的塞人在公元前 177/ 前 176 年以後，逐步東向滲入塔里木盆地及其周圍地區，建立了不少塞種小國，不獨疏勒以西北爲然。

1. 烏秅 [a-teak]（《後漢書·西域傳》作"德若"[tək-njiak],《魏略·西戎傳》作"億若"[iək-njiak]，"德"乃"億"字之形訛）[4]、烏壘 [a-liuəi]、溫宿 [uən-siəuk]、焉耆 [ian-giei]、鄯善國王治伊循 [iei-ziuən]、大宛國屬邑郁成 [iuət-zjieng]、烏孫國地名惡師 [a-shiei]、焉耆國王治名員渠 [hiuən-gia]（《後漢書·西域傳》稱"焉耆國王居南河城"，"南河"疑爲"員渠"之奪訛），均可視爲 Asii 之對譯。

又，難兜 [nan-to]、郁立師王治内咄 [nuət-tuət] 均與烏孫 [a-sen] 始祖難兜靡同名，當亦和 Asii 有關。

又，婼羌，羌之一種，之所以冠以"婼"字，當與 Asii 之前身即西遷允姓之戎有關。允姓之戎都姓，"婼"與"都"[njiak] 音同。婼羌大概是羌人與允姓之戎混血而成。[5]

又，烏孫王治赤谷城，亦得溯源於允姓之戎。蓋允姓之戎出自少昊，少昊氏居窮桑，"窮桑"與"嵎夷"爲同名異譯。《尚書·堯典》稱："分命羲仲，宅嵎夷，曰暘谷。"《僞孔傳》曰："宅，居也；東表之地稱嵎夷；暘，明也，日出於谷而天下明，故稱暘谷。暘谷、嵎夷一也。羲仲，居治東方之官。"而"嵎夷"，

《玉篇・土部》（卷二）作"堨夷"，注曰："日所出。"由此可見，"嵎夷"乃音譯，"暘谷"乃義譯。"窮桑"或"嵎夷"的原意均與東方日出之地有關。《太平御覽》卷三引《尸子》："少昊金天氏邑於窮桑，日五色，互照窮桑。"據此亦可見窮桑等與嵎夷即暘谷是一非二。[6] 烏孫國王治"赤谷城"，《釋名・釋采帛》（卷四）："赤，赫也，太陽之色也。"《淮南子・天文訓》："赤奮若之歲。"高注："赤，陽色。"又，《東觀漢記・顯宗孝明皇帝》（卷二）："建武四年五月甲申，皇子陽生，豐下銳上，顏赤色，有似於堯，上以赤色名之曰陽。"由此可見，赤谷者，暘谷也。

2. 渠勒 [gia-lek]、渠犁 [gia-lyei]、單桓 [tan-huan]、桃槐 [dô-huəi]，以及東且彌國王治兌虛 [duat-khia]、劫國王治丹渠 [tan-gia] 均可視爲 Tochari 的對譯。

又，婼羌國王號"去胡來王"，"去胡來"[khia-ha-lə] 亦得視爲 Tochari 之對譯。蓋婼羌國臣民爲婼羌人，王族爲 Tochari 人。

又，小宛，其原名當與大宛同。既有"大宛"這一譯名在前，又因"大宛"之"大"被誤以爲大小之"大"，且略稱爲"宛"，故冠以"小"字；換言之，小宛亦與 Tochari 有關。

又，東、西且彌國皆係塞種（詳下），東且彌王治兌虛谷得名於 Tochari，因疑西且彌王治于大谷可能是"大于谷"之誤，"大于"[dat-hiua] 亦得視爲 Tochari 之對譯。

另外，劫國王治名"丹渠"既係 Tochari 之對譯，則"劫"[kiap] 或者也是 Sakā 之略譯。《魏略・西戎傳》載疏勒之屬國有"琴國"，位於葱嶺附近，可能亦爲塞種所建；"琴"[giəm] 亦得視爲

Sakā 之略譯。

3. 休循 [xiu-ziuən]（《魏略・西戎傳》作"休脩" [xiu-siəu]；其王治"鳥飛谷"，名義待考）、危（嶐）須 [kiua-sio]、車師 [kia-shiei] 及其前身姑師 [ka(kia)-shiei]、大宛國王治貴山 [giuət-shean] 城、烏孫國境內之車延 [kia-jian] 地、車師國境內之高昌 [kô-thjiang] 壁，以及輪臺東之故國捷枝 [dziap-tjie]（與《後漢書・西域傳》所見車師六國之一的"移支" [jiai-tjie] 或爲同名異譯）均得名於 Gasiani。

又，龜茲國王治延城，"延城"，《冊府元龜・外臣部・國邑二》（卷九五八）作"居延城"。龜茲 [khiuə-tziə]、居延 [kia-jian] 均得視爲 Gasiani 之對譯。此外，河西亦有地名"居延"，同樣可能得名於 Gasiani；河西爲其人故地，後又成爲同源之月氏人居地，自不足爲怪。

又，于闐（《史記・大宛列傳》和《後漢書・西域傳》作"于寘"）[hiua-dyen] 舊刊本多作于窴 [hiua-tjiek]（《魏略・西戎傳》亦作"于寘"），也有可能是 Gasiani 的對譯。

至於于闐國王治西城，"西"疑爲"于闐"二字之奪訛。

又，"尉頭" [iuət-do]（《魏略・西戎傳》有榆令國，"榆令" [jiuo-lieng]，很可能就是"尉頭"之異譯）、"尉犁" [iuət-lyei]（《後漢書・西域傳》作"尉黎"，《魏略・西戎傳》作"尉梨"）音同，兩國或亦塞種，二名均得視爲 Gasiani 之略譯；"尉頭"即見諸《新唐書・地理志》的"據史德" [kio-shəi-tək]，可以佐證。[7]

至於車師前國王治交河城，據《漢書・西域傳下》："河水分流繞城下，故號交河。"由此可知交河城是漢人的稱呼，該城另有土名自不待言。

4. 莎車 [sai-kia] 當爲 Sacarauli 之對譯。此莎車與見諸先秦典籍之"莎車"名稱相同，其實並不完全相同，前者源於後者，或以爲見諸《逸周書・王會篇》附"伊尹朝獻"所見莎車乃漢以後羼入，恐未必然。

Sacarauli 人除進入莎車外，還進入塔里木盆地北緣和東南隅。龜茲附近的輪臺 [liuən-də]（《史記・大宛列傳》作"侖頭"[liuən-do]）、埒婁 [liat-lo]，以及南道小國樓蘭 [lo-lan]、戎盧 [njiuəm-la]、均得名於 Sacarauli 亦卽 Sakā [K]rauli 或 Sakā Krorai[mna]。

昭帝元鳳年間，漢更樓蘭國名爲鄯善。"鄯善"可能是其王族之稱號，漢人取其音，而借漢字字義賦予嚮善之意。

又，精絕國王治精絕城，"精絕"[tzieng-dziuat] 與"鄯善"[zjian-zjian] 當爲同名異譯。精絕國或者也是 Sacarauli 所建。

又，鄯善國王治名"扜泥"[a-nyei]，一說卽佉盧文書所見 Khuhani 之音譯，意爲"京都"。[8] 小宛國王治扜零城，"扜零"[a-lyeng] 與"扜泥"當爲同名異譯。

樓蘭（鄯善）、小宛、精絕、戎盧皆得視爲進入塔里木盆地東南隅的塞人所建。[9]

又，《漢書・西域傳上》載罽賓國王治循鮮城；《魏略・西戎傳》載西域南道有楨中國，卽《後漢書・西域傳》所見疏勒國之楨中城；"循鮮"[ziuən-sian]、"楨中"[tieng-tiuəm]，與"鄯善"、"精絕"等亦得視爲同名異譯。

又，狐胡國王治"車師柳谷"。按之《漢書·西域傳下》和《後漢書·西域傳》，狐胡國雖不入車師諸國，但無妨該國爲 Gasiani 人所統，蓋"車師柳"[kia-shiei-liəu] 得視爲 Gasiani 之全譯。或者王治所在柳樹成蔭，故採用"柳"字。[10]

應該指出的是，進入一地的塞人，往往不祇是一個部落或部族的成員，其他部落或部族的成員往往也先後或同時進入，人數多寡不一。這些進入同一地區的屬於不同部落或部族的塞人既可能和平共處，也可能彼此爭鬭，勢力時有消長。這些必然的情況在《漢書·西域傳》描述時代已相對穩定下來的國名、地名中也有所反映。例如：

大宛國，其國名是 Tochari 的對譯，其都城名"貴山"，其屬邑有名"郁成"[iuək-zjieng] 則是 Gasiani 的對譯。

"大夏"國内有"貴霜"（Gasiani）翎侯，烏孫（Asii）國中有"車延"（Gasiani）地。

"焉耆"得名於 Asii，然據《水經注·河水二》，其週遭山水皆以"敦薨"[tuən-xuəng]（Tochari）爲名。

龜茲，《一切經音義》卷八二稱："或名烏孫（Asii），或名烏纍（Asii）"。[11]《後漢書·西域傳》載莎車王賢滅龜茲後，分其國爲烏壘國，皆可見龜茲國中有 Asii 人。

莎車（Sacarauli），《魏書·西域傳》稱之爲"渠莎"[gia-sai]（Gasiani），《大唐西域記》卷一二稱之爲"烏鎩"[a-sheat]（Asii），都說明了同樣的問題。

另外，《漢書·西域傳上》稱，鄭吉任都護後，"匈奴益弱，不得近西域。於是徙屯田，田於北胥鞬，披莎車之田，屯田校尉始屬都護"。歷來以爲此處"莎車"應爲"車師"之誤。其實"胥鞬"[sia-kian]（疑即《後漢書·西域傳》所見且固[tzia(gia)-ka]城）與"莎車"爲同名異譯。皆得爲 Sakā 或 Sacarauli 之對譯。車師國有"莎車之地"並不是完全不可能的。[12]

車師附近有地名桓且[huan-tzia]（Asii）、閻吾陸[thjiang-nga-liuk]（Sacarauli）、伊吾[iei-nga]（Asii）、五船[nga-zjiuan]（Gasiani），理亦同此。

三

塞種被大月氏逐出塞地後，南下散處蔥嶺各地，更可結合西史有關記載予以說明。

1. 托勒密《地理志》[13]（VI，13）稱索格底亞那以東、帕米爾以西、錫爾河以南、興都庫什山以北地區爲 Sacara，並載活動其間的 Sacae 小部落名有 Caratae、Comari、Comediae、Massagetae、Grynaci 等。由此可知，塞種除可大別爲 Asii 等四部外，又可再細分爲若干小部落，這些小部落亦各有名號。其中 Comari 或 Comediae 和大夏國翎侯休密[xiu-miet]及其首府和墨[huai-mət]同名，該翎侯可以認爲是 Sacae 地區的 Comari 或 Comediae 人所置。

見諸《漢書·西域傳》的綠洲小國且末[tzia(gia)-muat]（《魏

略・西戎傳》訛作"且志")、扜(扞)彌[a(kio)-miai](《史記・大宛列傳》作"扜罙",《後漢書・西域傳》作"拘彌"[kiok-miai],《魏略・西戎傳》作"扞彌")、姑墨[tzia(gia)-mət]、且彌[tzia-miai]不妨視作同名異譯,或皆同出一源。可以認爲是進入塔里木盆地的 Comari 或 Comedie 人所建。

《漢書・西域傳上》稱扜彌國"今名寧彌"。"寧彌"一名,很可能是東漢人所起。"今",乃指班固寫作《漢書・西域傳》的時期。又,《後漢書・西域傳》既稱"拘彌國居寧彌城",知"寧彌"又是拘彌卽扜彌都城之名。據傳文,建武九年,莎車王賢攻破拘彌國,殺其王,而立其兄康之子爲拘彌王。之後,拘彌國長期處於動蕩之中,直至章帝卽位之後,纔因歸漢而得安寧。更名"寧彌",或者爲此。

《漢書・西域傳》稱姑墨國王治南城。"南"字可能是"姑墨"兩字毀壞而成。

且彌,據《漢書・西域傳》和《後漢書・西域傳》係車師之一部,亦見其人與塞種有關。

2. "西夜"[shien-jyak],與"塞"[sək]得視爲同名異譯。《漢書・西域傳上》載:"西夜與胡異,其種類羌氐行國。"胡指匈奴,很可能具有西歐亞人的體征,[14] 西夜既爲塞種,則不應稱"與胡異",稱異者或其人已與羌氐混血之故,卽所謂"類羌氐"。

又,《後漢書・西域傳》稱:"西夜國一名漂沙。""漂沙"[phiô-shea] 當是 Massagetae 之對譯。蓋希羅多德《歷史》[15](I, 153, 201)曾稱 Massagetae 爲 Sacae。Massagetae 雖有 Sacae 之稱,

但有別於《漢書·西域傳》所見塞種，也就是不同於大流士貝希斯登銘文所見 Sakā，當然不能排除兩者人種、語言相近，並有共同起源的可能性。

又，《漢書·西域傳》稱："蒲犁及依耐、無雷國皆西夜類也。"猶言蒲犁及依耐、無雷國皆爲塞種。既然西夜即 Massagetae，蒲犁及依耐、無雷國均得爲 Massagetae 類。

依耐 [iəi-nə] 或與托勒密《地理志》（VI, 16）所載 Annibi 爲同名異譯。蒲犁 [bua-lyei]（《魏略·西戎傳》訛作"滿犁"）、無雷 [miua-luəi] 或與托勒密《地理志》（VI, 13）所載 Byltae 爲同名異譯。Annibi 與 Byltae 原來可能是 Massagetae 之部落名。

無雷國，王治盧城，"盧"疑爲"無雷"二字之奪訛。

又，蒲犁、無雷與卑陸 [pie-liuk]（《魏略·西戎傳》作"畢陸" [piet-liuk]）、蒲類 [bua-liuət]（《魏略·西戎傳》作"蒲陸" [bua-liuk]）音近，卑陸、蒲類屬於《漢書·西域傳上》所謂"山北六國"，分自姑師；《後漢書·西域傳》則列入"車師六國"。這似乎說明有一支 Byltae 人隨同車師即 Gasiani 人進入了天山東部。

《漢書·西域傳》所見卑鞮 [pie-tie] 侯井或即得名於蒲類或卑陸人。

又，康居國王治名"卑闐" [pie-dyen]，與蒲犁、無雷等音同。康居雖是 Sacarauli 所建，但其王治卑闐城可能因 Byltae 而得名，蓋錫爾河北岸原是 Massagetae 之故土。

又，蒲類國王治疏榆谷，"疏榆" [shia-jiuo] 與"西夜"得視爲同名異譯。卑陸後國王治番渠類谷，"番渠類"疑衍"渠"字；果然，則"番類"[phiuan-liuət]與"卑陸"爲同名異譯，類似的例子在《漢書·西域傳》中並不少見。[16]

除西夜外，《漢書·西域傳》所見皮山國也可能是Massagetae人所建。"皮山"[biai-shean]卽Massagetae之略譯。

又，山國，《水經注·河水二》作"墨山國"。"墨山"[mət-shean]亦得視爲Massagetae之略譯。

3. 托勒密《地理志》（VI, 15）稱，"Imaus山外側的斯基泰"地區有一種Scythian Hippophagi人。這Hippophagi可能與《漢書·西域傳》所見"金附"[kiəm-bio]（《後漢書·耿恭傳》作"金蒲"[kiəm-pha]）同名。不言而喻，托勒密所載Hippophagi未必就是《漢書·西域傳》所見金附（或金蒲），祇是說這些名稱的來源可能相同。

此外，《漢書·西域傳》又有國名郁立師[iuət-liəp-shiei]（《後漢書·西域傳》略作"郁立"），或者與托勒密（VI, 12）所載Sogdiana的Aristenses同出一源。

又，《漢書·西域傳》所見烏貪訾離[a-thəm-tzie-liai]可能與托勒密《地理志》（VI, 16）所見Serica地區的Ottorocarae同源，其王治"于婁"[hiua-lo]則爲"烏[貪訾]離"之略譯。另據《魏略·西戎傳》，車師後國"王治于賴城"。"于賴"[hiua-lan]或爲"于婁"之異譯，于婁谷原爲烏貪訾離國王治。蓋據同傳，當時烏貪訾離國已并屬車師後國，後王移都于婁谷，且築城該處的可能性不是不存在的。

最後，《漢書·西域傳下》所載狐胡[ha-ha]（《後漢書·西域傳》

作"孤胡"[kua-ha])國)、[17]子合國王治"呼犍"[xa-kian]，乃至《後漢書·西域傳》所見匈奴右部阿惡[a-ak]地，均可能得名於希羅多德（IV，23）所傳 Argippaei。

又，"呼犍"一名也可能與《梁書·西北諸戎傳》所見"周古柯"同源，前者係省稱，爲 Karghalik 最古之漢譯。

四

前文稱塔里木盆地的塞人來自葱嶺地區，這僅僅是可能性之一。客觀上，塞人進入塔里木盆地還有種種途徑。例如：自其故地（河套以西、阿爾泰山以東）西向蔓延，亦能進入塔里木盆地。之所以強調上述可能性，主要是考慮到這種可能性較有資料基礎，並不是說這是唯一的可能性。

另外，塔里木盆地的塞人遷自葱嶺地區不過就其大勢而言，實際情況也許要複雜得多。例如，不能不認爲有一部份塞人乃自葱嶺地區進入身毒後，復北上來到塔里木盆地的。

《漢書·西域傳上》明載由分散的塞種所建的小國捐毒很可能便是這些自身毒北返的塞人所建。"捐毒"[jiuan-dəuk]，早已有人指出是"身毒"[sjien-tuk]（首見《史記·大宛列傳》，《漢書·西域傳》作"天篤"[thyen-təuk]，《後漢書·西域傳》以下又作"天竺"[thyen-tiuk]）的異譯，"身毒"則爲 Thindu、Sindhu、Hindhu 或 Indu 之對譯。[18]

捐毒國王治"衍敦"[jian-tuən]以及渠勒國王治"鞬都"[kian-ta]、卑陸國王治"乾當"[gian-tang]恐怕也都可以認爲與"捐毒"是同名異譯。而如前述，這兩國也是塞人所建。

又，卑陸既是車師之一支，車師即姑師最早見諸《史記·大宛列傳》，是張騫西使大月氏取南道歸國所經小國之一，時位於羅布泊西北岸，故不妨認爲車師也是自身毒北返的塞人所建。由此可見，《漢書·西域傳上》所謂"塞種分散"不能僅僅理解爲到蔥嶺地區後分散爲數國。

車師後國王治務塗谷，務塗谷或以爲即後世西突厥之可汗浮圖城，"務塗"[miuo-da]即浮圖，爲 Buddha 之音譯。[19]今案：此不失爲一說。車師人既可能來自印度，其王治稱"浮圖"不足爲怪。

《漢書·西域傳上》載戎盧國王治卑品城，"卑品"[pie-phiəm]或爲 Bhīma（大自在天）之音譯，與務塗谷一樣，其得名亦受印度之影響。

另外，《漢書·西域傳上》稱："塞王南君罽賓。"罽賓[kiat-pien]，無疑是 Kabul 古稱 Kophen 之音譯，指喀布爾河中下游即乾陀羅地區，包括 Puṣkalāvatī、Taxila 等地。《漢書·西域傳上》之罽賓國乃塞人所建，從其王治之名"循鮮"可能與"精絕"、"鄯善"是同名異譯來看。建立罽賓國的塞人亦爲 Sacarauli 亦未可知。

塞人所建罽賓王國後來爲容屈王子陰末赴所滅，"容屈"[jiong-khiuət]爲 Ἰωνακη（意爲"希臘的"）之對譯，陰末赴即錢幣所見 Hermaeus。

塞王南君罽賓的時間上限爲前 129 年，也祇是就最終君臨罽賓而言；不排斥前此已有一部份塞人進入身毒，而由於目前尚不清楚的原因，其中若干又自身毒北返，進入塔里木盆地南北道諸綠洲。

除罽賓外，《漢書·西域傳上》所載烏弋山離國亦爲塞人所建，"烏弋山離" [a-jiək-shean-liai] 乃 Alexandria 之音譯，指 Alexandria Prophthasia，《後漢書·西域傳》稱烏弋山離"時改名排特"（《魏略·西戎傳》稱烏弋山離"一名排特"，似較《後漢書·西域傳》爲勝，該本無所謂"改名"），"排特" [buəi-dək] 便是 Prophthasia 之略譯。

最後是《後漢書·西域傳》等所載南亞、東南亞諸國：

1. 大月氏卽貴霜西南有大國高附 [kô-bio]，與《漢書·西域傳上》所見大夏國翖侯之一同名，但決非一地。《後漢書·西域傳》之高附和罽賓一樣也是 Kabul 河古稱 Kophen 之音譯，但指的是 Paropamisadae 卽喀布爾河上游地區。

2. 《後漢書·西域傳》所載南亞之國尚有東離 [tong-liai] 國，王治爲沙奇城。"東離"，應從《魏略·西戎傳》作"車離 [kia-liai]"，卽南印度古國 Chola，而"沙奇" [shea-gia]，應卽 Kāñchi。《魏略·西戎傳》又稱其國"一名禮維特 [lyei-jiuəi-dək]，一名沛隸 [phat-lat] 王"。"禮維特"和"沛隸"可能分別是 Drāvia 和 Palār 的對譯。[20]

3. 《魏略·西戎傳》所見臨兒 [liəm-njie] 國，一說卽佛誕生之

Lumbini，亦屬南亞之國。[21]

4.《後漢書·西域傳》所載磐起 [buan-khiə] 國則位於東南亞。"磐起"，《魏略·西戎傳》作"盤越 [buan-hiuat] 國"，且稱其國"一名漢越 [xan-hiuat] 王"。今案："磐起"、"盤越"應爲 Pyū（Prū、Prome）之對譯，今緬甸一帶。"漢越"疑爲"滇越"（見《史記·大宛列傳》）之誤。[22]

五

本節爲錫爾河、阿姆河流域諸國：

《史記·大宛列傳》所載宛西小國驩潛 [xuan-dziəm]、大益 [dat-jiek] 分別是 Uvarāzmi、[23] Dahā 的對譯。

《史記·大宛列傳》所載宛東小國蘇薤 [sa-xat]，其實亦位於宛西，應即見諸《後漢書·西域傳》的"粟弋"[siok-jiək]、《魏略·西戎傳》的"屬繇"[zjiuok-jio]，均爲 Sugda 之對譯。

《漢書·西域傳下》載有疏勒 [shia-lək] 國，此名之原語衆說紛紜，較可信的說法是 Sugda（Suɣlaq 或 Suɣdaq）的對音。[24] 索格底亞那人很早就四出經商，有一支到達且定居於塔里木盆地是非常可能的。

《漢書·西域傳上》所傳"撲挑"[phok-dyô]（《後漢書·西域傳》作"濮達"[pok-dat]）乃 Bāχtri 之對譯。

Uvarāzmi、Dahā、Sugda、Bāχtri 四者均見諸大流士一世貝希

斯登銘文。[25]

《漢書·西域傳上》載康居王冬所治爲樂越匿地，夏所居爲蕃內地。"樂越匿"[lauk(njauk)-jiuat-niək]疑有衍字，同傳另處僅稱"越匿地"可證。該"越"與"樂"之一爲音注，後混入正文，又省作"越匿"。"越匿"與"窳匿"或爲同名異譯。托勒密《地理志》（VI，16）載 Serica 北部有 Pialae 人，蕃內[piuan-nuət]或因亦有 Pialae 人居住而得名。

《漢書·西域傳上》載康居國有五小王：一曰蘇䪥王，治蘇䪥城，二曰附墨王，治附墨城，三曰窳匿王，治窳匿城，四曰罽王，治罽城，五曰奧鞬王，治奧鞬城。五小王治地均在索格底亞那（Sogdiana）。

"蘇䪥"[sa-xat]，卽《史記·大宛列傳》所見"蘇薤"。

"附墨"[bio-mək]，原語待考。

"窳匿"[jia-niək]，或爲 Čaš 之對譯。《新唐書·西域傳下》稱赭時爲"故康居小王窳匿城地"。

"罽"[kiat]，爲[Nūmiǧ]-kat 之略譯。[26]

"奧鞬"[uk-kian]，Kharghānkath 之對譯（《新唐書·西域傳下》所見"喝汗"或"籛斤"）。

《後漢書·西域傳》康居屬國有嚴國（《魏略·西戎傳》所見巖國）和阿蘭聊國。"嚴"[ngiam]或"巖"[ngeam]，一說卽 Kama（伏爾加河支流）之對譯。阿蘭聊國居地城，"阿蘭聊"[a-lan-liəu]一說應卽《魏略·西戎傳》所見"阿蘭"與"柳[國]"之奪訛。"阿蘭"[a-lan]爲 Alan 之對譯，"柳"[liəu]，一說爲伏爾加河古稱 Rha

之對譯。[27] 地城，名義及地望待考。

《魏略·西戎傳》稱康居北有烏伊別國 [a-iei-biat]。"烏伊別"，一說應即《晉書·西戎傳》所見"伊列"，"烏"字涉上文"西北則烏孫"句而衍，"別"、"列"形近致訛。"伊列" [iei-liat] 乃 Ili 之對譯。[28]

《漢書·西域傳上》載大夏國有五翖侯：一曰休密翖侯，治和墨城；二曰雙靡翖侯，治雙靡城；三曰貴霜翖侯，治護澡城；四曰肸頓翖侯，治薄茅城；五曰高附翖侯，治高附城。五翖侯治地在吐火羅斯坦東部山區。

休密 [xiu-miet]、和墨 [huai-mək] 均爲 Komedae 之對譯。[29]

雙靡 [sheong-miai]，乃 Śyāmāka 之對譯。

貴霜 [kiuət-shiang]、護澡 [hak-tzô]，均爲 Kushān 即 Gasiani 之對譯。

肸頓 [piet(bet)-tuən]（《後漢書·西域傳》訛作"肸頓"）、"薄茅"乃"薄第" [bak-dyei] 之訛，兩者均爲 Badakhshān 之對譯。

高附 [kô-bio]，乃 Hamakān 之對譯。

《後漢書·西域傳》所載大夏國五翖侯無"高附"而有都密 [ta-miet]。"都密"或爲 Tirmidh 之對譯（《大唐西域記》卷一所見呾蜜）。

《後漢書·西域傳》所載貴霜國乃大夏國五翖侯之一貴霜翖侯所建，《魏略·西戎傳》作"堅沙" [kyen-shea]。

《後漢書·西域傳》所載蒙奇 [mong-gia] 和兜勒 [to-lək] 國，應分別爲 Margiana 和 Thuhāra 之對譯。[30]

《後漢書・西域傳》又有媯塞 [kiua-sək] 王，當爲媯水（Oxus）流域塞人之稱王者。

六

《史記・大宛列傳》所見安息、條枝和黎軒，分別指帕提亞朝波斯王國、塞琉古朝敍利亞王國和托勒密朝埃及王國。"安息"[an-siək] 應卽帕提亞王朝創始人之名 Arshaka 的對譯。"條枝"[diəu-tjie] 和 "黎軒"[lyei-xian]（《漢書・西域傳上》和《魏略・西戎傳》作 "犂靬"[lyei-kan]，《後漢書・西域傳》作 "犂鞬"[lyei-kian]）可以分別看作敍利亞王國的都城 [An]tiochi[a] 和埃及王國的都城 [A]lexan[dria] 的縮譯。

《漢書・西域傳上》稱安息國王治番兜城。"番兜"[phiuan-to]，應爲 Parθava 或 Parthia 之對譯。《後漢書・西域傳》載安息國所居和櫝城 [huai-dok]，則爲 Hekatompylos 之略譯。同傳又載安息東界有木鹿城，"木鹿"[mu-lok]，一般認爲是 Mōuru 的對譯。

《後漢書・西域傳》稱："大秦國一名犂鞬，以在海西，亦云海西國。"大秦指羅馬帝國；羅馬帝國規模盛大，有類中國，中亞人稱中國爲"秦"，故稱羅馬爲"大秦"；復因該國位於地中海之西，稱之爲"海西國"。

應該指出的是，《後漢書・西域傳》和《魏略・西戎傳》中的"犂鞬"和"犂靬"客觀上都已經成了大秦的同義詞。蓋黎軒卽托勒密埃及王國距漢遙遠，直至被羅馬帝國滅亡，還沒有來得及爲漢人瞭解，僅知其大致位置而已，而當漢人有可能進一步瞭解西方世界時，黎軒已經不復存在，而大秦之名卻如雷貫耳，於是很自然地把黎軒和大秦這兩個表示不同概念的名詞合而爲一了。

《後漢書·西域傳》和《魏略·西戎傳》所見自安息赴大秦沿途所經諸國的名稱可詮釋如下：阿蠻 [a-mean]、斯賓 [sie-pien] 和于羅 [hiua-la] 分別爲 Ecbatana、Ctesiphon 和 Hatra 的對譯；安谷 [an-kok] 乃（敍利亞的）Antiocia 之縮譯；"遲散城"、"烏丹城"和"烏遲散城"均爲"烏遲散丹城"之奪訛或略譯，"烏遲散丹" [a-diei-san-tan] 乃（埃及的）Alexandria 之全譯；澤散 [deak-san] 亦可視作 Alexandria 之縮譯，指（埃及的）Alexandria；驢分 [lia-piuən] 乃 Propontis 之略譯；且蘭乃"旦蘭" [dan-lan] 之訛，"旦蘭"乃 Palmyra 之古名 Tadmor 或 Tadmora 對譯；賢督 [hyen-sjiuk] 乃耶路撒冷（Jerusalem）的古稱 Hierosōlyma 之對譯；汜復 [ziə-biuk] 卽 Damascus（Dimasqi, Dammeseq, Dimešq）；思陶 [sə-du] 卽 Sittake。積石指阿拉比亞北部、Hamad 以西的重要交通樞紐 Petra。Petra（希臘語 Πέτρα），意指巖石，"積石"是其義譯。

《後漢書·西域傳》和《魏略·西戎傳》所載自安息赴大秦的海道與陸道，則可概括如下：陸道自安息和櫝，經阿蠻，抵斯賓，然後渡底格里斯河（經于羅）或幼發拉底河而上，至安谷城，復北行至驢分，西向跨越 Hellespont 海峽，經巴爾幹等（所謂"海北"）地區，到達意大利半島。海道分爲南北：北道至安谷城後，截地中海而西，直達羅馬。南道從于羅渡幼發拉底河，至汜復，或從思陶經旦蘭至氾復，復自氾復經賢督、積石抵澤散（亦作烏遲散丹，卽埃及亞歷山大），然後西北向乘船過地中海，亦至羅馬。南道以氾復爲樞紐。今案：這清楚地表明大秦應指羅馬帝國本土。[31]

七

本節列述屬於第二組諸名稱，依《魏書·西域傳》次序（與國名相同之王治名從略，《周書·異域傳下》和《梁書·西北諸戎傳》有關諸國附見於後），前文已經討論者除外。[32]

一、鄯善道諸國：

1. 蒲山，卽《漢書·西域傳上》所見皮山國。"蒲山"[bua-shean]與"皮山"爲同名異譯。傳文稱蒲山國"居皮城"，"皮城"當是"皮山城"之略。

2. 悉居半[siet-kia-puan]，應卽《漢書·西域傳上》所見子合[tziə-həp]，與同傳另處所見朱居[tjio-kia]（《洛陽伽藍記》卷五作朱駒波[tjio-kio-puai]），皆來自čukupa或čukuban，亦卽藏文文獻所見ču-go-ban或ču-go-pan。又，悉居半，《梁書·西北諸戎傳》作"周古柯"[tjiu-ka-ka]（又略作"句盤"[kiuo-buan]）均爲čakukalka之對譯（《大唐西域記》卷一二作"斫句迦"）。[33]

3. 權於摩[giuan-ia-muai]，傳文稱："故烏秅國也。"《太平御覽》卷七九七引《後魏書》（原文"書"字訛爲"略"）曰："權烏摩國，故烏秅國也。其王治烏秅城，西接悉居半國，西南去代一萬二千九百七十里。"《冊府元龜》卷九五八引同。"烏耗"無疑是"烏秅"之訛。《通典・邊防八・西戎四》稱："烏秅，漢時通焉。……其國後魏又通，謂之於摩國。"準此，《魏書・西域傳》衍"權"字亦未可知。果然"於摩"或者竟是"烏秅"之轉訛；蓋"於"、"烏"同音，"秅"訛爲"耗"，"耗"又訛轉爲"摩"。[34]

4. 渠沙，傳文稱："居故莎車城。"如前述，"渠沙"[gia-shea] 爲 Gasiani 之對譯。

二、車師道諸國：

1. 悅般 [jiuat-peən]，與西史所見 Avar（Ούάρ）爲同名異譯。[35]

2. 者至拔 [tjya-tjiet-buat]，一說乃 Čač-balik（Čač 城）之音譯，[36] 似不確。一說乃 Čaš-bar（錫爾河沿岸之意）之對音。[37]

3. 迷密 [myei-miet]，一說乃 Māymurgh 之對譯。[38]

4. 悉萬斤 [siet-miuan-kiən]，一般認爲乃 Samarkand 之對譯。

5. 忸密 [niəu-miet]，一般認爲是 Nmijkath 之對譯。[39]

6. [破] 洛那 [phua-lak-na]，一般認爲乃 Ferghāna 之對譯。"破"字據標點本校勘記補。

7. 粟特 [siok-dək]，一般認爲是應爲 Sughd 之對譯。傳文誤以爲粟特國乃"古之奄蔡（"奄蔡"《周書・異域傳下》作"庵蔡"[am-tsat]）。傳文又稱粟特國"一名溫那沙"。"溫那沙"[uən-na-shea]，乃 Hūnashāh 之對譯。[40]

8. 波斯 [puai-sie]，Persia 之漢譯，指薩珊朝波斯。國都宿利城 [siəuk-liet]（"宿利"，《周書・異域傳下》作"蘇利"[sa-liet]），一

般認爲是 Seleucia 之對譯。一說爲 Sūrastān 之對譯。[41]

9. 伏盧尼 [biuək-la-niei]，一說乃 Rūmi 的伊朗語訛讀 Fūrūmi（意指羅馬領土）的對譯。《梁書・西北諸戎傳》所見汎慄國 [biuəm-liet] 卽其異譯（《新唐書・西域傳下》所見拂菻國）。[42]

10. 色知顯 [shiək-tie-xian]，一說乃 [I]štixân 之略譯（卽《新唐書・西域傳下》所見瑟底痕）。[43]

11. 伽色尼 [keai-shiək-niei]，一般認爲是 Kâsâna 或 Kâsâniya 之對譯（卽《新唐書・西域傳下》所見羯霜那）。

12. 薄知 [bak-tie]，一般認爲是 Bāχtri 之音譯，與同傳所見吐呼羅 [tha-xa-la]（卽 Tukhāra）國之薄提 [bak-dye] 城爲同名異譯。一說乃 Wakhsch 之對譯；[44] 似誤。又，薄提，或卽《梁書・西北諸戎傳》所見白題 [beak-dye]。[45]

13. 牟知 [miu-tie]，一般認爲其原音是 Vadi-vati，地在今 Betik（位於阿姆河右岸），應卽《大唐西域記》卷一所見伐地。

14. 阿弗太汗 [a-piuət-that-han]，一般認爲是 Abdäl Tarkhan 之對譯。這是嚈噠勢力進入阿姆河下游留下的踪蹟。[46]

15. 呼似密 [xa-ziə-miet]，一般認爲是 Uvārazmi 之對譯。[47]

16. 諾色波羅 [nak-shiək-puai-la]，都波羅城，"波羅"當爲"諾色波羅"之略，Nakhshab 或 Nasaf 之對譯（卽《新唐書・西域傳下》所見那色波）。

17. 早伽至 [tsəu-keai-tjiet]，《冊府元龜》九五八作"畢伽至"[piet-keai-tjiet]，《太平御覽》卷七九七作"卑伽至"[pei-keai-tjiet]，原語待考，但《魏書・西域傳》原文似應作"畢伽至"或"卑伽至"。

18. 伽不單 [keai-piuə-tan]，一般認爲是 Kapūtānā（Gubdan 的古名）之對譯。[48]

19. 者舌 [tjya-djyat]，一般認爲是 Čaš 或 Čač 之對譯（即《大唐西域記》卷一所見赭時、杜環《經行紀》所見赭支、《新唐書·西域傳下》所見柘支、柘析）。[49]

三、伽倍道諸國：

1. 伽倍 [keai-buə]，《梁書·西北諸戎傳》作胡蜜丹 [ha-miet-tan]。均與《漢書·西域傳上》所見"休密"爲同名異譯（即《新唐書·西域傳下》所見護密）。[50]

2. 折薛莫孫 [tjiat-siat-mak-suən]，一說即 Sad-i Mastuj 之對譯。[51]

3. 鉗敦 [giam-tuən]，一般認爲是 Xandūd 或 Kundut 之對譯（即《大唐西域記》卷一二所見昏馱多）。

4. 弗敵沙 [piuət-dyek-shea]，一般認爲是 Badakšan 之對譯（《慧超往五天竺國傳》所見蒲特山、《新唐書·地理志七下》所見拔特山、《大唐西域記》卷一二所見鉢鐸創那）。

5. 閻浮謁 [jiam-biu-iat]，一般認爲是 Hamakān 的古名 Yambakān 之對譯（即《大唐西域記》卷一二所見淫薄健）。

6. 大月氏國，指寄多羅貴霜，所都盧監氏城（《北史·西域傳》作"臏監氏"），應即監氏城，"盧"、"臏"二字疑衍。

同傳又有薄羅 [bak-la] 城，應是 Bāhūlaka 的音譯，與"盧監氏"或"監氏"同指一地。[52]

7. 乾陁羅 [kan(gian)-dai-la]，同傳另處略作乾陀 [kan(gian)-dai]，一般認爲均 Gandhāra 之對譯。傳文又稱其國"本名業波"，"業波

[ngiap-puai] 的語源有 Gopāla、[53]ğabūla [54] 說等，尚無定論。今案："業波"似乎可以視爲 Zabul 之對音。蓋乾陀羅在漢代被稱爲罽賓，宋雲時代 Zabul 地區也被稱爲罽賓，因而有乾陀本名業波羅之誤會。[55]

8. 安息國都蔚搜城（見《周書・異域傳下》），"蔚搜"[iuət-shiu]，可能是 Wakhsh 的對譯。

9. 大秦國都安都城，"安都"[an-ta] 應是 Antiochia 之對音。一說《魏書・西域傳》的大秦國應指東羅馬，故安都應該是君士坦丁堡。[56] 今案：其說未安。

四、波路道諸國：

1. 阿鈎 [a-ko] 羌，羌之一種，或 Argippaei 與羌人融合而成。"阿鈎"與《漢書・西域傳上》所見"呼揵"等爲同名異譯。一說"阿鈎"乃"冰"（Wakhan 語 yikh，Persia 語 yakh，Osset 語 yekh，yikh，ikh）之音譯。[57]

2. 波路 [puai-lak]（同傳又作鉢盧勒國 [puat-la-lek]），一般認爲是 Bolor 之對譯（即《洛陽伽藍記》卷五所見鉢盧勒、《大唐西域記》卷三所見鉢露羅、《新唐書・西域傳下》所見勃律）。

3. 小月氏國，指受嚈噠攻擊而南遷之寄多羅貴霜，其都富樓沙 [piuək-lo-shea] 乃 Puruṣapura 之對譯。

4. 罽賓，乃 Kashmira 之略譯，與《漢書・西域傳上》所見"罽賓"不同。其都善見城，一說乃梵語蘇達梨舍那（Sudarśana，三十三天之中宮）之義譯。[58]

五、以下是上述四道以外諸國：

1. 范陽 [biuam-jiang]，一般認爲是 Bamiyan 之對譯（《新唐

書・西域傳下》所見帆延、梵衍那）。[59]

2. 副貨 [phiuək-xua]，一說乃 Bokhāra 之對譯。[60] 一說乃 Puṣkalāwatī。[61]

3. 阿副使且 [a-puiuək-shiə-tzia(gia)]，原語待考。

4. 沒誰 [muət-zjuəi]，原語待考。

5. 奇沙 [gia-shea]，一說乃 Tashkurgan 或 Kapica 之對譯。[62]

6. 南天竺國有伏醜 [biuək-thjiu] 城，原語待考。

7. 疊伏羅 [dyap-biuək-la]，乃 Zabulistan 之對譯。疊伏羅國有勿悉城 [miuət-siet]、拔賴 [buat-lan] 城，兩者原語待考。

8. 拔豆 [buat-do]，原語待考。

9. 多勿當國 [ta-miuət-tang]，原語待考。

10. 旃那國 [tjian-na]，原語待考。

11. 羯陵伽 [kiat-liəng-keai]，應是 Kaliṅga 之對譯（《大唐西域記》卷一〇作"羯餕伽"）。

12. 弗那伏且 [piuət-na-biuək-tsia]，原語待考。

13. 嚈噠 [iap-dat] 國，《周書・異域傳下》作"嚈噠"[ngian-dat]，均爲 Ephthalites、Hephthalites 或 Nephthalites 之對譯；王都拔底延城 [buat-tyei-jian] 爲 Bāχtriyā（即 Bāχtri）之對譯。Bāχtri 應即《大唐西域記》卷一所見"縛喝"，據云該城有"小王舍城"之稱，與《周書・異域傳下》稱拔底延爲"王舍城"（Rājagṛha）相合。嚈噠，《梁書・西北諸戎傳》稱"滑國"，"滑"乃"滑匣"之略，"滑匣"[hoat(kuət)-duən] 乃 Huna 之對譯，蓋嚈噠一度自號匈奴，梁人但聞其音，不知其實，故稱之爲"滑匣"或"滑"。[63]

14. 渴槃陁 [khat-buan-dai]（《梁書・西北諸戎傳》作"渴盤陁"[khat-buan-dai]，同傳載滑國之屬國有"盤盤"，或即"渴盤陁"之奪訛），一般認爲是 Garband 或 Karband 之對譯。[64] 一說應即《魏略・西戎傳》所見"竭石"。[65]

15. 鉢和 [puat-huai]，應爲 Wakhan 之對譯。[66]

16. 波知 [puai-tie]，原語待考。

17. 賒彌 [sjya-muat]，與《漢書・西域傳上》所見"雙靡"爲同名異譯（《大唐西域記》卷一二所見"商彌"）。[67]

18. 烏萇 [a-thiang]（即《大唐西域記》卷三所見"烏仗那"），一般認爲是 Udyāna 之對譯。

最後，是以上尚未涉及的見諸《梁書・西北諸戎傳》的若干名稱：

1. 呵跋檀 [xa-buat-dan]，一般認爲是 Kabādiyān 之對譯（《大唐西域記》卷一所見鞠和衍那國）。[68]

2. 末 [muat]，疑即《後漢書・西域傳》之"木鹿"。

3. 婆羅門 [bua-la-muən]，一般認爲是 Brāhmaṇadeśa 之漢譯，指印度。

4. 沙勒 [shea-lek]，應即《漢書・西域傳上》之"疏勒"。

八

綜上所述，兩漢魏晉南北朝正史西域傳所見西域諸族名、國名、王治名絕大多數是音譯，且以略譯或縮譯爲主。若干譯名藉助漢字賦予某種意義，如"高昌"、"去胡來"、"鄯善"等。

值得注意的是同名異譯的情況較普遍。這主要是當時的西域族名、國名、王治名的實際情況決定的：一些"國"係同一部族所建，族名或國名與王治名往往相同。

另外，應該指出的是，上列諸名稱，多數是"重九譯"而得，原語既形形色色，譯者又非音韻學家，更不是後來玄奘這樣梵漢兼通的學者，再加上沒有統一的命名原則，在今日探求其原語之際，若於對音過於執著，則難免膠柱鼓瑟之譏。

■ 注釋

[1] 本文對塞種諸名稱的詮釋，是作爲我有關塞種史假說之一部份提出來的。這一假說詳見余太山《塞種史研究》，中國社會科學出版社，1992年。文中與塞種有關諸名稱的詮釋請參看此書各有關章節。又，若无必要，凡所採前人诸说已在上書中注明者，不一一重出。

[2] 參看余太山《嚈噠史研究》，齊魯書社，1986年，pp. 217-244。

[3] 參見本書上卷第四篇。

[4] "德若"乃"億若"之訛，說本白鳥庫吉"條支國考"，《白鳥庫吉全集・西域史研究（下）》（第7卷），東京：岩波，1971年，pp. 205-236, esp. 209-210。

[5] 婼羌與允姓之戎的關係，見余太山《古族新考》，中華書局，2000年，pp.

53-76。

[6] 烏孫爲允姓之裔，説見注5所引余太山書，pp. 53-76。

[7] 參見榮新江"所謂'Tumshuqese'文書中的'gyāźdi'"，《内陸アジア言語の研究》7（1991年），pp. 1-12。

[8] 榎一雄"鄯善の都城の位置とその移動について"，《オリエント》8～1（1965年），pp. 1-14；8～2（1966年），pp. 43-80。

[9] 參見本書附卷二第一篇。

[10] 王念孫《讀書雜誌》卷四之一五，中華書局，1991年，p. 393，以爲狐胡與車師異地，不當云"治車師柳谷"。"師"字蓋涉下文"車師"而衍。《太平御覽》卷七九七引正作"車柳谷"。今案："車柳"不妨視作 Gasiani 之略譯。

[11] 《大正新脩大藏經》T54, No. 2128, p. 837。

[12] "北胥鞬"，《通典·邊防七·西戎總序》作"比胥鞬"[piei-sia-kian]。如果《通典》所載不誤，則該地名不妨視作 Massagatae 的音譯。

[13] E. L. Stevenson, tr. & ed., *Geography of Claudius Ptolemy*. New York, 1932.

[14] 參見注1所引余太山書，pp. 242-271。

[15] 王以鑄漢譯，商務印書館，1985年。

[16] 參看本書附卷一第一篇。

[17] 《太平御覽》卷七九七引《漢書》作"孤胡"。參看本書附卷一第一篇。

[18] 吳其昌"印度釋名"，《燕京學報》4（1928年），pp. 716-743。

[19] 岑仲勉《漢書西域傳地里校釋》，中華書局，1981年，pp. 491-493。

[20] 余太山"第一貴霜考"，《中亞學刊》第4輯，北京大學出版社，1995年，pp. 73-96。

[21] 沙畹"魏略西戎傳箋注"，馮承鈞漢譯，《西域南海史地考證譯叢七編》，p. 46，收入《西域南海史地考證譯叢》第 2 卷，商務印書館，1995 年。

[22] 饒宗頤"蜀布與 Cīnapaṭṭa"，《梵學集》，上海古籍出版社，1993 年，pp. 223-260。

[23] 說見白鳥庫吉"塞民族考"，《白鳥庫吉全集·西域史研究（上）》（第 6 卷），東京：岩波，1970 年，pp. 361-480, esp. 411。另請參看 J. Marquart, *Die Chronologie der alttürkischen Inschriften*. Tübingen: 1898, p. 62; Ērānšahr, Berlin: 1901, p. 155.

[24] 參見季羨林等《大唐西域記校注》，中華書局，1985 年，p. 996。

[25] R. G. Kent, *Old Persian, Grammar, Text, Lexicon*. New Haven, 1953.

[26] 注 19 所引岑仲勉書，pp. 253-255。

[27] 諸說見白鳥庫吉"大秦傳より見たる西域の地理"，《白鳥庫吉全集·西域史研究（下）》（第 7 卷），東京：岩波，1971 年，pp. 303-402, esp. 367-368。

[28] 白鳥庫吉"西域史上の新研究·康居考"，《白鳥庫吉全集·西域史研究（上）》（第 6 卷），東京：岩波，1970 年，pp. 58-96, esp. 184-185。

[29] 白鳥庫吉"西域史上の新研究·大月氏考"，《白鳥庫吉全集·西域史研究（上）》（第 6 卷），東京：岩波，1970 年，pp. 97-227, esp. 101-105。

[30] 余太山《兩漢魏晉南北朝與西域關係史研究》，中國社會科學出版社，1995 年，pp. 218-219。

[31] 注 1 所引余太山書，pp. 182-209。

[32] 有關討論請參看內田吟風"魏書西域傳原文考釋（上，中，下）"，《東洋史研究》29～1（1970 年），pp. 83-106；30～2（1971 年），pp.

82-101；31～3（1972年），pp. 58-72。

[33] 季羨林等《大唐西域記校注》，中華書局，1985年，p.998。

[34] 注29所引白鳥庫吉文，esp. 140-148，以爲"烏秅"無疑是"烏耗"之訛；非是。

[35] 注2所引余太山書，pp. 163-192。

[36] 白鳥庫吉"粟特國考"，《白鳥庫吉全集》卷七，pp. 43-123，esp. 101-102。

[37] 内田吟風"《魏書》卷一百二西域傳譯注稿"，内田吟風編《中國正史西域傳の譯注》，京都：河北印刷株式會社，1980年，pp. 1-34。

[38] 馬小鶴"米國鉢息德城考"，《中亞學刊》第2輯，中華書局，1987年，pp. 65-75。

[39] 見藤田豐八《慧超往五天竺國傳（殘卷）箋釋》，北京：1910年，p. 69。

[40] 參看注2所引余太山書，pp. 44-65。

[41] 宋峴"弗粟特薩儻那、蘇剌薩儻那考辨"，《亞洲文明》第3集，安徽教育出版社，1995年，pp. 193-201。

[42] 白鳥庫吉"拂菻問題の新解釋"，《白鳥庫吉全集・西域史研究（下）》（第7卷），東京：岩波，1971年，pp. 403-596，esp. 433-438。

[43] 注36所引白鳥庫吉文，esp. 80。

[44] 注32所引内田吟風文（下）。

[45] 參看榎一雄"滑國に關する梁職貢圖の記事について"，《東方學》27（1964年），pp.12-32；榎一雄著作編集委員會編《榎一雄著作集》第七卷，汲古書院（1994年），pp. 132-161。

[46] 注32所引内田吟風文（下）。

[47] 例如：注36所引白鳥庫吉文，esp. 108。

[48] W. Tomaschek, "Centralasiatische Studien, I. Sogdiana", *Sitzungsberichte der Philosophisch-historischen Classe der Kaiserlichen Akademie der Wissenschaften* 87, 1877, Wien, p. 149；注 36 所引白鳥庫吉文，p. 80。

[49] 注 36 所引白鳥庫吉文，esp. 106。

[50] 注 23 所引 J. Marquart, *Ērānšahr*. Berlin, 1901, p. 243。

[51] 注 29 所引白鳥庫吉文，esp. 107；注 23 所引 J. Marquart, *Ērānšahr*. Berlin, 1901, pp. 225, 243-244。

[52] 參見注 2 所引余太山書，pp. 66-75。

[53] 堀謙德《解說西域記》，國書刊行會，1972 年，pp. 171-172。

[54] 注 23 所引 J. Marquart, *Ērānšahr*. Berlin, 1901, pp. 246-248。

[55] 《隋書·西域傳》稱："漕國在葱嶺之北，漢時罽賓國也。"這一誤會其實早在宋雲時代已經存在。又，"北"顯然是"南"字之誤。《新唐書·西域傳上》稱："罽賓，隋漕國也"，可以爲證。又，《漢書·西域傳》所見罽賓在乾陀羅，說見白鳥庫吉"罽賓國考"，《白鳥庫吉全集·西域史研究（上）》（第 6 卷），東京：岩波，1970 年，pp. 295-359。

[56] 注 37 所引內田吟風文。

[57] 注 55 所引白鳥庫吉文，esp. 306。

[58] 注 55 所引白鳥庫吉文，esp. 315-317；注 32 所引內田吟風文（下）。

[59] 桑山正進"バーミヤーン私注"，《建築史學》2（1984 年），pp. 127-150。

[60] 注 36 所引白鳥庫吉文，esp. 90-91。

[61] J. Marquart, *Wehrot und Arang*. Leiden, 1938, p. 37.

[62] 注 32 所引內田吟風文（下）。

[63] 參見注 2 所引余太山書，pp. 8-11。

[64] 注 29 所引白鳥庫吉文，esp. 133。

[65] 注 29 所引白鳥庫吉文，esp. 160-161。

[66] 注 23 所引 J. Marquart, *Ērānšahr*. Berlin, 1901, p. 244。

[67] 注 29 所引白鳥庫吉文，esp. 109-112；注 23 所引 J. Marquart, *Ērānšahr*. Berlin, 1901, p. 243。

[68] 榎一雄"梁職貢圖について"，《東方學》26（1963），pp. 31-46。

二　兩漢魏晉南北朝正史"西域傳"所見西域里數

兩漢魏晉南北朝正史所見西域里數集中於《史記·大宛列傳》、《漢書·西域傳》、《後漢書·西域傳》、《晉書·四夷傳》、《梁書·西北諸戎傳》、《魏書·西域傳》和《周書·異域傳下》。這些里數不僅是判定西域諸國方位的重要依據，而且是探索當時道路走向不可或缺的資料，因而歷來受到西域史研究者的重視。[1] 茲擬以前人有關成果爲基礎，對這些里數作一全盤的考察。

一《史記·大宛列傳》

1. "大宛在匈奴西南，在漢正西，去漢可萬里"：這一里數見諸張騫首次西使歸國後向武帝所作報告，而張騫往赴大宛乃自漢北匈奴單于庭附近出發，取道巴爾喀什湖北岸，循楚河南下，穿越吉爾吉斯山脈，復沿納倫河進入費爾幹納盆地。[2] 因此，"可萬里"應該表示自漢都長安經由匈奴單于庭，按上述路線赴大宛國王治的行程。

2."鹽澤去長安可五千里"：這一里數亦見諸張騫首次西使歸國後向武帝所作報告。傳文在"鹽澤去長安"句前有云："樓蘭、姑師邑有城郭，臨鹽澤。"樓蘭、姑師是張騫首次西使歸國時途經的兩個城郭小國，前者位於鹽澤西北，[3] 後者位於鹽澤西南。兩國當時均"臨鹽澤"，故張騫標出鹽澤去長安距離，事實上記錄了自兩國王治赴長安的大致行程。[4]

3."烏孫在大宛東北可二千里"：里數表示自大宛國王治赴烏孫國王治的大致行程。

4."康居在大宛西北可二千里"：里數表示自大宛國王治赴康居國王治的大致行程。

5."奄蔡在康居西北可二千里"：里數表示自康居國王治赴奄蔡國王治的大致行程。

6."大月氏在大宛西可二三千里"：里數表示自大宛國王治赴大月氏國王治的大致行程。"可二三千里"當爲"可二千里"之訛，"三"字衍。[5]

7."安息在大月氏西可數千里"：里數表示自大月氏國王治赴安息國王治的大致行程。

8."條枝國在安息西數千里"：里數表示自安息國王治赴條枝國王治的大致行程。

9."大夏在大宛西南二千餘里媯水南。……其都曰藍市城"：里數表示自大宛國王治赴大夏國王治藍市城的大致行程。時大月氏設王庭於嬀水北，自大宛往赴，較赴藍市城爲近，故一曰"可二千里"，一曰"二千餘里"。

10. "大夏去漢萬二千里"：里數表示自大夏國王治藍市城經大宛國王治赴漢都長安的行程；亦即藍市城去大宛國王治"二千餘里"，與大宛國王治去長安"可萬里"之和。

11. "身毒國又居大夏東南數千里"：里數表示自大夏國王治藍市城赴身毒國王治的大致行程。

12. 安息"東界去王都數千里"：里數表示自安息國東界赴該國王治的大致行程。

今案：與里數1、2相同，里數3至11亦出諸張騫首次西使歸國後的報告。張騫旣以去長安里數標誌方位，也就不難想見里數1和里數10應爲自大宛國王治和大夏國王治赴漢都長安的行程，而里數3至9以及里數11應爲自一國王治赴另一國王治的行程。又，張騫首次西使先抵大宛，於大宛得導譯，始知赴諸國途徑，故里數3至9以及里數11均直接或間接以大宛爲基準點，大宛國王治去長安里數事實上成了計算自各國王治赴長安行程的基數，里數10便是明證。又，在記錄大宛國王治去長安里數時，特別點明"大宛在匈奴西南"，這不僅是爲了標誌大宛國的方位，而且是爲了表示該里數乃經由匈奴單于庭的行程。這些記錄里數的方法，開兩漢魏晉南北朝正史西域里數記錄之先河，影響頗爲深遠。

二 《漢書·西域傳》

1. 西域"東西六千餘里，南北千餘里"：

1.1 "六千餘里"表示玉門、陽關與蔥嶺之間的大致距離。傳文：西域"東則接漢，阸以玉門、陽關，西則限以蔥嶺。"

1.2 "千餘里"表示北山（今天山）和南山（今崑崙山、喀喇崑崙山）之間的大致距離。傳文：西域"南北有大山"。

2. "蒲昌海，一名鹽澤者也，去玉門、陽關三百餘里"：一般認爲"三百餘里"前奪"千"字，應據《水經注·河水二》補。但是，按之傳文所載鄯善國王治去陽關及去長安里數，可以推知陽關去長安爲四千五百里。又據《史記·大宛列傳》鹽澤去長安爲五千里，則鹽澤去陽關僅五百里。換言之，毋寧說《漢書·西域傳》此處"三"字當爲"五"字之奪訛。

3. "都護治烏壘城，去陽關二千七百三十八里"：里數表示自烏壘城經渠犁赴陽關的行程。傳文：烏壘"南三百三十里至渠犁"。

4. "婼羌國，王號去胡來王，去陽關千八百里，去長安六千三百里"：

4.1 "千八百里"表示自婼羌國去胡來王王治經鄯善國王治赴陽關的行程；亦即去胡來王王治去鄯善國王治二日行程（2×100里），與鄯善國王治去陽關1600里之和。

4.2 "六千三百里"表示自婼羌國去胡來王王治經鄯善國王治赴長安的行程；亦即去胡來王王治去鄯善國王治200里，與鄯善國王治去長安 6100 里之和。

今案：傳文稱："出陽關，自近者始，曰婼羌。"故先列婼羌，繼述鄯善。然而婼羌去陽關、去長安反較鄯善去陽關、去長安各遠 200 里，知自婼羌赴陽關、長安乃經由鄯善國王治。傳文：婼羌國"辟在西南，不當孔道。……西北至鄯善，乃當道云"，可以爲證。

5. "鄯善國"王治扜泥城，去陽關千六百里，去長安六千一百里。……西北去都護治所千七百八十五里，至山國千三百六十五里，西北至車師千八百九十里。……西通且末七百二十里"：

5.1 "千六百里"表示自扜泥城沿阿爾金山北麓赴陽關的行程。

5.2 "六千一百里"表示自扜泥城經陽關赴長安的行程。

5.3 "千七百八十五里"表示自扜泥城北上經尉犂國王治赴烏壘城的行程。傳文：尉犂國"西至都護治所三百里，南與鄯善、且末接"。

5.4 "千三百六十五里"表示自扜泥城北上赴山國王治的行程。傳文：山國"東南與鄯善、且末接"。

5.5 "千八百九十里"表示自扜泥城經山國王治赴車師前國王治的行程。

5.6 "七百二十里"表示自扜泥城西赴且末國王治的行程。

6. 且末國"王治且末城，去長安六千八百二十里。……西北至都護治所二千二百五十八里。……南至小宛可三日行。……西通精絕二千里"：

6.1 "六千八百二十里"表示自且末城經鄯善國王治赴長安

的行程；亦即且末城去鄯善國王治 720 里，與鄯善國王治去長安 6100 里之和。

6.2 "二千二百五十八里"表示自且末城經尉犁國王治赴烏壘城的行程。傳文：且末國"北接尉犁"。今案：這"二千二百五十八里"也可能是自且末城經渠犁赴烏壘城的行程。傳文：渠犁"東南與且末"接。

6.3 "可三日行"表示自且末城南赴小宛國王治的行程。"可三日行"約爲 300 里。

6.4 "二千里"，按理應爲自且末城赴精絕國王治的行程，然而這一里數並非實測所得，乃是精絕國王治去長安 8820 里，與且末城去長安 6820 里之差。由於前者以經由北道測得的扜彌去長安里數爲基數，這"二千里"不足爲據。

7. 小宛國"王治扜零城，去長安七千二百一十里。……西北至都護治所二千五百五十八里"：

7.1 "七千二百一十里"表示自扜零城經且末國王治赴長安的行程；亦即扜零城去且末國王治三日行程（300 里），與且末國王治去長安 6820 里之和。"七千二百一十里"應爲"七千一百二十里"之訛。

7.2 "二千五百五十八里"表示自扜零城經且末國王治赴烏壘城的行程；亦即扜零城去且末國王治 300 里，與且末國王治去烏壘城 2258 里之和。

8. 精絕國"王治精絕城，去長安八千八百二十里。……北至都護治所二千七百二十三里，南至戎盧國四日行。……西通扜彌四百六十里"：

8.1 "八千八百二十里"，按理應爲自精絕城經且末國王治赴長安的行程；亦即精絕城去且末國王治2000里，與且末國王治去長安6820里之和。其實，由於前面所說的原因，這"八千八百二十里"是扜彌國王治去長安9280里與扜彌國王治去精絕城460里之差。

8.2 "二千七百二十三里"表示自精絕城北上經渠犁赴烏壘城的行程。傳文："南與精絕接。"

8.3 "四日行"表示自精絕城南赴戎盧國王治的行程。"四日行"約爲400里。

8.4 "四百六十里"表示自精絕城西赴扜彌國王治的行程。

9. 戎盧國"王治卑品城，去長安八千三百里。……東北至都護治所二千八百五十八里"：

9.1 "八千三百里"，這里數可能是自卑品城經婼羌國去胡來王王治赴長安的行程；亦即卑品城去去胡來王王治二十日行程（2000里），與去胡來王王治去長安6300里之和。傳文：戎盧國"南與婼羌（接）"。知戎盧國之南亦有婼羌，經此婼羌東行，可抵去胡來王王治。

9.2 "二千八百五十八里"表示自卑品城經小宛國王治赴烏壘城的行程，亦即卑品城去小宛國王治三日行程（300里），與小宛國王治去烏壘城2558里之和。

10. 扜彌國"王治扜彌城，去長安九千二百八十里。……東北至都護治所三千五百五十三里。……西通于闐三百九十里"：

10.1 "九千二百八十里"，按理應爲自扜彌城經精絕國王治赴長安的行程；亦卽扜彌城去精絕國王治 460 里，與精絕國王治去長安 8820 里之和。其實，這"九千二百八十里"是于闐國王治去長安 9670 里與于闐國王治去扜彌城 390 里之差。

10.2 "三千五百五十三里"表示自扜彌城經由姑墨國王治、也可能是經由龜茲國王治，赴烏壘城的行程。傳文：扜彌國"東北與龜茲、西北與姑墨接"。

10.3 "三百九十里"表示自扜彌城西赴于闐國王治的行程。

11. 渠勒國"王治鞬都城，去長安九千九百五十里。……東北至都護治所三千八百五十二里"：

11.1 "九千九百五十里"，這可能是自鞬都城經戎盧國王治赴長安的行程；亦卽鞬都城去戎盧國王治十六日半行程（1650 里），與戎盧國王治去長安 8300 里之和。傳文：渠勒國"東與戎盧（接）"。

11.2 "三千八百五十二里"表示自鞬都城經扜彌國王治赴烏壘城的行程；亦卽鞬都城去扜彌國王治三日行程（300 里），與扜彌國王治去烏壘城 3553 里之和。傳文：渠勒國"北與扜彌接"。今案：扜彌國王治去烏壘城"三千五百五十三里（里數 10.2）應爲"三千五百五十二里"之訛。

12. 于闐國"王治西城，去長安九千六百七十里。……東北至都護治所三千九百四十七里。……西通皮山三百八十里"：

12.1 "九千六百七十里"表示自西城經姑墨國王治赴長安的行程；亦卽西城去姑墨國王治十五日行程（1500 里），與姑墨國王治去長安 8150 里之和。兩者之和較 9670 里尚短 20 里，或者因爲西城去姑墨國王治原來測定爲 1520 里，後來被約略折合爲"十五日"行程了。傳文：于闐國"北與姑墨接"。

12.2 "三千九百四十七里"表示自西城經扜彌國王治赴烏壘城的行程；亦即西城去扜彌國王治 390 里，與扜彌國王治去烏壘城 3552 里之和。"三千九百四十七里"或爲"三千九百四十二里"之訛。

12.3 "三百八十里"表示自西城赴皮山國王治的行程。

13. 皮山國"王治皮山城，去長安萬五十里。……東北至都護治所四千二百九十二里，西南至烏秅國千三百四十里。……北至姑墨千四百五十里。……西北通莎車三百八十里"：

13.1 "萬五十里"表示自皮山城經于闐國王治赴長安的行程；亦即皮山城去于闐國王治 380 里，與于闐國王治去長安 9670 里之和。

13.2 "四千二百九十二里"表示自皮山城經于闐國王治赴烏壘城的行程；亦即皮山城去于闐國王治三日半行程（350 里），與于闐國王治去烏壘城 3942 里之和。今案：此處據皮山城去烏壘城里數可推得的皮山城去于闐國王治之行程與里數 12.3 不符，說明兩者所據資料不同。

13.3 "千三百四十里"表示自皮山城赴烏秅國王治的行程。今案：此里數與據里數 14.2 可推得的皮山城去烏秅國王治的里數不符，說明兩者所據資料不同。

13.4 "千四百五十里"表示自皮山城赴姑墨國王治的行程。

13.5 "三百八十里"表示自皮山城赴莎車國王治的行程。

14. 烏秅國"王治烏秅城，去長安九千九百五十里。……東北至都護治所四千八百九十二里。……其西則有縣度，去陽關五千八百八十八里，去都護治所五千二十里"：

14.1 "九千九百五十里"表示自烏秅城經蒲犁國王治赴長安的行程；亦即烏秅城去蒲犁國王治四日行程（400 里），與蒲犁國王治去長安 9550 里之和。

14.2 "四千八百九十二里"表示自烏秅城經皮山國王治赴烏壘城的行程；亦即烏秅城去皮山國王治六日行程（600 里），與皮山國王治去烏壘城 4292 里之和。

14.3 "五千八百八十八里"表示自縣度經烏秅城赴陽關的行程。

14.4 "五千二十里"表示自縣度經烏秅城赴烏壘城的行程。

今案：據里數 14.3 和里數 14.4 可推得不同的縣度去烏秅城里數，這可能表明計測烏秅城去長安、去烏壘城的基準點不同。

15. 西夜國"王號子合王，治呼犍谷，去長安萬二百五十里。……東北到都護治所五千四十六里"：

15.1 "萬二百五十里"表示自呼犍谷經莎車國王治赴長安的行程；亦即呼犍谷去莎車國王治三日行程（300 里），與莎車國王治去長安 9950 里之和。

15.2 "五千四十六里"表示自呼犍谷經莎車國王治赴烏壘城的行程；亦即呼犍谷去莎車國王治 300 里，與莎車國王治去烏壘城 4746 里之和。

16. 蒲犁國"王治蒲犁谷，去長安九千五百五十里。……東北至都護治所五千三百九十六里，東至莎車五百四十里，北至疏勒五百五十里……西至無雷五百四十里"：

16.1 "九千五百五十里"表示自蒲犂谷經疏勒國王治赴長安的行程；亦即蒲犂谷去疏勒國王治二日行程（200 里），與疏勒國王治去長安 9350 里之和。

16.2 "五千三百九十六里"表示自蒲犂谷經西夜國子合王所治赴烏壘城的行程；亦即蒲犂谷去子合王所治三日半行程（350 里），與子合王所治去烏壘城 5046 里之和。

16.3 "五百四十里"表示自蒲犂谷赴莎車國王治的行程。

16.4 "五百五十里"表示自蒲犂谷赴莎車國王治的行程。今案：此里數與據里數 16.1 可推得的蒲犂谷去疏勒國王治之行程不同，說明兩者所據資料不同。

16.5 "五百四十里"表示自蒲犂谷赴無雷國王治的行程。

17. 依耐國 "王治去長安萬一百五十里。……東北至都護治所二千七百三十里，至莎車五百四十里，至無雷五百四十里，北至疏勒六百五十里"：

17.1 "萬一百五十里"表示自依耐國王治經無雷國王治赴長安的行程；亦即依耐國王治去無雷國王治二日行程（200 里），與無雷國王治去長安 9950 里之和。

17.2 "二千七百三十里"表示自依耐國王治經無雷國王治赴烏壘城的行程。

17.3 "五百四十里"表示自依耐國王治赴莎車國王治的行程。

17.4 "五百四十里"表示自依耐國王治赴無雷國王治的行程。

今案：此里數與據里數 17.1 和里數 17.2 可推得的依耐國王治去無雷國王治之行程各不相同，說明三者所據資料各不相同。

17.5 "六百五十里"表示自依耐國王治赴疏勒國王治的行程。

18. 無雷國"王治盧城，去長安九千九百五十里。……東北至都護治所二千四百六十五里，南至蒲犁五百四十里"：

18.1 "九千九百五十里"表示自盧城經蒲犁國王治赴長安的行程；亦即盧城去蒲犁國王治四日行程（400 里），與蒲犁國王治去長安 9550 里之和。

18.2 "二千四百六十五里"表示自盧城經疏勒國王治赴烏壘城的行程。

18.3 "五百四十里"表示自盧城赴蒲犁國王治的行程。今案：此里數與據里數 18.1 可推得的盧城去蒲犁國王治之行程不同，說明兩者所據資料不同。

19. 難兜國"王治去長安萬一百五十里。……東北至都護治所二千八百五十里，（西）[東] 至無雷三百四十里，西南至罽賓三百三十里"：

19.1 "萬一百五十里"表示自難兜國王治經無雷國王治赴長安的行程；亦即難兜國王治去無雷國王治二日行程（200 里），與無雷國王治去長安 9950 里之和。

19.2 "二千八百五十里"表示自難兜國王治經無雷國王治赴烏壘城的行程。

19.3 "三百四十里"表示自難兜國王治赴無雷國王治的行程。今案：此里數與據里數 19.1 和里數 19.2 可推得的難兜國王治去無雷國王治的行程各不相同，說明三者所據資料各不相同。

19.4 "三百三十里"表示自難兜國王治赴罽賓國王治的行程。今案：此里數可能有誤。[6]

20. 罽賓國"王治循鮮城，去長安萬二千二百里。……東北至都護治所六千八百四十里，東至烏秅國二千二百五十里，東北至難兜國九日行。……起皮山南……二千餘里乃到縣度"：

20.1 "萬二千二百里"表示自循鮮城經烏秅國王治赴長安的行程；亦即循鮮城去烏秅國王治 2250 里，與烏秅國王治去長安 9950 里之和。

20.2 "六千八百四十里"表示自循鮮城經烏秅國王治赴烏壘城的行程；亦即循鮮城去烏秅國王治十九日半行程（1950 里），與烏秅國王治去烏壘城 4892 里之和。"六千八百四十里"應爲"六千八百四十二里"之奪訛。

20.3 "二千二百五十里"表示自循鮮城赴烏秅國王治的行程。今案：此里數與據里數 20.2 可推得的循鮮城去烏秅國王治的行程不同，說明兩者所據資料不同。

20.4 "九日行"，應爲自循鮮城赴難兜國王治的行程。今案："九日行"約 900 里，與里數 19.4 不符，似乎說明兩者所據資料不同；然而本里數可能有誤；而如前述，里數 19.4 也可能有誤。[7]

20.5 "二千餘里"表示自皮山國王治經烏秅國王治赴縣度的行程。

21. 烏弋山離國"王去長安萬二千二百里。……東北至都護治所六十日行。……行可百餘日，乃至條枝"：

21.1 "萬二千二百里", 應爲自烏弋山離國經罽賓國王治赴長安的行程。今案：傳文稱罽賓"西南與烏弋山離接"。烏弋山離既在罽賓西南, 去長安里數不應與罽賓相同, 知此里數有誤。

21.2 "六十日行", 應爲自烏弋山離國王治經罽賓國王治赴烏壘城的行程。今案：罽賓國王治去烏壘城 6840 里, 已逾"六十日行", 知此行程有誤。

21.3 "可百餘日"表示自烏弋山離國王治經安息國王治赴條枝國王治的行程。[8]

22. 安息國"王治番兜城, 去長安萬一千六百里。……東界去王都數千里"：

22.1 "萬一千六百里", 應指自番兜城經大月氏國王治赴長安的行程。今案：傳文：大月氏國"西至安息四十九日行"。安息國既在大月氏國之西, 去長安里數不應與大月氏國相同, 知此里數有誤。"萬一千六百里"或爲"萬六千五百里"之訛。[9]

22.2 "數千里", 此里數承襲《史記·大宛列傳》。

23. 大月氏國"治監氏城, 去長安萬一千六百里。……東至都護治所四千七百四十里, 西至安息四十九日行"：

23.1 "萬一千六百里"表示自監氏城經捐毒國王治赴長安的行程, 亦卽監氏城去捐毒國王治十七日半行程 (1750 里), 與捐毒國王治去長安 9860 里之和。"萬一千六百里"或爲"萬一千六百十里"之奪訛。

23.2 "四千七百四十里"表示自監氏城經休循國王治赴烏壘城的行程；亦卽監氏城去休循國王治 1620 里, 與休循國王治去烏壘城 3121 里之和。"四千七百四十里"應爲"四千七百四十一里"之奪訛，而監氏城去休循國王治"千六百一十里"（里數 30.5）應爲"千六百二十里"之訛。

23.3 "四十九日行"表示自監氏城西赴安息國王治的行程。

24. 大夏"有五翖侯：一曰休密翖侯，治和墨城，去都護二千八百四十一里，去陽關七千八百二里；二曰雙靡翖侯，治雙靡城，去都護三千七百四十一里，去陽關七千七百八十二里；三曰貴霜翖侯，治護澡城，去都護五千九百四十里，去陽關七千九百八十二里；四曰肸頓翖侯，治薄茅城，去都護五千九百六十二里，去陽關八千二百二里；五曰高附翖侯，治高附城，去都護六千四十一里，去陽關九千二百八十三里"：

24.1 "二千八百四十一里"表示自和墨城經大月氏國王治赴烏壘城的行程；亦卽和墨城去大月氏國王治一日行程（100 里），與大月氏國王治去烏壘城 4741 里之和。"二千八百四十一里"，應爲"四千八百四十一里"之訛。

24.2 "七千八百二里"表示自和墨城經大月氏國王治赴陽關的行程。"七千八百二里"應爲"七千八十二里"之訛。

24.3 "三千七百四十一里"表示自雙靡城經和墨城赴烏壘城的行程；亦卽雙靡城去和墨城七日行程（700 里），與和墨城去烏壘城 4841 里之和。"三千七百四十一里"應爲"五千五百四十一里"之訛。

24.4 "七千七百八十二里"表示自雙靡城經和墨城赴陽關的行程；亦卽雙靡城去和墨城 700 里，與和墨城去陽關 7082 里之和。

24.5 "五千九百四十里"表示自護澡城經雙靡城赴烏壘城的行程；亦即護澡城去雙靡城二日行程（200 里），與雙靡城去烏壘城 5541 里之和。"五千九百四十里"應爲"五千七百四十一里"之奪訛。

24.6 "七千九百八十二里"表示自護澡城經雙靡城赴陽關的行程；亦即護澡城去雙靡城 200 里，與雙靡城去陽關 7782 里之和。

24.7 "五千九百六十二里"表示自薄茅城經護澡城赴烏壘城的行程；亦即薄茅城去護澡城二日行程（200 里），與護澡城去烏壘城 5741 里之和。"五千九百六十二里"應爲"五千九百四十一里"之訛。

24.8 "八千二百二里"表示自薄茅城經護澡城赴陽關的行程；亦即薄茅城去護澡城 200 里，與護澡城去陽關 7982 里之和。"八千二百二里"應爲"八千一百八十二里"之奪訛。

24.9 "六千四十一里"：自高附城經薄茅城赴烏壘城的行程；亦即高附城去薄茅城十一日行程（1100 里），與薄茅城去烏壘城 5941 里之和。"六千四十一里"應爲"七千四十一里"之訛。

24.10 "九千二百八十三里"表示自高附城經薄茅城赴陽關的行程；亦即高附城去薄茅城 1100 里，與薄茅城去陽關 8182 里之和。"九千二百八十三里"應爲"九千二百八十二里"之訛。

今案：現存資料表明，大夏五翎侯治所去烏壘、陽關里數的計測有共同的基準點。由於若干資料已有訛誤，特予校正。據校正後的五翎侯治所去烏壘、陽關里數可推得相同的烏壘城去陽關里數：2241 里。這一里數與里數 3 不符，因爲兩者所據資料不同。

25. 康居國"王冬治樂越匿地。到卑闐城。去長安萬二千三百里。……至越匿地馬行七日,至王夏所居蕃內九千一百四里。……東至都護治所五千五百五十里":

25.1 "萬二千三百里",似爲自卑闐城經烏孫國王治赴長安的行程;亦即卑闐城去烏孫國王治三十四日行程(3400里),與烏孫國王治去長安8900里之和。傳文:烏孫國"西北與康居"接。

25.2 "馬行七日",應爲自卑闐城赴越匿地的行程。

25.3 "九千一百四里",應爲自卑闐城赴蕃內的行程。"九千一百四里"或爲"一千一百四里"之訛。[10]

25.4 "五千五百五十里",可能是自卑闐城經龜茲國王治赴烏壘城的行程;亦即卑闐城去龜茲國王治五十二日行程(5200里),與龜茲國王治去烏壘城350里之和。今案:"五千五百五十里"可能是"五千五百五十一里"之奪訛,蓋龜茲國王治去烏壘城"三百五十里"(里數38.2)或爲"三百五十一里"之訛。

26. "康居西北可二千里,有奄蔡國":里數承襲《史記·大宛列傳》。

27. 康居"有小王五:一曰蘇䩻王,治蘇䩻城,去都護五千七百七十六里,去陽關八千二十五里;二曰附墨王,治附墨城,去都護五千七百六十七里,去陽關八千二十五里;三曰窳匿王,治窳匿城,去都護五千二百六十六里,去陽關七千五百二十五里;四曰罽王,治罽城,去都護六千二百九十六里,去陽關八千五百五十五里;五曰奧鞬王,治奧鞬城,去都護六千九百六里,去陽關八千三百五十五里":

27.1 "五千七百七十六里"表示自蘇籇城赴烏壘城的行程。

27.2 "八千二十五里"表示自蘇籇城赴陽關的行程。"八千二十五里"或爲"八千三十五里"之訛。

27.3 "五千七百六十七里"表示自附墨城赴烏壘城的行程。"五千七百六十七里"或爲"五千七百六十六里"之訛。

27.4 "八千二十五里"表示自附墨城赴陽關的行程。

27.5 "五千二百六十六里"表示自窳匿城赴烏壘城的行程。

27.6 "七千五百二十五里"表示自窳匿城赴陽關的行程。

27.7 "六千二百九十六里"表示自罽城赴烏壘城的行程。

27.8 "八千五百五十五里"表示自罽城赴陽關的行程。

27.9 "六千九百六里"表示自奧鞬城赴烏壘城的行程。"六千九百六里"：應爲"六千九十六里"之訛。

27.10 "八千三百五十五里"表示自奧鞬城赴陽關的行程。

今案：現存資料表明，康居五小王治所去烏壘、陽關里數的計測有共同的基準點，很可能自五小王治所赴烏壘、陽關經由蒲犁、西夜和莎車。由於若干資料已有訛誤，特予校正。據校正後的五小王治所去烏壘、去陽關里數可推得相同的烏壘城去陽關里數：2259里。[11]

28. 大宛國"王治貴山城，去長安萬二千五百五十里。……東至都護治所四千三十一里，北至康居卑闐城千五百一十里，西南至大月氏六百九十里"：

28.1 "萬二千五百五十里"，應爲自貴山城經休循國王治赴長安的行程。今案：此里數有誤。大宛在康居、大月氏之東，去長安里數不應反較後兩者爲大。

28.2 "四千三十一里"表示自貴山城經休循國王治赴烏壘城的行程；亦即貴山城去休循國王治九日行程（900 里），與休循國王治去烏壘城 3121 里之和。"四千三十一里"應爲"四千二十一里"之訛。

28.3 "千五百一十里"表示自貴山城赴卑闐城的行程。

28.4 "六百九十里"，應爲自貴山城赴大月氏國王治的行程。今案：這一里數並非實測所得，祇是休循國王治去大月氏國王治 1610 里與休循國王治去貴山城 920 里之差；由於 1610 里並非自休循國王治經由貴山城赴大月氏國王治的行程，這"六百九十里"顯然不足爲據。[12] 又，如前所述，休循國王治去大月氏國王治"千六百一十里"應爲"千六百二十里"之訛，因而休循國王治去貴山城"九百二十里"應爲"九百三十里"之訛。

29. 桃槐國"王去長安萬一千八十里"：里數可能表示自桃槐國王治經休循國或捐毒國王治赴長安的行程。

30. 休循國"王治鳥飛谷……去長安萬二百一十里。……東至都護治所三千一百二十一里，至捐毒衍敦谷二百六十里，西北至大宛國九百二十里，西至大月氏千六百一十里"：

30.1 "萬二百一十里"表示自鳥飛谷經捐毒國王治赴長安的行程；亦即鳥飛谷去捐毒國王治 260 里，與捐毒國王治去長安 9860 里之和。今案："萬二百一十里"應爲"萬一百一十里"之訛，捐毒國王治去長安"九千八百六十里"應爲"九千八百五十里"之訛。

30.2 "三千一百二十一里"表示自烏飛谷經捐毒國王治赴烏壘城的行程；亦卽烏飛谷去捐毒國王治 260 里，與捐毒國王治去烏壘城 2861 里之和。

30.3 "二百六十里"表示自烏飛谷赴捐毒國王治的行程。

30.4 "九百二十里"表示自烏飛谷赴大宛國王治的行程。今案：如前所述，"九百二十里"應爲"九百三十里"之訛。又，這一里數與據里數 28.2 可推得的烏飛谷去大宛國王治的里數（900 里）不盡相符，是因爲後者不過略數。

30.5 "千六百一十里"表示自烏飛谷赴大月氏國王治的行程。今案：如前所述，"千六百一十里"應爲"千六百二十里"之訛。

31. 捐毒國"王治衍敦谷，去長安九千八百六十里。……東至都護治所二千八百六十一里。……西北至大宛千三十里"：

31.1 "九千八百六十里"表示自衍敦谷經疏勒國王治赴長安的行程；亦卽衍敦谷去疏勒國王治五日行程（500 里），與疏勒國王治去長安 9350 里之和。今案：傳文"至疏勒"下奪衍敦谷至疏勒國王治里數，然據此可知自疏勒有道可通捐毒。[13] 又，如前所述，"九千八百六十里"應爲"九千八百五十里"之訛。

31.2 "二千八百六十一里"表示自衍敦谷經尉頭國王治赴烏壘城的行程；亦卽衍敦谷去尉頭國王治十四日半行程（1450 里），與尉頭國王治去烏壘城 1411 里之和。

31.3 "千三十里"表示自衍敦谷赴大宛國王治的行程。

32. 莎車國"王治莎車城，去長安九千九百五十里。……東北至都護治所四千七百四十六里，西至疏勒五百六十里，西南至蒲犛七百四十里"：

32.1 "九千九百五十里"表示自莎車城經疏勒國王治赴長安的行程；亦卽莎車城去疏勒國王治六日行程（600里），與疏勒國王治去長安9350里之和。

32.2 "四千七百四十六里"表示自莎車城赴烏壘城的行程，可能經由皮山國王治。

32.3 "五百六十里"表示自莎車城赴疏勒國王治的行程。今案：此里數與據里數32.1可推得的莎車城去疏勒國王治里數不符，是因爲後者不過略數。

32.4 "七百四十里"表示自莎車城赴蒲犛國王治的行程。今案：此里數與里數16.3不同，未知孰是？但據蒲犛、莎車去烏壘里數推算，本里數誤差較小。

33. 疏勒國 "王治疏勒城，去長安九千三百五十里。……東至都護治所二千二百一十里，南至莎車五百六十里"：

33.1 "九千三百五十里"表示自疏勒城經姑墨國王治赴長安的行程；亦卽疏勒城去姑墨國王治十二日行程（1200里），與姑墨國王治去長安8150里之和。

33.2 "二千二百一十里"表示自疏勒城經姑墨國王治赴烏壘城的行程；亦卽疏勒城去姑墨國王治1200里，與姑墨國王治去烏壘城1021里之和。"二千二百一十里"應爲"二千二百二十一里"之奪訛。

33.3 "五百六十里"表示自疏勒城赴莎車國王治的行程。

34. 尉頭國 "王治尉頭谷，去長安八千六百五十里。……東至都護治所千四百一十一里，南與疏勒接，山道不通，西至捐毒千三百一十四里，徑道馬行二日"：

34.1 "八千六百五十里"表示自尉頭谷經溫宿國王治赴長安的行程；亦即尉頭谷去溫宿國王治 300 里，與溫宿國王治去長安 8350 里之和。

34.2 "千四百一十一里"表示自尉頭谷經姑墨國王治赴烏壘城的行程；亦即尉頭谷去姑墨國王治四日行程（400 里），與姑墨國王治去烏壘城 1021 里之和。"千四百一十一里"應爲"千四百二十一里"之奪訛。

34.3 "千三百一十四里"表示自尉頭谷赴捐毒國王治的行程。今案：此里數與據里數 31.2 可推得的尉頭谷赴捐毒國王治里數不同，說明兩者所據資料不同。

34.4 "馬行二日"表示自尉頭谷取"徑道"赴捐毒國王治的行程。[14]

35. 烏孫國"大昆彌治赤谷城，去長安八千九百里。……東至都護治所千七百二十一里，西至康居蕃內地五千里"：

35.1 "八千九百里"表示自赤谷城經姑墨國王治赴長安的行程；亦即赤谷城去姑墨國王治七日半行程（750 里），與姑墨國王治去長安 8150 里之和。

35.2 "千七百二十一里"表示自赤谷城經姑墨國王治赴烏壘城的行程；亦即赤谷城去姑墨國王治七日行程（700 里），與姑墨國王治去烏壘城 1021 里之和。今案：據里數 35.1 與里數 35.2 可推得的赤谷城去姑墨國王治里數不同，很可能是因爲赤谷城去長安

"八千九百里"其實是"八千八百五十里"的略數。

35.3 "五千里"表示自赤谷城赴蕃內的行程。

36. 姑墨國"王治南城,去長安八千一百五十里。……東至都護治所一千二十一里,[15]南至于闐馬行十五日……東通龜茲六百七十里":

36.1 "八千一百五十里"表示自南城經龜茲國王治赴長安的行程;亦即南城去龜茲國王治670里,與龜茲國王治去長安7480里之和。

36.2 "一千二十一里"表示自南城經龜茲國王治赴烏壘城的行程;亦即南城去龜茲國王治670里,與龜茲國王治去烏壘城350里之和。今案:如前所述,龜茲國王治去烏壘"三百五十里"應爲"三百五十一里"之奪訛。

36.3 "馬行十五日"表示自南城赴于闐國王治的行程。

36.4 "六百七十里"表示自南城赴龜茲國王治的行程。

37. 溫宿國"王治溫宿城,去長安八千三百五十里。……東至都護治所二千三百八十里,西至尉頭三百里,北至烏孫赤谷六百一十里。……東通姑墨二百七十里":

37.1 "八千三百五十里"表示自溫宿城經姑墨國王治赴長安的行程;亦即溫宿城去姑墨國王治二日行程(200里),與姑墨國王治去長安8150里之和。

37.2 "二千三百八十里",應爲自溫宿城經姑墨國王治赴烏壘城的行程。今案:此里數有誤。溫宿在尉頭之北,去烏壘里數不應大於尉頭近七百里。[16]

37.3 "三百里"表示自溫宿城西赴尉頭國王治的行程。

37.4 "六百一十里"表示自溫宿城赴烏孫國王治的行程。

37.5 "二百七十里"表示自溫宿城東赴姑墨國王治的行程。今案：此里數與據里數 37.1 可推得的溫宿城去姑墨國王治的里數不同，說明兩者所據資料不同。

38. 龜茲國"王治延城，去長安七千四百八十里。……東至都護治所烏壘城三百五十里"。

38.1 "七千四百八十里"：自延城經渠犁赴長安的行程。

38.2 "三百五十里"：自延城赴烏壘城的行程。如前所述，"三百五十里"應爲"三百五十一里"之奪訛。

39. 烏壘"與都護同治，其南三百三十里至渠犁"：

39.1 "三百三十里"表示自烏壘赴渠犁的行程。

40. 渠犁"至龜茲五百八十里。……輪臺西於車師千餘里。……東通尉犁六百五十里"：

40.1 "五百八十里"表示自渠犁赴龜茲國王治的行程。

40.2 "千餘里"表示自車師前國王治赴輪臺的行程。

40.3 "六百五十里"表示自渠犁赴尉犁國王治的行程。

41. 尉犁國"王治尉犁城，去長安六千七百五十里。……西至都護治所三百里"：

41.1 "六千七百五十里"表示自尉犁城經鹽澤西北今樓蘭遺址一帶赴長安的行程。

41.2 "三百里"表示自尉犁城赴烏壘城的行程。

42. 危須國"王治危須城，去長安七千二百九十里。……西至都護治所五百里，至焉耆百里"：

42.1 "七千二百九十里"，可能是自危須城經山國王治赴長安的行程。

42.2 "五百里"表示自危須城經焉耆國王治赴烏壘城的行程；亦即危須城去焉耆國王治 100 里，與焉耆國王治去烏壘城 400 里之和。

42.3 "百里"表示自危須城赴焉耆國王治的行程。

43. 焉耆國"王治員渠城，去長安七千三百里。……西南至都護治所四百里，南至尉犁百里"：

43.1 "七千三百里"表示自員渠城經山國王治赴長安的行程；亦即員渠城去山國王治 160 里，與山國王治去長安 7170 里之和。"七千三百里"應爲"七千三百三十里"之奪訛。

43.2 "四百里"表示自員渠城經尉犁國王治赴烏壘城的行程；亦即員渠城去尉犁國王治 100 里，與尉犁國王治去烏壘城 300 里之和。

43.3 "百里"表示自員渠城赴尉犁國王治的行程。

44. 烏貪訾離國"王治于婁谷，去長安萬三百三十里"：里數可能表示自于婁谷經單桓國王治赴長安的行程。傳文：烏貪訾離國"東與單桓"接。

45. 卑陸國"王治天山東乾當國，去長安八千六百八十里。……西南至都護治所千二百八十七里"：

45.1 "八千六百八十里"，可能是自乾當（國）[谷]經車師前國赴長安的行程。

45.2 "千二百八十七里"表示自乾當谷經車師前國王治赴烏壘

城的行程；亦即乾當谷去車師前國王治二日行程（200里），與車師前國王治去烏壘城1087里之和。今案：據里數45.1和里數45.2可推得的乾當谷去車師前國王治里數不同，說明兩者所據資料不同。

46. 卑陸後國"王治番渠類谷，去長安八千七百一十里"：

46.1 "八千七百一十里"表示自番渠類谷經卑陸國王治赴長安的行程。

47. 郁立師國"王治內咄谷，去長安八千八百三十里"：

47.1 "八千八百三十里"可能表示自內咄谷經卑陸國王治赴長安的行程。

48. 單桓國"王治單桓城，去長安八千八百七十里"：

48.1 "八千八百七十里"可能表示自單桓城經劫國王治赴長安的行程。

49. 蒲類國"王治天山西疏榆谷，去長安八千三百六十里。……西南至都護治所千三百八十七里"：

49.1 "八千三百六十里"，可能是自疏榆谷經車師前國王治赴長安的行程。

49.2 "千三百八十七里"表示自疏榆谷經車師前國王治赴烏壘城的行程；亦即疏榆谷去車師前國王治三日行程（300里），與車師前國王治去烏壘城1087里之和。今案：據里數49.1和里數49.2可推得的疏榆谷去車師前國王治里數不同，說明兩者所據資料不同。

50. 蒲類後國"王去長安八千六百三十里"：里數表示自蒲類後國王治經蒲類國王治赴長安的行程。

51. 西且彌國"王治天山東于大谷，去長安八千六百七十

里。……西南至都護治所千四百八十七里":

51.1 "八千六百七十里" 表示自于大谷經東且彌國王治赴長安的行程。

51.2 "千四百八十七里" 表示自于大谷經東且彌國王治赴烏壘城的行程；亦即于大谷去東且彌國王治一日行程（100里），與東且彌國王治去烏壘城1487里之和。今案："千四百八十七里" 應爲 "千五百八十七里" 之訛。又，據里數50.1和里數51.2可推得的于大谷去東且彌國王治里數不同，說明兩者所據資料不同。

52. 東且彌國 "王治天山東兌虛谷，去長安八千二百五十里。……西南至都護治所千五百八十七里":

52.1 "八千二百五十里" 表示自兌虛谷經車師前國王治赴長安的行程。

52.2 "千五百八十七里" 表示自兌虛谷經車師前國王治赴烏壘城的行程；亦即兌虛谷去車師前國王治四日行程（400里），與車師前國王治去烏壘城1087里之和。今案："千五百八十七里" 應爲 "千四百八十七里" 之訛。又，據里數52.1和里數52.2可推得的兌虛谷去車師前國王治里數不同，說明兩者所據資料不同。

53. 劫國 "王治天山東丹渠谷，去長安八千五百七十里。……西南至都護治所千四百八十七里"。

53.1 "八千五百七十里" 表示自丹渠谷經車師前國王治赴長安的行程。

53.2 "千四百八十七里" 表示自丹渠谷經車師前國王治赴烏壘城的行程；亦即丹渠谷去車師前國王治四日行程（400里），與車師前國王治去烏壘城1087里之和。今案：據里數53.1和里數53.2可推得的丹渠谷去車師前國王治的里數不同，然而或許據後者可推得者是估計數，據前者可推得者較近實際。

54. 狐胡國"王治車師柳谷，去長安八千二百里。……西至都護治所千一百四十七里，至焉耆七百七十里"：

54.1 "八千二百里"表示自車師柳谷經車師前國王治赴長安的行程；亦即車師柳谷去車師前國王治半日行程（50里），與車師前國王治去長安8150里之和。

54.2 "千一百四十七里"表示自車師柳谷經車師前國王治赴烏壘城的行程。今案：據里數54.1和里數54.2可推得的車師柳谷去車師前國王治的里數不同，然而或許據前者可推得者是估計數，據後者可推得者（60里）較近實際。

54.3 "七百七十里"表示自車師柳谷赴焉耆國王治的行程。

55. 山國"王去長安七千一百七十里。……西至尉犁二百四十里，西北至焉耆百六十里，西至危須二百六十里"：

55.1 "七千一百七十里"表示自山國王治經由羅布泊西北今樓蘭遺址一帶赴長安的行程。

55.2 "二百四十里"表示自山國王治赴尉犁國王治的行程。

55.3 "百六十里"表示自山國王治赴焉耆國王治的行程。

55.4 "二百六十里"表示自山國王治赴危須國王治的行程。今案：這一里數與據里數42.1可推得者不同，說明兩者所據資料不同。

56. 車師前國"王治交河城。……去長安八千一百五十里。……

西南至都護治所千八百七里,至焉耆八百三十五里":

56.1 "八千一百五十里"表示自交河城經焉耆國王治赴長安的行程;亦即交河城去焉耆國王治八日半行程(850里),與焉耆國王治去長安 7300 里之和。今案:交河城去焉耆國王治應爲 835 里,焉耆國王治去長安應爲 7330 里,此處分別作 850 里和 7300 里均是估計數。

56.2 "千八百七里"表示自交河城經焉耆國王治赴烏壘城的行程。"千八百七里"應爲"千八十七里"之訛。

56.3 "八百三十五里"表示自交河城赴焉耆國王治的行程。今案:本里數與據里數 56.2 可推得的交河城去焉耆國王治的里數不同,說明兩者所據資料不同。

57. 車師後國"王治務塗谷,去長安八千九百五十里。……西南至都護治所千二百三十七里":

57.1 "八千九百五十里",可能是自務塗谷經郁立師國王治赴長安的行程。

57.2 "千二百三十七里"表示自務塗谷經車師前國王治赴烏壘城的行程;亦即務塗谷去車師前國王治五日行程(500里),[17]與車師前國王治去烏壘城 1087 里之和。"千二百三十七里"應爲"千五百八十七里"之訛。

58. "車師去渠黎千餘里":里數表示自車師前國王治赴渠犁的行程。

總上所列,《漢書·西域傳》的里數主要有以下四種:

1. 長安里數:自西域各國王治赴西漢都城長安的行程。

2. 烏壘里數：自西域各國王治（或其屬國首府）赴西漢西域都護治所的行程。

3. 陽關里數：自大月氏、康居屬國的首府以及若干重要地點（如縣度、烏壘）赴陽關的行程。

4. 區間里數：西域各國王治及重要地點之間的行程。

長安里數、烏壘里數、陽關里數一般說來是由相關的區間里數累計而成。因此，探索三者的內涵，不僅能爲判定諸國方位提供重要依據，且有助於究明西漢各國以及當時諸國之間道路的走向。應該指出的是，同一區間里數，往往因資料來源不同而不同。具體而言，有的因路途經由不同而不同，有的是實測所得，有的祇是按日行百里換算成的馬行天數，諸如此類。爲全面反映西漢與西域諸國以及西域諸國間的交通情況，《漢書·西域傳》的編者儘量利用了通過各種渠道獲得的里數資料，從而無意、有意地保留了若干客觀上無法協調的數據。這就是在今天看來，《漢書·西域傳》的里數記錄充滿矛盾、撲朔迷離的最根本的原因。不用說，由於當時條件的局限導致的測算錯誤，也增加了讀解這些里數的困難。這里的考釋，旨在恢復傳文的本來面貌，揭示這些里數之間的內在聯繫和相對合理性。至於這些里數與客觀實際是否符合，不是主要考慮的問題。

應該指出的是，《漢書·西域傳》的里數記載如此詳盡，顯然是爲了說明漢廷與西域各國之間存在著廣泛的聯繫，這正是對西域各國實行有效控制的前提。至於突出諸國王治去長安的距離，無非是爲了表現西域諸國對漢廷的嚮往。

三 《後漢書·西域傳》

1. 和帝永元三年，東漢"復置戊己校尉，領兵五百人，居車師前部高昌壁，又置戊部候，居車師後部候城，相去五百里"：里數表示自高昌壁赴車師後部候城的行程。

2. "西域內屬諸國，東西六千餘里，南北千餘里。……蒲昌海一名鹽澤，去玉門三百餘里"：

2.1 "六千餘里"表示玉門、陽關與葱嶺間的大致距離。傳文："東極玉門、陽關，西至葱領。"

2.2 "千餘里"表示南山與北山間的大致距離。傳文：西域"南北有大山"。

2.3 "三百餘里"，里數本《漢書·西域傳上》。

3. "自敦煌西出玉門、陽關，涉鄯善，北通伊吾千餘里，自伊吾北通車師前部高昌壁千二百里，自高昌壁北通後部金滿城五百里"：

3.1 "千餘里"表示自敦煌西出玉門赴伊吾的行程。"陽關涉鄯善"五字衍。[18]

3.2 "千二百里"表示自伊吾西赴高昌壁的行程。

3.3 "五百里"表示自高昌壁赴金滿城的行程。今案："金滿"應爲"金蒲"之訛。又，結合里數1考慮，金蒲城應即"後部候城"。

4. "出玉門，經鄯善、且末、精絕三千餘里至拘彌"：里數表示自鄯善國王治經且末、精絕國王治赴拘彌國王治的大致行程。蓋據《漢書·西域傳上》，鄯善國王治去且末國王治720里，且末國王治去精絕國王治 2000 里，精絕國王治去扜彌國（拘彌國）王治 460 里，合計 3180 里。由此可見，本里數乃承襲《漢書·西域傳》，並非東漢時實測所得。

5. 拘彌國"居寧彌城，去長史所居柳中四千九百里，去洛陽萬二千八百里。……其國西接于窴三百九十里"：

5.1 "四千九百里"表示自拘彌國王治經鄯善國王治赴柳中的大致行程；蓋據《漢書·西域傳上》，扜彌國（拘彌國）王治去鄯善國王治 3180 里，鄯善國王治去車師前國王治 1890 里，知自拘彌國王治赴車師前國王治 5070 里，既然柳中在車師前國王治之東 80 里，自拘彌國王治經鄯善國王治往赴應爲 4990 里。"四千九百里"或爲"四千九百九十里"之奪訛。

5.2 "萬二千八百里"表示自拘彌國王治經鄯善國王治赴洛陽的行程；亦卽拘彌國王治去鄯善國王治 3180 里，鄯善國王治去長安 6100 里（以上據《漢書·西域傳》），與長安去洛陽約 1000 里之和。"萬二千八百里"應爲"萬二百八十里"之訛。

5.3 "三百九十里"：自拘彌國王治赴于窴國王治的行程。今案：本里數襲自《漢書·西域傳》。

6. 于窴國"居西城，去長史所居五千三百里，去洛陽萬一千七百里"：

6.1 "五千三百里"表示自西城經拘彌國王治赴柳中的行程；亦卽西城去拘彌國王治 390 里，與拘彌國王治去柳中 4990 里之和。"五千三百里"應爲"五千三百八十里"之奪訛。

6.2 "萬一千七百里"表示自西城經皮山、莎車國王治赴洛陽的行程；蓋據《漢書·西域傳上》，西城去皮山國王治380里，皮山國王治去莎車國王治380里，知自西城經皮山國王治赴莎車國王治760里；此里數與莎車國王治去洛陽10950里之和則爲西城去洛陽里數。"萬一千七百里"應爲"萬一千七百十里"之奪訛。

7. 西夜國"一名漂沙，去洛陽萬四千四百里"：里數可能表示自西夜國王治經莎車國王治赴洛陽的行程。

8. 子合國"居呼鞬谷，去疏勒千里"：里數表示自呼鞬谷經蒲犁國王治赴疏勒國王治的行程。據《漢書·西域傳上》可以考知，自呼鞬谷去蒲犁國王治700里，自蒲犁國王治去疏勒國王治200里，兩者之和爲900里；"千里"者，約略而言。

9. 德若國"東去長史居三千五百三十里，去洛陽萬二千一百五十里"：

9.1 "三千五百三十里"表示自德若國王治東赴柳中的行程。

9.2 "萬二千一百五十里"表示自德若國王治赴洛陽的行程。

今案：德若，一說即《漢書·西域傳上》所見烏秅。[19] 果然，則自德若赴柳中、洛陽當經由蒲犁或皮山，而里數9.2與據《漢書·西域傳上》所載烏秅去長安里數可推得的去洛陽里數不同，說明前者爲東漢實測所得。

10. "自皮山西南經烏秅，涉懸度，歷罽賓，六十餘日行至烏弋山離國。……復西南馬行百餘日至條支"：

10.1 "六十餘日"表示自皮山國王治經烏秅、罽賓國王治赴烏弋山離國王治的行程。今案：《漢書·西域傳上》稱，自烏弋山離國王治去烏壘城"六十日行"，非是；據《後漢書·西域傳》，可知

"六十日行"應爲自烏弋山離國王治赴皮山國王治的行程。

10.2 "百餘日"，承襲自《漢書·西域傳》。

10.3 "六十餘日"表示自條支至安息都城的行程。

11. 自條支國城"轉北而東，復馬行六十餘日至安息"："六十餘日"應表示自條支國城赴安息之行程。今案："轉北而東"云云無非是承上文"西南馬行"而言，理解不可執著。

12. 安息國"居和櫝城，去洛陽二萬五千里。……其東界木鹿城，號爲小安息，去洛陽二萬里"：

12.1 "二萬五千里"，可能是自和櫝城經大月氏國王治赴洛陽的行程。

12.2 "二萬里"表示自木鹿城經大月氏國王治赴洛陽的行程。

13. "自安息西行三千四百里至阿蠻國。從阿蠻西行三千六百里至斯賓國。從斯賓南行度河，又西南至于羅國九百六十里"：

13.1 "三千四百里"表示自安息國王治赴阿蠻的行程。

13.2 "三千六百里"表示自阿蠻赴斯賓的行程。

13.3 "九百六十里"表示自斯賓赴于羅的行程。

14. 大月氏國"居藍氏城，西接安息，四十九日行，東去長史所居六千五百三十七里，去洛陽萬六千三百七十里"：

14.1 "四十九日行"襲自《漢書·西域傳》。今案：果如《漢書·西域傳》與《後漢書·西域傳》所載，兩書描述時期的安息國王治不在一地，則"四十九日行"應該不是東漢時期的實況。

14.2 "六千五百三十七里"表示自藍氏城經無雷、蒲犁和莎車諸國王治赴柳中的行程。傳文："莎車國西經蒲犁、無雷至大月氏。"

14.3 "萬六千三百七十里"：自藍氏城經難兜、無雷、蒲犁、莎車諸國王治赴洛陽的行程；亦即藍氏城去難兜國王治四十日行程（4000 里），難兜國王治去無雷國王治 340 里，無雷國王治去蒲犁國王治 540 里，蒲犁國王治去莎車國王治 540 里（以上三者據《漢書·西域傳上》），以及莎車國王治去洛陽 10950 里之和。

15. 天竺國"一名身毒，在月氏之東南數千里"：里數襲自《史記·大宛列傳》。

16. 東離國"居沙奇城，在天竺東南三千餘里"：里數表示自東離國王治赴天竺國王治的行程。

17. 莎車國"東去洛陽萬九百五十里"：里數表示自莎車國王治經疏勒國王治赴洛陽的行程；亦即莎車國王治去疏勒國王治 600 里（據《漢書·西域傳》里數 32.1 推得），與疏勒國王治去洛陽 10350 里之和。傳文："莎車東北至疏勒"。

18. 疏勒國"去長史所居五千里，去洛陽萬三百里"：

18.1 "五千里"，應為自疏勒國王治經尉頭等國王治赴柳中的行程。傳文：疏勒"東北經尉頭、溫宿、姑墨、龜茲至焉耆"。今案：若自疏勒赴柳中取北道，則本里數有誤。

18.2 "萬三百里"表示自疏勒國王治經姑墨國王治赴洛陽的行程。長安去洛陽約千里，而據《漢書·西域傳》，疏勒去長安 9350 里，兩者之和為 10350 里。"萬三百里"應為"萬三百五十里"之訛。

19. 焉耆國"王居南河城，北去長史所居八百里，東去洛陽八千二百里"：

19.1 "八百里"表示自南河城赴柳中的行程。

19.2 "八千二百里",本里數以襲自《漢書·西域傳》的焉耆國王治員渠城去長安里數爲基礎;亦即員渠城去長安 7330 里,與長安去洛陽約千里之和。"八千二百里"應爲"八千三百三十里"之奪訛。果然,南河城應卽員渠城。

20. 蒲類國"居天山西疏榆谷,東南去長史所居千二百九十里,去洛陽萬四百九十里":

20.1 "千二百九十里"表示自疏榆谷赴柳中的行程。

20.2 "萬四百九十里"表示自疏榆谷經柳中、車師前國王治赴洛陽的行程;亦卽疏榆谷去柳中 1290 里,柳中去車師前國王治 80 里,與車師前國王治去洛陽 9120 里之和。

21. 東且彌國"東去長史所居八百里,去洛陽九千二百五十里":

21.1 "八百里"表示自東且彌國王治赴柳中的行程。

21.2 "九千二百五十里",本里數以襲自《漢書·西域傳下》的東且彌國王治去長安里數爲基礎;亦卽東且彌國王治去長安 8250 里,與長安去洛陽約 1000 里之和。

22. 車師前國"王居交河城。……去長史所居柳中八十里,東去洛陽九千一百二十里":

22.1 "八十里"表示自交河城赴柳中的行程。

22.2 "九千一百二十里",本里數可能以襲自《漢書·西域傳下》的交河城去長安里數爲基礎;亦卽交河城去長安 8150 里,與長安去洛陽約 1000 里之和。果然,"九千一百二十里"應爲"九千一百五十里"之訛;不過,按之里數 19.2,其訛由來已久。

23. 車師後國"居務塗谷,去長史所居五百里,去洛陽九千六百二十里":

23.1 "五百里"表示自務塗谷經車師前國王治赴柳中的行程;亦即務塗谷去車師前國王治 500 里,與車師前國王治去柳中 80 里之和。"五百里"應爲"五百八十里"之奪訛。

23.2 "九千六百二十里"表示自務塗谷經車師前國王治赴洛陽的行程;亦即務塗谷去車師前國王治 500 里,與車師前國王治去洛陽 9120 里之和。

總上所列,《後漢書·西域傳》有洛陽里數、柳中里數和區間里數。其中各有很大一部份來自《漢書·西域傳》,或依據《漢書·西域傳》提供的里數推得,並非東漢時測出。但是,《後漢書·西域傳》畢竟提供了若干不見於前史的新資料,有助於瞭解東漢時期西域形勢和交通的變化。

四 《晉書·西戎傳》

1. 焉耆國"西去洛陽八千二百里":里數承襲《後漢書·西域傳》。

2. 龜茲國"西去洛陽八千二百八十里":本里數以襲自《漢書·西域傳下》的龜茲國王治去長安里數爲基礎;亦即龜茲國王治去長安 7480 里,與長安去洛陽約 1000 里之和。"八千二百八十里"應爲"八千四百八十里"之訛。

3. 大宛國"西去洛陽萬三千三百五十里"：本里數以襲自《漢書·西域傳上》的大宛國王治去長安里數爲基礎；亦卽大宛國王治去長安12550里，與長安去洛陽約1000里之和。"萬三千三百五十里"應爲"萬三千五百五十里"之訛。

4. 康居國"在大宛西北可二千里"：里數承襲《漢書·西域傳》。

今案：《晉書·西戎傳》關於西域里數並未提供任何新的信息。

五 《梁書·西北諸戎傳》

《梁書·西北諸戎傳》有關西域里數僅見白題國條一則：白題國"在滑國東，去滑六日行，西極波斯"。滑國卽《魏書·西域傳》所見嚈噠國，"六日行"應爲自白題國王治西赴滑國卽嚈噠國王治的行程。

又，《梁貢職圖》白題國使臣圖題記稱：白題國"在滑國東，六十日行，西極波斯，二十日行"。也就是說，自白題國王治西赴滑國王治需"六十日行"，復自滑國王治西抵波斯國王治需"二十日行"。既然《梁書·西北諸戎傳》有關西北諸戎的記述多採自《梁貢職圖》，"六日行"便很可能是"六十日行"的奪訛。

但是，如果仔細推敲《梁書·西北諸戎傳》有關白題國的記載，諸如"在滑國東"，"食物略與滑同"（《梁貢職圖》亦有類似的記述），似乎白題爲滑旁之國，不會遠至"六十日行"。因此，若非《貢職圖》題記衍"十"字，就是《梁書·西北諸戎傳》作

"六日行"別有所據。

今案:"六日行"應爲自白題國王治西赴滑卽當時尚"遊軍而治"的嚈噠王駐蹕處的行程。[20]

六《魏書·西域傳》

1."其出西域本有二道,後更爲四:出自玉門,渡流沙,西行二千里至鄯善爲一道;自玉門渡流沙,北行二千二百里至車師爲一道;從莎車西行一百里至葱嶺,葱嶺西一千三百里至伽倍爲一道;自莎車西南五百里葱嶺,西南一千三百里至波路爲一道焉":

1.1"二千里"表示自玉門赴鄯善國王治的行程。今案:據《漢書·西域傳上》,自陽關沿阿爾金山北麓赴鄯善國王治1600里,故此處"二千里"可能是自玉門經羅布泊西北今樓蘭遺址南下鄯善國王治的行程。

1.2"二千二百里"表示自玉門赴車師國王治的行程,可能經由羅布泊西北今樓蘭遺址一帶。

1.3"一百里"表示自莎車國王治西抵葱嶺的行程。

1.4"一千三百里"表示自莎車國王治西行越過葱嶺後赴伽倍的行程。今案:自莎車國王治西抵葱嶺100里,故自莎車國王治越葱嶺至伽倍國王治凡1400里。

1.5"五百里"表示自莎車國王治西南行抵達葱嶺的行程。

1.6"一千三百里"表示自莎車國王治西南行越過葱嶺後抵達

波路的行程。今案：自莎車國王治西南行抵達蔥嶺 500 里，故自莎車國王治越蔥嶺至波路國王治凡 1800 里。

2. 鄯善國"都扜泥城……去代七千六百里"：[21] 里數表示自扜泥城經敦煌（玉門）赴代的行程；亦即扜泥城去敦煌（玉門）2000 里，敦煌去長安 3700 里，[22] 與長安去代 1900 里之和。[23]

3. 且末國"都且末城，在鄯善西，去代八千三百二十里"：里數表示自且末城經鄯善國王治赴代的行程；亦即且末城去鄯善國王治 720 里（《漢書·西域傳》），與鄯善國王治去代 7600 里之和。

4. 于闐國"在且末西北……去代九千八百里"：[24] 里數表示自于闐國王治經且末國王治赴代的行程；亦即于闐國王治去且末國王治里數（1480 里），與且末國王治去代 8320 里之和。今案：據《漢書·西域傳上》，于闐國王治去且末國王治應爲 2850 里；亦即于闐國王治去扜彌國王治 390 里，扜彌國王治去精絕國王治 460 里，與精絕國王治去且末國王治 2000 里之和。由此可見，本傳于闐去且末里數別有資料來源。當然，也可能僅精絕去且末一段另有所據，其餘各段仍依《漢書·西域傳》。

5. 蒲山國"故皮山國也。居皮[山]城，在于闐南，去代一萬二千里"：里數應表示自皮山城經于闐國王治赴代的行程。今案：本里數其實是《漢書·西域傳上》所載皮山國王治去長安 10050 里，與長安去代 1950 里之和。

6. 悉居半國"故西夜國也，一名子合。其王號子[合王]，治呼犍谷，在于闐西，去代萬二千九百七十里"：里數應表示自呼犍谷經于闐赴代的行程，亦即于闐去長安 9670 里，長安去代 1900

里，與于闐去呼犍谷十四日行程（1400里）之和。

7. 權於摩國"故烏秅國也。其王居烏秅城，在悉居半西南，去代一萬二千九百七十里"：里數應表示自烏秅城經悉居半國王治赴代的行程。今案：本里數有誤。傳文既稱權於摩國在悉居半國西南，兩國去代里數不應相等。

8. 渠莎國"居故莎車城，在子合西北，去代一萬二千九百八十里"：里數應表示自莎車城經悉居半國王治赴代的行程。今案：本里數有誤。莎車城去悉居半國王治呼犍谷不止十里。

9. 車師國"一名前部。其王居交河城。去代萬五十里"：里數應表示自交河城經玉門赴代的行程。今案：本里數其實是《漢書·西域傳下》所載自交河城去長安8150里，與長安去代1900里之和。

10. 且彌國"都天山東于大谷，在車師北，去代一萬五百七十里"：里數應表示自于大谷經車師國王治赴代的行程。今案：本里數其實是《漢書·西域傳》所載自于大谷去長安8670里，與長安去代1900里之和。

11. 焉耆國"在車師南，都員渠城……去代一萬二百里"：里數應表示自員渠城經車師國王治赴代的行程。

又，若按《漢書·西域傳》去長安里數計算，焉耆去代應為9200里（7300里與1900里之和），較之《魏書·西域傳》少1000里。可見在《魏書·西域傳》描述的時代，自焉耆赴代路途經由與《漢書·西域傳》所述自焉耆赴長安者不同。

12. 龜茲國"在尉犂西北……去代一萬二百八十里"：里數表示自龜茲國王治經焉耆國王治赴代的行程。今案：若按《漢書·西域傳》去長安里數計算，龜茲去代應爲9380里（7480里與1900里之和），較之《魏書·西域傳》少900里，因疑"一萬二百八十里"應爲"一萬三百八十里"之訛，蓋承焉耆傳增一千里。

13. 姑墨國"居南城，在龜茲西，去代一萬五百里"：里數表示自南城經龜茲國王治赴代的行程。"一萬五百里"或爲"一萬五十里"之訛。果然，本里數其實是《漢書·西域傳》所載自南城去長安8150里，與長安去代1900里之和。

14. 溫宿國"居溫宿城，在姑墨西北，去代一萬五百五十里"：里數表示自溫宿城經姑墨國王治赴代的行程。"一萬五百五十里"或爲"一萬二百五十里"之訛。果然，本里數其實是《漢書·西域傳下》所載自溫宿城去長安8350里，與長安去代1900里之和。

15. 尉頭國"居尉頭城，在溫宿北，去代一萬六百五十里"：里數表示自尉頭城經溫宿國王治赴代的行程。"一萬六百五十里"或爲"一萬五百五十里"之訛。果然，本里數其實是《漢書·西域傳》所載自尉頭城去長安8650里，與長安去代1900里之和。

16. 烏孫國"居赤谷城，在龜茲西北，去代一萬八百里"：里數表示自赤谷城經龜茲國王治赴代的行程。今案：本里數其實是《漢書·西域傳》所載自赤谷城去長安8900里，與長安去代1900里之和。

17. 疏勒國"在姑墨西……去代一萬一千二百五十里"：里數表示自疏勒國王治經姑墨國王治赴代的行程。今案：本里數其實是《漢書·西域傳》所載自疏勒國王治去長安 9350 里，與長安去代 1900 里之和。

18. 悅般國"在烏孫西北，去代一萬九百三十里"：里數應表示自悅般國王治經烏孫國王治赴代的行程。今案：本里數其實是《漢書·西域傳》所載烏孫國王治去溫宿國王治 610 里，溫宿國王治去姑墨國王治 270 里，姑墨國王治去長安 8150 里，與長安去代 1900 里之和。[25]

19. 者至拔國"都者至拔城，在疏勒西，去代一萬一千六百二十里"：里數表示自者至拔城經疏勒國王治赴代的行程。"一萬一千六百二十里"應爲"一萬一千六百二十八里"之奪訛。

20. 迷密國"都迷密城，在者至拔西，去代一萬二千六百里"：里數表示自迷密城經者至拔國王治赴代的行程；亦即迷密城去者至拔國王治十日行程（1000 里），與者至拔國王治去代 11628 里之和。"一萬二千六百里"應爲"一萬二千六百二十八里"之奪訛。

21. 悉萬斤國"都悉萬斤城，在迷密西，去代一萬二千七百二十里"：里數表示自悉萬斤城經迷密國王治赴代的行程；亦即悉萬斤城去迷密國王治一日行程（100 里），與迷密國王治去代 12628 里之和。"一萬二千七百二十里"應爲"一萬二千七百二十八里"之奪訛。

22. 忸密國"都忸密城，在悉萬斤西，去代二萬二千八百二十八里"：里數表示自忸密城經悉萬斤國王治赴代的行程；亦即忸密城去悉萬斤國王治一百一日行程（10100 里），與悉萬斤國王治去代 12728 里之和。

23. 洛那國"故大宛國也。都貴山城，在疏勒西北，去代萬四千四百五十里"：里數表示自貴山城經疏勒國王治赴代的行程。今案：本里數其實是《漢書·西域傳》所載大宛國王治去長安12550里，與長安去代1900里之和。

24. 粟特國"古之奄蔡……在康居西北，去代一萬六千里"：里數應表示自粟特國王治經康居國王治赴代的行程。今案：本里數其實是《漢書·西域傳上》所載奄蔡國王治去康居國王治2000里，康居國王治去長安12300里，與長安去代1900里之和。"一萬六千里"應爲"一萬六千二百里"之奪訛。

25. 波斯國"都宿利城，在忸密西……去代二萬四千二百二十八里"：里數表示自宿利城經忸密國王治赴代的行程；亦即宿利城去忸密國王治十四日行程（1400里），與忸密國王治去代22828里之和。

26. 伏盧尼國"都伏盧尼城，在波斯國北，去代二萬七千三百二十里"：里數表示自伏盧尼城經波斯國王治赴代的行程；亦即伏盧尼城去波斯國王治三十一日行程（3100里），與波斯國王治去代24228里之和。"二萬七千三百二十里"應爲"二萬七千三百二十八里"之奪訛。

27. 色知顯國"都色知顯城，在悉萬斤西北，去代一萬二千九百四十里"：里數表示自色知顯城經悉萬斤國王治赴代的行程；亦即色知顯城去悉萬斤國王治二日行程（200里），與悉萬斤國王治去代12728里之和。"一萬二千九百四十里"應爲"一萬二千九百二十八里"之奪訛。

28. 伽色尼國"都伽色尼城，在悉萬斤南，去代一萬二千九百里"：里數表示自伽色尼城經悉萬斤國王治赴代的行程；亦即伽色尼城去悉萬斤國王治二日行程（200里），與悉萬斤國王治去代12728里之和。"一萬二千九百里"應爲"一萬二千九百二十八里"之奪訛。

29. 薄知國"都薄知城，在伽色尼南，去代一萬三千三百二十里"：里數表示自薄知城經伽色尼國王治赴代的行程；亦即薄知城去伽色尼國王治四日行程（400里），與伽色尼國王治去代12928里之和。"一萬三千三百二十里"應爲"一萬三千三百二十八里"之奪訛。

30. 牟知國"都牟知城，在忸密西南，去代二萬二千九百二十里"：里數表示自牟知城經忸密國王治赴代的行程；亦即牟知城去忸密國王治一日行程（100里），與忸密國王治去代22828里之和。"二萬二千九百二十里"應爲"二萬二千九百二十八里"之奪訛。

31. 阿弗太汗國"都阿弗太汗城，在忸密西，去代二萬三千七百二十里"：里數表示自阿弗太汗城經忸密國王治赴代的行程；亦即阿弗太汗城去忸密國王治九日行程（900里），與忸密國王治去代22828里之和。"二萬三千七百二十里"應爲"二萬三千七百二十八里"之奪訛。

32. 呼似密國"都呼似密城，在阿弗太汗西，去代二萬四千七百里"：里數表示自呼似密城經阿弗太汗國王治赴代的行程；亦即呼似密城去阿弗太汗國王治十日行程（1000里），與阿弗太汗國王治去代23728里之和。"二萬四千七百里"應爲"二萬四千七百二十八里"之奪訛。

33. 諾色波羅國"都波羅城，在忸密南，去代二萬三千四百二十八里"：里數表示自波羅城經忸密國王治赴代的行程；亦卽波羅城去忸密國王治六日行程（600里），與忸密國王治去代22828里之和。

34. 早伽至國"都早伽至城，在忸密西，去代二萬三千七百二十八里"：里數表示自早伽至城經忸密國王治赴代的行程；亦卽早伽至城去忸密國王治九日行程（900里），與忸密國王治去代22828里之和。

35. 伽不單國"都伽不單城，在悉萬斤西北，去代一萬二千七百八十里"：里數表示自伽不單城經悉萬斤國王治赴代的行程，亦卽伽不單城去悉萬斤國王治半日行程（50里），與悉萬斤國王治去代12728里之和。"一萬二千七百八十里"應爲"一萬二千七百七十八里"之訛。

36. 者舌國"故康居國，在破洛那西北，去代一萬五千四百五十里"：里數表示自者舌國王治經破洛那國王治赴代的行程；亦卽者舌國王治去破洛那國王治十日行程（1000里），與破洛那國王治去代14450里之和。

37. 伽倍國，"故休密翕侯。都和墨城，在莎車西，去代一萬三千里"：里數表示自和墨城經莎車國王治赴代的行程。今案：伽倍國王治去莎車國王治十四日行程（1400里），由此亦可見里數有誤。

38. 折薛莫孫國，"故雙靡翕侯。都雙靡城，在伽倍西，去代一萬三千五百里"：里數表示自雙靡城經伽倍國王治赴代的行程；亦即雙靡城去伽倍國王治五日行程（500里），與伽倍國王治去代13000里之和。

39. 鉗敦國，"故貴霜翕侯。都護澡城，在折薛莫孫西，去代一萬三千五百六十里"：里數表示自護澡城經折薛莫孫王治赴代的行程；亦即護澡城去折薛莫孫國王治60里，與折薛莫孫國王治去代13500里之和。

40. 弗敵沙國，"故肸頓翕侯。都薄茅城，在鉗敦西，去代一萬三千六百六十里"：里數表示自薄茅城經鉗敦國王治赴代的行程；亦即薄茅城去鉗敦國王治一日行程（100里），與鉗敦國王治去代13560里之和。

41. 閻浮謁國，"故高附翕侯。都高附城，在弗敵沙南，去代一萬三千七百六十里"：里數表示自高附城經弗敵沙國王治赴代的行程；亦即高附城去弗敵沙國王治一日行程（100里），與弗敵沙國王治去代13660里之和。

42. 大月氏國"都盧監氏城，在弗敵沙西，去代一萬四千五百里。……西徙都薄羅城，去弗敵沙二千一百里"：

42.1 "一萬四千五百里"應爲自盧監氏城經弗敵沙國王治赴代的行程。今案：本里數其實是《漢書·西域傳上》所載大月氏國王治去長安里數，與長安去代1900里之和。又，《魏書·西域傳》編者所見《漢書·西域傳》載大月氏國王治去長安里數爲"萬二千六百里"。

42.2 "二千一百里"表示自薄羅城赴弗敵沙國王治的行程。

43. 安息國"在大月氏西北，去代二萬一千五百里"：里數表示自安息國王治經大月氏國王治赴代的行程；亦即安息國王治去大月氏國王治七十日行程（7000里），與大月氏國王治去代14500里之和。

44. 條支國"在安息西，去代二萬九千四百里"：里數表示自條支國王治經安息國王治赴代的行程；亦即條支國王治去安息國王治七十九日行程（7900里），與安息國王治去代21500里之和。

45. 大秦國"都安都城；從條支西渡海曲一萬里，去代三萬九千四百里"：

45.1 "一萬里"表示自條支國王治渡海曲赴安都城的行程。

45.2 "三萬九千四百里"表示自安都城經條支國王治赴代的行程；亦即安都城去條支國王治10000里，與條支國王治去代29400里之和。

46. 阿鈎羌國"在莎車西南，去代一萬三千里"：里數表示自阿鈎羌國王治經莎車國王治赴代的行程。今案：由此亦可見里數8有誤。

47. 波路國"在阿鈎羌西北，去代一萬三千九百里"：里數表示自波路國王治經阿鈎羌國王治赴代的行程；亦即自波路國王治去阿鈎羌國王治九日行程（900里），與阿鈎羌國王治去代13000里之和。

48. 小月氏國"都富樓沙城。……在波路西南，去代一萬六千六百里"：里數表示自富樓沙城經波路國王治赴代的行程；亦即富樓沙城去波路國王治二十七日行程（2700里），與波路國王治去代 13900 里之和。

49. 罽賓國"都善見城，在波路西南，去代一萬四千二百里"：里數表示自善見城經波路國王治赴代的行程；亦即善見城去波路國王治三日行程（300 里），與波路國王治去代 13900 里之和。

50. 吐呼羅國"去代一萬二千里。東至范陽國，西至悉萬斤國，中間相去二千里；南至連山，不知名；北至波斯國，中間相去一萬里"：

50.1 "一萬二千里"：自吐呼羅國中薄提城赴代的行程，經由不明。所謂薄提城與盧監氏城實際上同在一地。這一里數可能是北魏時實測所得，故與里數 42.1 不同。

50.2 "二千里"表示自范陽國赴悉萬斤國的行程。

50.3 "一萬里"表示自吐呼羅國南境之"連山"赴波斯國的行程。

51. 副貨國"去代一萬七千里。東至阿副使且國，西至沒誰國，中間相去一千里；南有連山，不知名；北至奇沙國，相去一千五百里"：

51.1 "一萬七千里"表示自副貨國王治赴代的行程，經由不明。

51.2 "一千里"表示自阿副使且國赴沒誰國的行程。

51.3 "一千五百里"表示自副貨國王治赴奇沙國的行程。

52 南天竺國"去代三萬一千五百里"：里數表示自南天竺國王治赴代的行程，經由不明。

53. 疊伏羅國"去代三萬一千里"：里數表示自疊伏羅國王治赴代的行程，經由不明。

54. 拔豆國"去代五萬一千里。東至多勿當國，西至旎那國，中間相去七百五十里；南至罽陵伽國，北至弗那伏且國，中間相去九百里"：

54.1 "五萬一千里"表示自拔豆國王治赴代的行程，經由不明。

54.2 "七百五十里"表示自多弗當國赴旎那國的行程。

54.3 "九百里"表示自罽陵伽國赴弗那伏且國的行程。

從以上所列，不難發現《魏書·西域傳》受《漢書·西域傳》影響之鉅，不僅有若干里數襲自後者，而且里數記載的方式與後者並無二致。尤其應該指出的是，《魏書·西域傳》全篇（吐呼羅國以下諸條除外）的結構，亦即西域諸國排列的先後次序完全取決於行途經由。這顯然也是摹倣《漢書·西域傳》，且更爲嚴謹、徹底。

七 《周書·異域傳下》

1. 高昌國"車師前王之故地。東去長安四千九百里"：里數表示自高昌赴長安的行程；亦即高昌去敦煌1300里（《隋書·西域傳》：高昌"去敦煌十三日行"。）與敦煌去長安3600里之和。

2. 鄯善國"東去長安五千里"：里數表示自鄯善國王治經敦煌赴長安的行程；亦即鄯善國王治去敦煌1500里，[26]與敦煌去長安3600里之和。"五千里"應爲"五千一百里"之略。

3. 焉耆國"在白山之南七十里，東去長安五千八百里"：

3.1 "七十里"表示自焉耆國王治北赴白山的行程。

3.2 "五千八百里"表示自焉耆國王治經敦煌赴長安的行程；亦即焉耆國王治去敦煌 2200 里（《隋書·西域傳》），與敦煌去長安 3600 里之和。

4. 龜茲國"在白山之南一百七十里，東去長安六千七百里"：

4.1 "一百七十里"表示自龜茲國王治北赴白山的行程。

4.2 "六千七百里"表示自龜茲國王治經焉耆國王治赴長安的行程；亦即龜茲國王治去焉耆國王治 900 里（《隋書·西域傳》），與焉耆國王治 5800 里之和。又，龜茲國王治去敦煌 3100 里（《隋書·西域傳》），與敦煌去長安 3600 里之和亦爲 6700 里。

5. 于闐國"在蔥嶺之北二百餘里。東去長安七千七百里"：

5.1 "二百餘里"表示自于闐國王治南赴蔥嶺的行程。

5.2 "七千七百里"表示自于闐國王治赴長安的行程，"七千七百里"可能是"七千九百里"之訛，後者可據《魏書·西域傳》推得（9800 里減去 1900 里）。

6. 嚈噠國"在于闐之西，東去長安一萬百里"：里數表示嚈噠國王治經于闐國王治赴長安的行程；亦即嚈噠國王治去于闐國王治二十四日行程（2400 里），與于闐國王治去長安 7700 里之和。今案：據《隋書·西域傳》，挹怛卽嚈噠國王治去敦煌 6500 里，與敦煌去長安 3600 里之和亦爲"一萬百里"。

7. 安息國"治蔚搜城。北與康居、西與波斯相接，東去長安一萬七百五十里"：里數表示自蔚搜城經康居國王治赴長安的行程。

8. 波斯國"治蘇利城……東去長安一萬五千三百里"：里數

表示自蘇利城赴長安的行程。今案：據《隋書·西域傳》，波斯國王治去敦煌 11700 里，與敦煌去長安 3600 里之和亦爲"一萬五千三百里"。

從以上所列，可知《周書·異域傳下》西域里數的記錄方式和前史大致相同，具體資料則多與《隋書·西域傳》同出一源。

■ 注釋

[1] 研究兩漢魏晉南北朝西域史，尤其是考證西域諸國地望者，大多利用正史"西域傳"提供的里數，但對里數本身作系統研究者很少；據我所知，僅有以下論著：徐松《漢書西域傳補注》；岑仲勉《漢書西域傳地里校釋》，中華書局，1981 年；A. Herrmann, *Die Alken Seidenstrassen zwischen China und Syrien.* Berlin, 1910; 松田壽男《古代天山の歷史地理學的研究》，早稻田大學出版部，1970 年；松田壽男"イラン南道論"，松田壽男古稀記念《東西文化交流史》，雄山閣，1975 年，pp.217-251；長澤和俊"漢書西域傳の里數"，《早稻田大學院文學研究科紀要》25（1979 年），pp. 111-128；長澤和俊"古代西域南道考"，載護雅夫編《內陸アジア·西アジアの社會と文化》，東京山川出版社，1983 年，pp. 57-77。其中，唯松田壽男、長澤和俊的研究切中肯綮，其餘則不過偶有言中而已。松田壽男的研究雖然主要涉及《漢書·西域傳》的里數，但奠定了西域里數研究的基礎，本文則以此爲出發點。爲避免繁瑣，凡採納以上諸家之說，不再個別交待，不同意見亦不一一辨析。

[2] 參看余太山《兩漢魏晉南北朝與西域關係史研究》，中國社會科學出版社，1995 年，pp. 203-213。

[3] 參看余太山《塞種史研究》，中國社會科學出版社，1992 年，pp. 215-216。

[4] 參看注 3 所引余太山書，p. 229。

[5] 參看注 3 所引余太山書，pp. 100-101。

[6] 參看注 3 所引余太山書，p. 145。

[7] 參看注 3 所引余太山書，p. 145。

[8] 參看注 3 所引余太山書，p. 170，187。

[9] 參看注 3 所引余太山書，p. 176。

[10] 參看注 3 所引余太山書，p. 98。

[11] 以上據松田壽男說，岑仲勉另有說，亦可通，見注 1 所引書，pp. 237-265。

[12] 參看注 3 所引余太山書，p. 75，101。

[13] 參看注 3 所引余太山書，p. 88。

[14] 注 1 所引岑仲勉書，p. 351，以爲"徑道馬行二日"句應緊接"山道不通"句，其說或是。

[15] 中華書局標點本改"一千"爲"二千"，未安。

[16] 參看注 3 所引余太山書，p. 138。

[17]《後漢書·耿秉傳》："車師有後王、前王……其廷相去五百餘里。"

[18] 參看注 3 所引余太山書，pp. 228-232。

[19] 烏秅卽德若，說見白鳥庫吉"西域史上の新研究·大月氏考"，《白鳥庫吉全集·西域史研究（上）》（第 6 卷），東京：岩波，1970 年，pp. 97-227。

[20] 余太山"嚈噠史若干問題的再研究"，《中國社會科學院歷史研究所學刊》第 1 集，社會科學文獻出版社，2001 年，pp. 180-210。

[21] 注3所引余太山書，p. 234，以爲"去代七千六百里"者應爲羅布泊西北的樓蘭城，非是。

[22]《元和郡縣圖志·隴右道下》：敦煌"東南至上都三千七百里"。《周書·異域傳下》的各種資料則表明敦煌去長安以"三千六百里"計。

[23]《元和郡縣圖志·河東道三》雲州（即代）"西南至上都一千九百六十里"。《魏書·西域傳》的里數記載表明該傳長安去代以一千九百里計，偶爾亦以一千九百五十里計。

[24] 引文略去"蔥嶺之北二百餘里，東去鄯善千五百里，南去女國二千里，西去朱俱波千里，北去龜茲千四百里"數句，蓋非《魏書·西域傳》原文。類似情況亦見焉耆等國，茲不一一。

[25] 參看余太山《嚈噠史研究》，齊魯書社，1986年，pp. 197-198。

[26]《法顯傳》載敦煌至鄯善"可五千里"。參看注3所引余太山書，pp. 236-237。

三　兩漢魏晉南北朝正史"西域傳"所見西域山水

兩漢魏晉南北朝正史"西域傳"中，最早描述西域山水的是《史記·大宛列傳》。雖然在今天看來，這些描述過於疏略，但《漢書·西域傳》以下卻並無多少補充。唯《後漢書·西域傳》和《魏略·西戎傳》增加了地中海周圍山水、《魏書·西域傳》增加了若干葱嶺以西的山水的記載，如此而已。茲列出各傳所載，利用已有研究成果作一簡注。

一

本節是《史記·大宛列傳》所見西域山水，兼及《漢書·西域傳》等有關記述。

一、南山和北山：

1.《史記·大宛列傳》記張騫首次西使返程："並南山，欲從羌中歸，復爲匈奴所得。""南山"指西域南山，今喀喇昆侖、昆俞、阿爾金山。[1]

同傳又稱："始月氏居敦煌、祁連間，及爲匈奴所敗，乃遠去，過宛，西擊大夏而臣之，遂都嬀水北，爲王庭。其餘小衆不能去者，保南山羌，號小月氏。"《漢書·西域傳上》所載略同。今案：小月氏所保"南山"不妨認爲亦指西域南山。蓋《魏略·西戎傳》又載："燉煌西域之南山中，從婼羌西至葱領數千里，有月氏餘衆、葱茈羌、白馬、黃牛羌。"[2] 這裏所說"月氏餘種"應該就是月氏離開"敦煌、祁連"留下的"小衆"，亦即"小月氏"。過去多以爲這些"小衆"的居地應在今祁連山，至少是不確切的。關於小月氏的居地，正確的描述應該如《魏略·西戎傳》所說，散佈在今祁連山直至西域南山一帶。所謂"保南山羌"也應該指西域南山之羌人，亦即《魏略·西戎傳》所說葱茈羌、白馬羌、黃牛羌之類。

至於前引《史記·大宛列傳》所謂"欲從羌中歸"，如果考慮到張騫很可能是沿南道到達羅布泊西南的樓蘭，復北上至泊西北的姑師，在自姑師東走途中再次被匈奴拘捕的，"從羌中歸"不過是他的計劃而已，則"羌中"更可能指漢南山的羌人居地。

2.《史記·大宛列傳》又稱："是歲漢遣驃騎破匈奴西域數萬人，至祁連山。其明年，渾邪王率其民降漢，而金城、河西西並南山至鹽澤空無匈奴。匈奴時有候者到，而希矣。其後二年，漢擊走單于於幕北。"此處"南山"應即《漢書·西域傳上》所見"漢南山"。據載，西域"南北有大山，中央有河，東西六千餘里，南北千餘里。東則接漢，阨以玉門、陽關，西則限以葱嶺。其南山，東出金城,與漢南山屬焉"。此"南山"既在金城縣,爲今祁連山無疑。

3. 與西域"南山"相對的是西域"北山"。據《漢書·西域傳上》,"自玉門、陽關出西域有兩道。從鄯善傍南山北,波河西行至莎車,爲南道;南道西踰蔥嶺則出大月氏、安息。自車師前王廷隨北山,波河西行至疏勒,爲北道;北道西踰蔥嶺則出大宛、康居、奄蔡焉"。此處"南山"應即前引文中"與漢南山屬"之西域"南山",指喀喇昆侖、昆侖、阿爾金山,故"北山"指今天山無疑。

又,《漢書·西域傳下》稱烏孫國"肥王翁歸靡胡婦子烏就屠,狂王傷時驚,與諸翎侯俱去,居北山中,揚言母家匈奴兵來,故衆歸之"。"北山"亦指今天山。

二、鹽澤和鹽水:

1.《史記·大宛列傳》:"于寘之西,則水皆西流,注西海;其東水東流,注鹽澤。鹽澤潛行地下,其南則河源出焉。多玉石,河注中國。"鹽澤,一般認爲指羅布淖爾(Lop Nōr);之所以稱爲鹽澤,是因爲澤水含鹽量較高。

《漢書·西域傳上》載:"河有兩原:一出蔥嶺山,一出于闐。于闐在南山下,其河北流,與蔥嶺河合,東注蒲昌海。蒲昌海,一名鹽澤者也,去玉門、陽關三百餘里,廣袤三百里。其水亭居,冬夏不增減,皆以爲潛行地下,南出於積石,爲中國河云。"[3] 一名"蒲昌"或與其附近之山國有關。山國,《水經注·河水二》作"墨山國"。"墨山"[mət-shean] 與"蒲昌"[bua-thjiang] 得視爲同名異譯，兩者可能均爲 Massagetae 之略譯。"蒲昌"與"墨山"可能均得名於 Massagetae 人。[4]

2.除"鹽澤"外，《史記·大宛列傳》另有鹽水一名："宛國饒漢物，相與謀曰：漢去我遠，而鹽水中數敗，出其北有胡寇，出其南乏水草。又且往往而絕邑，乏食者多。"又載："貳師將軍軍既西過鹽水，當道小國恐，各堅城守，不肯給食。攻之不能下。下者得食，不下者數日則去。"又載："而漢發使十餘輩至宛西諸外國，求奇物，因風覽以伐宛之威德。而敦煌置酒泉都尉；西至鹽水，往往有亭。而侖頭有田卒數百人，因置使者護田積粟，以給使外國者。"一說"鹽水"應即"鹽澤"。前引傳文"其東水東流，注鹽澤"，《史記索隱》曰："鹽水也。"又，"鹽水中數敗"，《史記正義》引孔文祥云："鹽澤也。"在《漢書·西域傳上》的平行段落中，"西至鹽水"，逕被易爲"西至鹽澤"；皆可爲證。[5]

另說鹽水相當於今營盤以上之孔雀河及營盤以下之庫魯克河；蓋近代考察表明："由營盤西北沿庫魯克塔格山南麓、孔雀河北岸，西北經沙漠至庫爾勒，在一百英里以上的古道上發現綿延的烽臺，一直到庫車西北爲止。"[6] 這就是說，將鹽水理解爲孔雀河與庫魯克河，文獻與考古便可互相印證了。

今案：漢伐大宛，重要目的之一便是維護"東西道"的暢通，故伐大宛之後，便置使者校尉，且屯田輪臺、渠犂，以鞏固伐宛取得的勝利，可見亭障之列直至渠犂、輪臺。《漢書·武帝紀》載：天漢二年（前99年），渠犂"使使來獻"，可知至少屯田渠犂確有其事。《漢書·西域傳上》編者在"自貳師將軍伐大宛之後，西域震懼，多遣使來貢獻，漢使西域者益得職。於是自敦煌西至鹽澤，往往起亭，而輪臺、渠犁皆有田卒數百人，置使者校尉領護，以給使外國者"一則中，改"鹽水"爲"鹽澤"，似乎亭障僅列至羅布淖爾之東，有乖史遷原意，至少也是不夠確切的。

至於上引第一、第二則記載中的"鹽水"固然均不妨理解爲"鹽澤"，但理解爲庫魯克河或孔雀河也無不可。尤其是所謂"鹽水中數敗"，似乎不可能指漢軍在鹽澤中被打敗，而結合前文"漢去我遠"，乃指漢人取道鹽水（孔雀河與庫魯克河）流域出使西域屢遭失敗。[7] 同樣，"西過鹽水"云云，很可能也是指李廣利大軍渡庫魯克河或孔雀河西進。要之，將"鹽水"理解爲庫魯克河與孔雀河於義較長。[8]

三、于寘（于闐）之水與河源：

1.前引《史記·大宛列傳》和《漢書·西域傳》均稱于闐之西，水皆西流，注西海；于闐之東，水東流，注鹽澤。于闐之東東流之水指塔里木河；于闐之西西流之水，指阿姆河、錫爾河。[9]

2.《史記·大宛列傳》、《漢書·西域傳》皆稱河源出于闐，乃時人之誤解。前引《漢書·西域傳上》所謂"河之兩原"：一出蔥嶺山者爲蔥嶺河（今葉爾羌河），一出于闐者，爲于闐河（今和闐河），兩者合流後，注羅布泊。亦即于闐之東東流之水。[10]

四、敦煌、祁連：

《史記·大宛列傳》和《漢書·西域傳上》均載月氏故地在祁連和敦煌間。[11] 此處"敦煌"指今祁連山，而"祁連"指今天山。對此，我已有詳考。[12] 在此可以補充一條證據：前引《史記·大宛列傳》之文既稱"漢遣驃騎破匈奴西域數萬人,至祁連山",又稱"其明年,渾邪王率其民降漢,而金城、河西西並南山至鹽澤空無匈奴"。"南山"無疑指今祁連山,可見與之相提並舉的"祁連山"不可能是今祁連山,衹能是今天山。

五、嬀水:

嬀水,首見《史記·大宛列傳》,據載,張騫首次西使抵達大夏時,大夏在"嬀水南",而大月氏雖已征服大夏,但其王仍"居嬀水北";安息(即帕提亞朝波斯)"臨嬀水"。《漢書·西域傳上》所載略同。一般認爲嬀水卽阿姆河。"嬀"[kiua]乃Vakhshu或Wakshu之對譯。[13]

六、西海和北海:

1. 于闐之西西流之水,注"西海","西海"指裏海。

2.《史記·大宛列傳》又稱:"奄蔡在康居西北可二千里……臨大澤,無崖,蓋乃北海云。"《漢書·西域傳上》所載略同。"北海"指鹹海或裏海;裏海之所以又被稱爲"北海"可能是承波斯人的稱呼。又,《魏略·西戎傳》亦有奄蔡國"臨大澤"之記載。此時之"大澤"可能指黑海。蓋《魏略·西戎傳》所描述的奄蔡西與大秦卽羅馬帝國相接。也就是說,不妨認爲,當時奄蔡人的活動中心已自鹹海、裏海之北遷至黑海之北。[14]此外,《魏書·西域傳》載:"粟特國,古之奄蔡,一名溫那沙。居於大澤,在康居西北,去代一萬六千里。"《周書·異域傳下》所載略同。"大澤"亦指北海。[15]

3.《史記·大宛列傳》又稱,條枝國"臨西海"。《漢書·西域傳上》所載略同。此"西海"乃指地中海。[16]

七、崑崙和弱水：

1. 崑崙：《史記·大宛列傳》稱："漢使窮河源，河源出于寘，其山多玉石，采來，天子案古圖書，名河所出山曰崑崙云。"[17] 于闐南山被稱爲崑崙始於此時。又載太史公之言曰："《禹本紀》言：河出崑崙，崑崙其高二千五百餘里，日月所相避隱爲光明也。其上有醴泉、瑤池。今自張騫使大夏之後也，窮河源，惡睹《本紀》所謂崑崙者乎？故言九州山川，《尚書》近之矣。至《禹本紀》、《山海經》所有怪物，余不敢言之也。"今案：《禹本紀》所言崑崙乃傳說中的崑崙。史遷因窮河源之漢使未嘗見此崑崙，而斥《禹本紀》、《山海經》之妄。漢天子則因漢使窮河源於于闐而命名于闐南山爲崑崙。于闐南山本非河源所在，卻從此與"崑崙"結下不解之緣。[18]

2. 弱水，《史記·大宛列傳》稱，"安息長老傳聞條枝有弱水、西王母，而未嘗見"。《漢書·西域傳上》所載略同。一般認爲，西王母既爲神話人物，"弱水"乃傳聞，並非實有之水。《後漢書·西域傳》稱大秦國"西有弱水、流沙，近西王母所居處，幾於日所入也"。條枝西之弱水，至此已遷移至大秦之西，亦可爲證。[19]

今案：此說似有未安。蓋沒有證據表明西王母與弱水之間存在必然的聯繫。兩者都可能是古代中國人中若干遷自西方的部落擁有的古老記憶，但未必屬於同一系統。[20] 也就是說此處並舉可能純屬偶然。

八、身毒國大水：

《史記·大宛列傳》載："身毒在大夏東南可數千里。……其國臨大水焉。"身毒旣指印度，則所臨"大水"爲印度河無疑。

身毒，《後漢書·西域傳》稱"天竺"，傳文亦稱："其國臨大水。"

二

本節是《漢書·西域傳》所見西域山水，前節已論及者從略。

一、北河與南河：

前引《漢書·西域傳上》關於南北道的描述似乎表明：沿西域南北道各有一河，與北道大致平行者應卽塔里木河無疑。至於與南道平行者，應卽後來《水經注·河水二》所謂"南河"。關於後者，衆說紛紜，未有定論。[21]

二、葱嶺：

葱嶺首見於《漢書·西域傳上》，傳文描述西域範圍時稱："西則限以葱嶺。"這一"西域"東起玉門、陽關，西抵葱嶺，中間相去六千餘里。傳文又稱："南道西踰葱嶺則出大月氏、安息。……北道西踰葱嶺則出大宛、康居、奄蔡焉。"由此可見，所謂"葱嶺"應該就是今天的帕米爾。

三、天山：

據《漢書·西域傳下》，卑陸國王治天山東乾當谷，蒲類國王治天山西疏楡谷，西且彌國王治天山東于大谷，東且彌國王治天山東兌虛谷，劫國王治天山東丹渠谷。此處所謂"天山"，一說指自焉耆北之博羅圖山蜿蜒至博克達山以東的山脈，[22]一說專指 Qara-usen 山或 Döss-Mengen-ola。[23]

四、白龍堆：

《漢書·西域傳上》稱："樓蘭國最在東垂，近漢，當白龍堆，乏水草，常主發導，負水儋糧，送迎漢使，又數爲吏卒所寇，懲艾不便與漢通。"《周書·異域傳下》亦載："鄯善，古樓蘭國也。……地多沙鹵，少水草，北卽白龍堆路。"白龍堆乃指今羅布泊東北雅丹羣。[24]

五、縣度及大、小頭痛山等：

1.《漢書·西域傳上》載烏秅國之西"有縣度，去陽關五千八百八十八里，去都護治所五千二十里。縣度者，石山也，谿谷不通，以繩索相引而度云"。縣度的位置，一般認爲在 Darel 至 Swāt 之間印度河的上游河谷。[25]

2.同傳又載：成帝時，杜欽說大將軍王鳳有曰："今縣度之阨，非屬賓所能越也。……起皮山南，更不屬漢之國四五。……又歷大頭痛、小頭痛之山，赤土、身熱之阪，令人身熱無色，頭痛嘔吐，驢畜盡然。又有三池、盤石阪，道陿者尺六七寸，長者徑三十里。臨崢嶸不測之深，行者騎步相持，繩索相引，二千餘里乃到縣度。"由此可見"大頭痛、小頭痛之山，赤土、身熱之阪"位於皮山之西、縣度之東，具體位置不詳。[26]

六、其他山水：

1.《漢書·西域傳下》載：烏孫國"山多松樠"。"山"乃指今天山。

2.《漢書·西域傳下》載：焉耆國"近海水多魚"。按之焉耆國地理位置，"海"指博斯騰湖。[27]

3.《漢書·西域傳下》載：山國"山出鐵，民山居"。按之山國的地理位置，山指庫魯克塔克山。[28]

三

以下爲《後漢書·西域傳》中不見前史之西域山水。

一、秦海：

1.傳文："六年，班超復擊破焉耆，於是五十餘國悉納質內屬。其條支、安息諸國至于海瀕四萬里外，皆重譯貢獻。九年，班超遣掾甘英窮臨西海而還。""海瀕"應卽地中海瀕。海指條枝、安息所瀕臨之海，亦卽甘英所臨"西海"。[29]

2.傳文：延光二年，敦煌太守張璫上書陳三策，有云："北虜呼衍王常展轉蒲類、秦海之間，專制西域，共爲寇鈔。""秦海"地望有種種說法，但均不得要領。"秦海"似應指大秦所臨之海，卽今地中海。蓋《後漢書·西域傳》首載大秦國事情，而所謂"蒲類、秦海之間"其實是勾勒"西域"之範圍。敦煌太守稱呼衍王展轉其間，乃極言其勢力之盛，爲害西域之烈。[30]

3.傳文："條支國城在山上，周回四十餘里。臨西海，海水曲環其南及東北，三面路絕，唯西北隅通陸道。"又載："和帝永元九年，都護班超遣甘英使大秦，抵條支。臨大海欲度，而安息西界船人謂英曰：海水廣大，往來者逢善風三月乃得度，若遇遲風，亦有二歲者，故入海人皆齎三歲糧。海中善使人思土戀慕，數有死亡者。英聞之乃止。"條支在今敘利亞，"西海"應即前史所載條枝國所臨"西海"，即地中海。由此可見甘英欲度未果之"大海"，祇能是地中海。[31]

二、大秦山水：

《後漢書·西域傳》以及《魏略·西戎傳》、《晉書·西戎傳》所傳與大秦及其諸屬國有關的山水，因已有專文詳考，在此不贅。[32]

三、焉耆山水：

傳文："其國四面有大山，與龜茲相連，道險阨易守。有海水曲入四山之內，周匝其城三十餘里。"《晉書·西戎傳》所載略同。"四面有大山"是對焉耆盆地形勢的描述。"海水曲入"云云或指今博斯騰湖及其四周水系。

四、勒山：

傳文："[陽嘉] 四年春，北匈奴呼衍王率兵侵後部，帝以車師六國接近北虜，爲西域蔽扞，乃令敦煌太守發諸國兵，及玉門關候、伊吾司馬，合六千三百騎救之，掩擊北虜於勒山，漢軍不利。"勒山，當在車師後部附近，地望不詳。

五、蒲類海：

傳文："桓帝元嘉元年，呼衍王將三千餘騎寇伊吾，伊吾司馬毛愷遣吏兵五百人於蒲類海東與呼衍王戰，悉爲所沒，呼衍王遂攻伊吾屯城。夏，遣敦煌太守司馬達將敦煌、酒泉、張掖屬國吏士四千餘人救之，出塞至蒲類海，呼衍王聞而引去，漢軍無功而還。"匈奴呼衍王寇伊吾，漢軍與呼衍王戰於蒲類海東，蒲類海應卽今巴里坤湖。

四

本節是《魏書·西域傳》所見西域山水。

一、四域：

傳文："始琬等使還京師，具言凡所經見及傳聞傍國，云：西域自漢武時五十餘國，後稍相幷。至太延中，爲十六國，分其地爲四域。自葱嶺以東，流沙以西爲一域；葱嶺以西，海曲以東爲一域；者舌以南，月氏以北爲一域；兩海之間，水澤以南爲一域。"後一"葱嶺"指興都庫什山，"海曲"指自敍利亞、巴勒斯坦到小亞、巴爾幹一帶的地中海岸和海域。"兩海"指今意大利半島東面的亞得里亞海和西面的第勒尼安海。"水澤"，此處指黑海。[33]

二、首拔河：

傳文："于闐城東三十里有首拔河，中出玉石。""首拔"乃"首枝"[sjiu-tjie]之訛，藏語 Sel-ču（玉河）之對譯。首枝水指自今和闐北流的 Yurung Kaš 和 Kara Kaš。[34]《梁書·西北諸戎傳》："于闐國……有水出玉，名曰玉河。""玉河"卽首枝河。

三、凍凌山：

傳文："蒲山國，故皮山國也。……其國西南三里，有凍凌山。"凍凌山似指 Muztagh Chelpanglik 山。[35]

四、悅般國山水：

傳文："悅般國，在烏孫西北，去代一萬九百三十里。其先，匈奴北單于之部落也。爲漢車騎將軍竇憲所逐，北單于度金微山，西走康居，其羸弱不能去者住龜茲北。地方數千里，衆可二十餘萬。……其國南界有火山，山傍石皆燋鎔，流地數十里乃凝堅，人取爲藥，卽石流黃也。"匈奴北單于所度"金微山"卽今阿爾泰山。同傳稱嚈噠乃"高車之別種，其原出於塞北。自金山而南"。金山亦卽金微山。[36] 悅般國南界火山，則在天山南麓。[37]

五、潘賀那山：

傳文："者至拔國，都者至拔城……其國東有潘賀那山，出美鐵及師子。"潘賀那山指今費爾幹納山脈，"潘賀那"[phuan-ha-na] 應卽 Ferghāna 之對譯。[38]

六、郁悉滿山：

傳文："迷密國，都迷密城，在者至拔西……其國東有山，名郁悉滿，山出金玉，亦多鐵。"郁悉滿山，地望無考。"郁悉滿"，《太平御覽》卷七九五引作"都悉滿"，未知孰是。

七、伽色那山：

傳文："悉萬斤國，都悉萬斤城，在迷密西……其國南有山，名伽色那，山出師子。"伽色那山，應指今 Samarkand 之南、Schar-i-sabz 之北的山脈，"伽色那"[kea-shiək-na] 應卽 Kâsâna、Kâsâniya 之對譯。[39]

八、波斯國河：

傳文："波斯國，都宿利城……河經其城中南流。"河指底格里斯河。[40]

九、伏盧尼國大河和雲尼山：

傳文："伏盧尼國，都伏盧尼城，在波斯國北……東有大河南流，中有鳥，其形似人，亦有如橐駝、馬者，皆有翼，常居水中，出水便死。城北有云尼山，出銀、珊瑚、琥珀，多師子。"大河，指幼發拉底河。雲尼山，一說指 Amanus 山。蓋伏盧尼城應即位於敘利亞的安條克城。安條克城一名 Yunani，"雲尼山"或得名於此。[41]

一〇、北天竺大山：

傳文："大月氏國，都盧監氏城，在弗敵沙西……其王寄多羅勇武，遂興師越大山，南侵北天竺，自乾陁羅以北五國盡役屬之。"大山指興都庫什山。[42]

一一、大秦國山水：

傳文："大秦國，一名黎軒，都安都城。從條支西渡海曲一萬里，去代三萬九千四百里。其海傍出，猶勃海也，而東西與勃海相望，蓋自然之理。地方六千里，居兩海之間，其地平正，人居星布。……大秦西、海水之西有河，河西南流。河西有南、北山，山西有赤水，西有白玉山。玉山西有西王母山，玉爲堂云。從安息西界循海曲，亦至大秦，回萬餘里。於彼國觀日月星辰，無異中國，而前史云條支西行百里日入處，失之遠矣。"與"勃海"東西相望之海指地中海。大秦"居兩海之間"，"兩海"指亞得里亞海和第勒尼安海。"大秦西、海水之西"以下乃節錄《魏略·西戎傳》，或係傳聞，不必深究。

一二、縣度山：

傳文："[阿鉤羌]國西有縣度山，其間四百里中，往往有棧道，下臨不測之淵，人行以繩索相持而度，因以名之。"縣度山應即《漢書·西域傳》所見縣度。[43]

一三、漢樓河：

傳文："吐呼羅國，去代一萬二千里。東至范陽國，西至悉萬斤國，中間相去二千里；南至連山，不知名；北至波斯國，中間相去一萬里。國中有薄提城，周帀六十里。城南有西流大水，名漢樓河。"吐呼羅既爲Tukhārestān，漢樓河應即阿姆河無疑。"漢樓"蓋"濮樓"[pheok-lo]之訛，乃Wehrot之對譯。[44]

一四、副貨國連山：

傳文："副貨國，去代一萬七千里。東至阿副使且國，西至沒雖國，中間相去一千里；南有連山，不知名。"今案：副貨、阿副使且、沒雖諸國地望既無從確指，副貨國南之"連山"之地望亦無考。

一五、鹽奇水：

傳文："疊伏羅國，去代三萬一千里。國中有勿悉城。城北有鹽奇水，西流。"鹽奇水，無考。

一六、渴盤陁國河山：

傳文："渴槃陁國，在葱嶺東，朱駒波西。河經其國東北流。有高山，夏積霜雪。"東北流之河指葉爾羌河，高山指塔什庫爾幹周圍帕米爾山系。

一七、大雪山：

傳文："鉢和國，在渴槃陁西。……又有大雪山，望若銀峰。"大雪山指興都庫什山。

一八、三池：

傳文："波知國，在鉢和西南。……有三池，傳云大池有龍王，次者有龍婦，小者有龍子，行人經之，設祭乃得過，不祭多遇風雨之困。"三池，地望待考。[45]

一九、檀特山：

傳文："烏萇國，在賒彌南。北有蔥嶺，南至天竺。……西南有檀特山，山上立寺，以驢數頭運食，山下無人控御，自知往來也。"檀特山，《洛陽伽藍記》卷五作"善持山"，應即《大唐西域記》卷二所見彈多落迦（Daṇḍaloka）山，位於 Shahbaz Gaṛhi 東北的 Mekha-Sanda 山。[46]

五

本節是《周書·異域傳下》所見西域山水。

一、白山：

傳文："焉耆國，在白山之南七十里。"又載："龜茲國，在白山之南一百七十里。"白山指天山。[47]

二、計戍水

1. 傳文："龜茲國……其南三百里有大水東流，號計戍水，卽黃河也。""計戍"[kiet-xiuk] 一說乃 Türk 語 Kaš 之對譯。[48]

2. 傳文:"于闐國……城東二十里有大水北流,號樹枝水,卽黃河也。城西十五里亦有大水,名達利水,與樹枝水俱北流,同會於計戍。""樹枝水"卽《魏書·西域傳》所見"首枝河";"達利"應卽 Tarim 之對譯。[49]

■ 注釋

[1] 詳見余太山《兩漢魏晉南北朝與西域關係史研究》,中國社會科學出版社,1995年,p. 207。

[2] 中華書局標點本作"有月氏餘衆葱茈羌、白馬、黃牛羌",將諸羌視爲"月氏餘種",未安。

[3] 又據《史記正義》引《括地志》曰:"蒲昌海一名泑澤,一名鹽澤,亦名輔日海,亦名穿蘭,亦名臨海,在沙州西南。""輔日"或爲"輔昌"[biua-thjiang] 之奪訛,與"蒲昌"爲同名異譯。"穿蘭"當作"牢蘭",形似致誤;《水經注·河水二》正作"牢蘭"。鹽澤"亦名牢蘭"與其附近之樓蘭國有關,"牢蘭"[ləu-lan] 與"樓蘭"[lo-lan] 得爲同名異譯,兩者均爲 Kroraimna 之對譯。參見本書附卷二第一篇。

[4] 參見本書中卷第一篇。

[5] 參看岑仲勉《漢書西域傳地里校釋》,中華書局,1981年,pp. 538-541。

[6] 陳夢家《漢簡綴述》,中華書局,1980年,pp. 212-215。

[7]《史記正義》引孔文祥以爲:"言水廣遠,或致風波,而數敗也。"今案:漢人西使失敗,主要是樓蘭、姑師等鹽澤附近小國劫掠所致,未必因鹽澤

風波險惡。

[8] 參見注 1 所引余太山書，1995 年，pp. 44-46。

[9] 白鳥庫吉"西域史上の新研究·康居考"，《白鳥庫吉全集·西域史研究（上）》（第 6 卷），東京：岩波，1970 年，pp. 58-96, esp. 80-81。

[10] 參見余太山"《水經注》卷二（河水）所見西域水道考釋"，《中國社會科學院歷史研究所學刊》第 2 集（2004 年），pp. 193-219。

[11]《漢書·張騫李廣利傳》："昆莫父難兜靡本與大月氏俱在祁連、燉煌間，小國也。"

[12] 余太山《塞種史研究》，中國社會科學出版社，1995 年，pp. 53-56。

[13] W. Barthold, *Turkestan, down to the Mongol Invasion*, 4th ed. by C. E. Bosworth. London, 1977, p. 65.

[14] 注 12 所引余太山書，pp. 118-130。

[15] 有關考證見余太山《嚈噠史研究》，齊魯書社，1986 年，pp. 44-65。

[16] 說詳注 12 所引余太山書，pp. 182-209。

[17]《漢書·張騫李廣利傳》所載略同。

[18]《山海經·北山經》："又北三百二十里，曰敦薨之山，其上多棕、柟，其下多茈草。敦薨之水出焉，而西流注于泑澤。出于昆侖之東北隅，實惟河原。"這可能是武帝命名的根據。關於"崑崙"，參看小川琢治"崑崙と西王母"，《支那歷史地理學研究》，東京：弘文堂，1928 年，pp. 239-272。

[19] 白鳥庫吉"大秦國及び拂菻國に就きて"，《白鳥庫吉全集·西域史研究（下）》（第 7 卷），東京：岩波，1971 年，pp. 125-203, esp. 182-184。

[20] 今案：弱水可能就是若水，"弱"與"若"爲同名異譯。水弱不能載舟之

類傳說，均不過望文生義。有若木處便有若水，這若木和若水也許和渠搜族有關。至於日出日入處均有若木（一應有若水即弱水），則與該族之遷徙有關。參看余太山《古族新考》，中華書局，2000年，pp. 111-124。

[21] 詳見注10所引余太山文。

[22] 徐松《漢書西域傳補注》卷下。

[23] 松田壽男《古代天山の歷史地理學的研究》，早稻田大學出版部，1970，pp. 45-49。

[24] 孟凡人《樓蘭新史》，光明日報出版社，1990年，pp. 76-78。

[25] 參見白鳥庫吉"罽賓國考"，《白鳥庫吉全集·西域史研究（上）》（第6卷），東京：岩波，1970年，pp. 295-359, esp. 296-308；注12所引余太山書，pp. 144-145。又，法顯記自Darel（陀歷）至Swāt河谷（烏萇）一段行程曰："其道艱岨，崖岸嶮絕，其山唯石，壁立千仞，臨之目眩，欲進則投足無所。下有水，名新頭河。昔人有鑿石通路施傍梯者，凡度七百，度梯已，躡懸緪過河。河兩岸相去減八十步。九譯所絕。"（章巽校注本《法顯傳》，上海古籍出版社，1985年，p. 26）可與《漢書·西域傳》的記載參看。

[26] 《新唐書·西域傳上》："喝盤陀……西南即頭痛山也。"山高空氣稀薄，過者頭痛，得名頭痛。參看駒井義明"縣度"，《文化史學》12（1956年），pp.40-45；"再び'縣度'について"，《京都外國語大學研究論叢》1966年第3期，pp. 18-23。

[27] 注24所引孟凡人書，pp. 76-78。

[28] 本書中卷第四篇。

[29] 參看注1所引余太山書，pp. 92-93。

[30] 參看注12所引余太山書，p. 249。

[31] 注 12 所引余太山書，pp. 182-209。

[32] 注 12 所引余太山書，pp. 182-209。

[33] 說詳注 15 所引余太山書，pp. 217-244。

[34] 白鳥庫吉"西域史上の新研究・大月氏考"，《白鳥庫吉全集・西域史研究（上）》（第 6 卷），東京：岩波，1970 年，pp. 97-227，esp. 194-195。

[35] 內田吟風"《魏書》卷一百二西域傳譯注稿"，內田吟風編《中國正史西域傳の譯注》，京都：河北印刷株式會社，1980 年，pp. 1-34。

[36] 白鳥庫吉"烏孫に就いての考"，《白鳥庫吉全集・西域史研究（上）》（第 6 卷），東京：岩波，1970 年，pp. 1-55，esp. 38-40；注 23 所引松田壽男書，pp. 188-189。

[37] 參看注 23 所引松田壽男書，pp. 187-204，399-413。

[38] 白鳥庫吉"粟特國考"，《白鳥庫吉全集・西域史研究（下）》（第 7 卷），東京：岩波，1971 年，pp. 43-123，esp. 101-102。

[39] 注 38 所引白鳥庫吉文，esp. 77；以及內田吟風，"魏書西域傳原文考釋（中）"，《東洋史研究》30～2（1971 年），pp. 82-101，esp. 92。

[40] 說詳宋峴"弗栗恃薩儻那、蘇剌薩儻那考辨"，《亞洲文明》第 3 集，安徽教育出版社，1995，pp. 193-201。

[41] 詳見白鳥庫吉"拂菻問題の新解釋"，《白鳥庫吉全集・西域史研究（下）》（第 7 卷），東京：岩波，1971 年，pp. 403-596，esp. 433-438。

[42] 注 15 所引余太山書，pp. 66-75。

[43] 注 25 所引白鳥庫吉文，esp. 296-308。

[44] J. Marquart, *Wehrot und Arang*. Leiden, 1938, pp. 35-38；內田吟風"吐火羅（Tukhāra）國史考"，《東方學會創立 25 周年記念東方學論集》，東京：

1972 年，pp. 91-110。

[45] 三池，《洛陽伽藍記》卷五作"二池"；應據以改正。參看沙畹（E. Chavannes）"宋雲行紀箋注"，馮承鈞《西域南海史地考證譯叢六編》（第二卷），商務印書館，1995 年，pp. 1-68；A. Stein, *Ancient Khotan*. Oxford. 1907, p. 14；桑山正進《カーピシー＝ガンダーラ史研究》，京都大學人文科學研究所，1990 年，pp. 101-103。

[46] 季羨林等《大唐西域記校注》，中華書局，1985 年，pp. 258-259。

[47] 《通典·邊防典七·西戎三》"龜茲條"注引《隋西域圖記》曰："白山一名阿羯山，常有火及煙，卽是出硇砂之處。""阿羯"乃 Ak-tag 之對譯。Ak-tag 在突厥語中意爲"白山"。其說果然，《周書·異域傳下》之"白山"應卽徐松《西域水道記》卷二所謂額什克巴什（Eshek-bashi）。注 36 所引白鳥庫吉文，esp. 14-16；注 23 所引松田壽男書，pp. 49-51，260-267。

[48] 注 34 所引白鳥庫吉文，esp. 194-196。

[49] 注 34 所引白鳥庫吉文，esp. 194-196。

四 漢晉正史"西域傳"所見西域諸國的地望

漢晉正史"西域傳"主要包括《史記·大宛列傳》、《漢書·西域傳》、《後漢書·西域傳》和《晉書·西戎傳》，此外還可以加上《魏略·西戎傳》。其中最重要的是《漢書·西域傳》，本文有關論述以此傳爲主，其餘四傳附見於後。

一

《漢書·西域傳》有關西域諸國地望的基本判據如下。

一、諸國在傳文中排列的先後次序。蓋南北朝以前編纂的"西域傳"最重交通路線，記述諸國之先後取決於各國在當時交通線上的位置。此例於《史記·大宛列傳》已見端倪，至《漢書·西域傳》形成完整的體系。[1]《漢書·西域傳》稱：

> 自玉門、陽關出西域有兩道。從鄯善傍南山北，波河西行

至莎車，爲南道；南道西踰葱嶺則出大月氏、安息。自車師前王廷隨北山，波河西行至疏勒，爲北道；北道西踰葱嶺則出大宛、康居、奄蔡焉。

全傳就是按照這南北兩道的走向大致自東向西安排諸國的。據此，所傳諸國可以大別爲三組：南山組、北山組和葱嶺組。

二、里數：[2]

1. 去長安里數：《漢書·西域傳》載有西域諸國王治去西漢都城長安的里數。沒有標明去長安里數者僅北山組的烏壘國、渠犁國、車師都尉國、車師後城長國，以及葱嶺組的條支國、大夏國、奄蔡國，凡七國。其中，烏壘國"與都護同治"，且傳文已標明去陽關里數，渠犁國則爲田官所在，與烏壘"相近"；車師都尉國和車師後城長國實際上是車師後國的一部份；因此均省略了去長安里數。條支國和奄蔡國顯然是因爲路途遙遠，去長安里數不得而知。至於大夏國，在《漢書·西域傳》描述的年代，已亡於大月氏國，標明去長安里數並無必要。[3]

2. 去烏壘里數：《漢書·西域傳》載有西域諸國王治去西漢都護府治烏壘城的里數。

南山組不載烏壘里數者，僅婼羌一國。此國雖不載去烏壘里數，卻載明去陽關里數，同傳既有烏壘城去陽關里數，等於間接載明婼羌國的去烏壘里數。

北山組不載烏壘里數的有渠犁國、烏貪訾離國、卑陸後國、郁立師國、單桓國、蒲類後國、山國、車師都尉國、車師後城長國，凡九國。諸國中，渠犁國因與烏壘"相近"，卑陸後國、蒲類後國、車師都尉國和車師後城長國或許是因爲與之關係密切的卑陸國、蒲類國和車師前後國已經載明而省略。烏貪訾離國、郁立師國、單桓國和山國不載烏壘里數的原因不詳，不排除《漢書·西域傳》原文奪訛所致的可能性。

葱嶺組不載烏壘里數的有條支國、安息國、奄蔡國、桃槐國，凡四國。其中，桃槐國和安息國不載烏壘里數可能是傳文奪訛所致；[4] 條支國和奄蔡國不載烏壘里數的原因與不載長安里數的原因相同。

3. 去陽關里數：傳文載有婼羌國和鄯善國王治去陽關、大夏國五翎侯和康居五小王去陽關里數。此外，載有都護府治（烏壘城）與縣度（另有去都護里數）的去陽關里數。

婼羌國和鄯善國標明去陽關里數可能因爲兩國距離陽關最近，而且往赴兩國均由陽關出發。大夏國五翎侯和康居五小王不載去長安里數，僅載去烏壘和陽關里數，可能是因爲五翎侯和五小王規格應較其餘諸國爲低。這可能是傳文體例決定的。至於傳文標明烏壘城和縣度的去陽關里數，顯然因爲這是當時兩個重要的地點。

4. 去鄰近各國王治的里數：例如：鄯善國"至山國千三百六十五里，西北至車師千八百九十里"。

5. 里數除以漢里表示之外，有時以兩地之間馬行天數來表示。如：且末國"南至小宛可三日行"等等。"三日行"，一般表示300

里，亦卽以每日馬行 100 里估算。

三、四至：例如，烏孫國"東與匈奴、西北與康居、西與大宛、南與城郭諸國相接"等等。所謂"相接"，既可能指領土鄰接，也可能指交通線連接，不能一概而論。

四、其他（地形、風土、物類、民俗，以及與他國之關係等）：例如：傳文稱焉耆國"近海水多魚"；稱車師前國王治交河城，"河水分流繞城下，故號交河"之類，皆有助於地望之判定。

應該指出的是，今天看來，以上各類判據均有其局限性。

例如：雖然一般說來諸國在傳文中是自東而西排列的，但決不是絕對的，大月氏國列在安息國之後，儘管"安息東則大月氏"；休循國、捐毒國均列於大宛國之後，兩國其實均在大宛國之東；桃槐國去長安里數大於休循、捐毒，也列於兩國之前；等等。

再如：里數按理是判定地望最重要的依據，其實亦不儘然。

一則，無論是長安里數、烏壘里數還是陽關里數，究竟是哪幾個區間里數累計而得，今日已無從知道。不僅由於當時具體的取道已經無從確指（葱嶺以西的情況尤其如此），而且由於受包括政治形勢在內的各種因素的制約，測定里數時所依據的路線往往還不是兩地間較短的路程。如：據《後漢書·耿秉傳》"車師有後王、前王，前王卽後王之子，其廷相去五百餘里"，知自交河城去務塗谷的最短距離應爲 500 餘里；而比較傳文所列車師前後國的去長安里數，兩國王治相距 800 里，則後國王治去長安里數有可能是自務塗谷經車師後城長國、郁立師國、卑陸國，復經車師前國王治赴長安的行程。[5] 質言之，由於許多里數的內涵其實已經失傳，無法正確利用。

二則，上述各類里數很可能是由不同的人或機構、在不同的時期測量所得，有的衹是粗略的估算（例如：東部天山諸國的烏壘里數，除交河城去烏壘1087里和交河城去狐胡國60里有可能是實測里數外，其餘都是按照日行百里估算的。這些里數並不能精確表示各國王治去烏壘城的距離，甚至也不能精確表示各國王治去交河城的距離），且不說由於當時測量技術條件的落後可能造成的誤差。其結果（如長安里數和烏壘里數之間，長安里數與一些區間里數之間）往往存在很大的差異或內在的矛盾。

三則，同一系統的里數中也可能混入其他系統的里數。如蒲類、蒲類後國、車師後國和烏貪訾離國四國的長安里數顯然過大，一說這是混入了古天山系統里程表而導致誤差的緣故。[6]

上述這些原因也許就是各傳表示同一間距之里數往往並不一致，同傳所傳也屢見矛盾的緣故。這就是說，對於這些里數既不能一概摒棄不用，也不能深信不疑。

由此可見，在爲判定《漢書·西域傳》所傳西域諸國地望而利用有關文獻資料時，必須著眼全局，注意批判，對某些具體記載的理解，不必過於執著。

以下擬依次討論南山組、北山組和葱嶺組諸國的地望。

南山組包括南山山前和山谷諸國，討論分三組進行：第一組包括鄯善國、且末國、精絕國、扜彌國和于闐國，凡五國。第二組包括婼羌國、小宛國、戎盧國和渠勒國，凡四國；第三組包括皮山國、莎車國、烏秅國、西夜（子合）國、蒲犂國、無雷國、依耐國和難兜國，凡八國。

北山組包括北山山前及山谷諸國，討論分三組進行：第一組包括車師前後國、車師都尉國、車師後城長國、狐胡國、蒲類前後國、東西且彌國、卑陸前後國、郁立師國、劫國、烏貪訾離國、單桓國和山國，凡十六國。第二組包括烏孫和尉頭，凡二國。第三組包括疏勒、姑墨、溫宿、龜茲、烏壘、渠犁、尉犁、危須、焉耆、輪臺凡十國。

葱嶺組包括葱嶺山谷和葱嶺以西諸國，討論分三組進行：第一組包括休循國、捐毒國和桃槐國，凡三國。第二組包括大夏國、大月氏國、大宛國、康居國、奄蔡國、罽賓國和烏弋山離國，凡七國。第三組包括條支國、犂靬和安息國，凡三國。

二

南山組第一組：

1. 鄯善國：據《漢書・西域傳上》，王治扜泥城，去陽關1600里，去長安6100里，西北去都護治所1785里；西通且末720里，至山國1365里，西北至車師1890里；北與尉犁、西北與山國接；當漢道衝。

鄯善國王治扜泥城的地望，史學界有過翻覆的討論。就其王治的位置而言，主要意見可以大別爲二類：一類意見認爲位於羅布泊西南，另一類意見認爲位於泊之西北。

今案：鄯善國王治扜泥城最可能位於羅布泊西南今若羌縣治（Qarklik）附近之且爾乞都克古城。[7] 羅布泊西北今樓蘭遺址一帶雖一度歸屬鄯善國，卻並非王治所在。[8]

《後漢書·西域傳》以下各傳於鄯善國王治位置亦有詳略不等的記載，研究這些記載，不難發現所傳鄯善國王治位置與《漢書·西域傳》所描述者並無不同。[9]

2. 且末國：據《漢書·西域傳上》，王治且末城，去長安6820里，西北至都護治所2258里；東通鄯善720里，西通精絕2000里，南至小宛可三日行；東接婼羌，北接尉犁，東北接龜茲、渠犁、山國。

一般認爲漢且末國王治且末城應即唐之播仙鎮，在今且末縣西南（Lalulik Tati 廢址）。

一則，《新唐書·地理志七下》引賈耽《皇華四達記》："自蒲昌海南岸，西經七屯城，漢伊脩城也。又西八十里至石城鎮，漢樓蘭國也。亦名鄯善，在蒲昌海南三百里，康豔典爲鎮使以通西域者。又西二百里至新城。……又西經特勒井，渡且末河，五百里至播仙鎮，故且末城也。高宗上元中更名。"據此，石城鎮至播仙鎮700里，與傳文所載鄯善國王治至且末國王治距離相同。

二則，《沙州伊州地志殘卷》："沮末河，源從南山大谷口出，其源去鎮城五百里，經且末城下過，因以爲名"。據此，且末國王治在且末河畔。

三則，《辛卯侍行紀》（卷五）注"卡牆"曰："舊名策爾滿，西北有古城，周十餘里，漢且末國，唐之播仙鎮。"蓋自卡克里克（唐石城鎭）西行，至卡牆（Qarqar）爲六百里。道里旣與《漢書·西域傳上》所載亦不能說不合，"策爾滿"與"且末"又得視爲同名異譯。

今案：此說或是，然尙難定論。蓋且末縣北80公里大沙漠中、阿牙克（Ayak）河古道旁，另有一座形制相當完整的古城遺址。[10] 不排除漢且末國王治位於這座古城所在的可能性。[11]

《後漢書·西域傳》以下各傳並未提供有關且末國地望的新資料，無妨認爲其王治且末城位置自西漢至兩晉並無變遷。

3. 精絕國：據《漢書·西域傳上》，王治精絕城，去長安8820里，北至都護治所2723里；東通且末2000里，南至戎盧國四日行，西通扜彌460里；北與龜茲、渠犂接；地阨陜。

一般認爲精絕國王治精絕城位於今尼雅（Niya）遺址，民豐縣北沙漠中。

一則，尼雅遺址的發掘成果表明漢晉時代該處是一個有相當人口居住的綠洲。

二則，該遺址所出的佉盧文書稱該處爲Caḍo'ta，"精絕"不妨視爲Caḍo'ta之漢譯。[12]

三則，傳文所謂且末"西通精絕二千里"，里數無疑有誤，不足爲據。[13]

《後漢書·西域傳》以下各傳沒有提供表明西漢以後精絕國王治的位置變動的資料。

4. 扜彌國：據《漢書·西域傳》，王治扜彌城，去長安9280里，東北至都護治所3553里；東通精絕460里，西通于闐390里；南與渠勒、東北與龜茲、西北與姑墨接。

扜彌國王治扜彌城的位置，一說乃玄奘所說媲摩城卽今 Uzun Tati 遺址；[14] 另說扜彌國王治應卽今 Dandān-Uiliq 遺址，策勒縣城北偏東約 90 公里。[15] 今案：後說近是。

一則，據傳文，扜彌國王治東去精絕 460 里，西去于闐 390 里；Dandān-Uiliq 東去今尼雅遺址、西去今和闐的道里大致相符。

二則，《新唐書・地理志七下》引賈耽《皇華四達記》："有寧彌故城，一曰達德力城，曰汗彌國，曰拘彌城。于闐東三百九十里，有建德力河，東七百里有精絕國。""建德力河"當爲"達德力河"之誤。"達德力"得視爲 Dandān-Uiliq 之對譯。[16]

"扜彌"，《史記・大宛列傳》作"扜宋"，《後漢書・西域傳》作"拘彌"。《後漢書・西域傳》："拘彌國居寧彌城，去長史所居柳中四千九百里，去洛陽萬二千八百里。"

今案："四千九百里"和"萬二千八百里"乃"四千九百九十里"和"萬二百八十里"之奪訛。兩里數均依據《漢書・西域傳》得出，不足以證明《後漢書・西域傳》所載拘彌國王治的位置與《漢書・西域傳》所傳扜彌國王治的位置不同。

又，《魏略・西戎傳》以下各傳沒有提供表明扜彌國王治位置變動的證據。

5. 于闐國：《史記・大宛列傳》和《後漢書・西域傳》作"于窴"，據《漢書・西域傳》，王治西城，去長安 9670 里，東北至都護治所 3947 里；東通扜彌 390 里，西通皮山 380 里，北至姑墨馬行十五日；南與婼羌、北與姑墨接；于闐之西，水皆西流，注西海,其東,水東流,注鹽澤,河原出焉;多玉石。

于闐國王治西城位置,衆說紛紜極其紜,然可大別爲二類:第一類以爲在今和闐附近;其說又可細分爲五,一、Yotkan,[17] 二、Ak-sipil,[18] 三、Chalma-kazān,[19] 四、Naghara-khāna(Yotkan 東南 2.5 英里),[20] 五、Halāl-bāg[21]。第二類則指在 Keriya 北 150 英里之 Karadong。[22]

今案:于闐國王治應在今和闐附近,最可能在 Yotkan。詳細考證見有關論文。[23]

三

南山組第二組:

1. 婼羌國:據《漢書·西域傳上》,王號"去胡來王",去陽關 1800 里,去長安 6300 里;西與且末、小宛接;近陽關,辟在西南,不當孔道;西北至鄯善,乃當道。

婼羌國王治一說在柴達木盆地,[24] 一說在今楚拉克阿幹河流域。[25] 今案:後說近是。

一則,婼羌國去胡來王所治既在鄯善(今若羌)東南、去陽關 1800 里,較鄯善去陽關遠 200 里,祇能在阿爾金山之南。阿爾金山之南可分爲兩部份,東部即柴達木盆地的西北部,西部爲昆侖山北麓、以阿雅克庫木庫勒湖爲中心的山間盆地。就距離而言,雖然也可能在東部,但如果考慮到該國戶僅四百五十、口僅千七百五十,疆域卻西接且末、小宛,則更可能在西部。

二則,西部宜於遊牧的地點有三,一爲尕斯庫勒湖周圍,二是阿雅克庫木庫勒湖周圍,三是楚拉克阿幹河流域。第一個地點去陽關不足 1800 里,可以排除。從距離看,後二個地點雖然都符合條件,但楚拉克阿幹河流域可攻可守,似更適合去胡來王設置王庭。

另外,據《漢書·西域傳上》,戎盧、渠勒、于闐和難兜四國均"南與婼羌"接,表明自陽關西南一直西向延伸至葱嶺均有婼羌人活動。《太平寰宇記·四夷十·西戎二》所引《十三州志》"婼羌國濱帶南山,西有葱嶺,餘種或虜或羌,戶口甚多",可以爲證。這些婼羌人似乎不屬去胡來王統轄。[26]

《後漢書·西域傳》以下各傳,不見有關婼羌國地望的明確記載。

2. 小宛國:據《漢書·西域傳上》,王治扜零城,去長安 7210 里,西北至都護治所 2558 里;北至且末可三日行;東與婼羌、西與戎盧接;辟南不當道。

小宛國王治扜零城似應位於今安得悅遺址。

一則,安得悅遺址應即玄奘《大唐西域記》卷一二所述覩貨邏故國。[27] 據載:"從此(尼壤城)東行,入大流沙。……行四百餘里,至覩貨邏故國。……從此東行六百餘里,至折摩馱那故國,即沮末地也。"今尼雅至安得悅約 360 里,安得悅至且末約 545 里,約略相符。[28]

二則,《辛卯侍行紀》卷五稱:"卡牆以西有二路,偏南者傍山，多險，偏北者在磧中，較平。五站四百一十里安多羅（或作安得悅，辯機《西域記》：尼壤城東四百餘里至覩貨羅故國。《新唐書·西域傳》作故都邏，疑漢之戎盧國境），又西戈壁四站三百四十里尼雅（辯機《西域記》：媲摩川東二百餘里有尼壤城）。"

三則，"小宛"之得名本與"大宛"同，均係"覩貨羅"卽 Tochari 之漢譯。[29]

3. 戎盧國：據《漢書·西域傳上》，王治卑品城，去長安 8300 里，東北至都護治所 2858 里；北至精絕國四日行；東與小宛、南與婼羌、西與渠勒接；辟南不當道。

今案：戎盧國王治卑品城應在今尼雅河流域、民豐縣附近，亦卽《大唐西域記》卷一二所載尼壤城。

一則，《大唐西域記》卷一二："媲摩川東入沙磧，行二百餘里，至尼壤城，周三四里，在大澤中，澤地熱濕，難以履涉，蘆草荒茂，無復途徑，唯趣城路，僅得通行，故往來者莫不由此城焉。"據此可知尼壤城在沼澤中，應求諸民豐縣綠洲或大瑪扎綠洲一帶。[30]

二則，據《漢書·西域傳上》，自精絕國"南至戎盧國四日行"，也許所說正是從民豐綠洲抵達尼雅遺址的行程；"尼壤"得視爲"戎盧"之音轉。[31]

4. 渠勒國：據《漢書·西域傳上》，王治鞬都城，去長安 9950 里，東北至都護治所 3852 里；東與戎盧、西與婼羌、北與扜彌接。

今案：渠勒國王治鞬都城似乎應該位於 Uzun-Tati 遺址。[32]

一則，Uzun-Tati 遺址應卽玄奘《大唐西域記》卷一二所載媲摩城。[33] 自該城東行，可至尼壤城卽漢戎盧國王治所在，與《漢書·西域傳上》關於戎盧國"西與渠勒接"的記載相符。自 Uzun-Tati 遺址北行可至 Dandān-Uiliq 遺址，後者乃漢扜彌國王治所在，或卽傳文所謂渠勒國"北與扜彌接"。

二則，Uzun 不妨視爲"焉耆"[ian-tjiei] 的同名異譯，而"渠勒"[gia-lek] 不妨視爲 Tochari 之對譯。焉耆得名於 Asii，Asii 人與 Tochari 人關係密切，故焉耆國周遭山水多以"敦薨"爲名。[34] "渠勒"一地不妨另有 Uzun 這一稱呼。

四

南山組第三組：

1.皮山國：據《漢書·西域傳上》，王治皮山城，去長安10050里，東北至都護治所4292里；東通于闐380里，北至姑墨1450里，西北通莎車380里，西南至烏秅國1340里，南至縣度2000餘里；西與子合、南與天篤接，西南當罽賓、烏弋山離道。

一般認爲皮山國王治皮山城位於今皮山縣（固瑪，Guma）附近。[35]

一則，《漢書·西域傳上》載，皮山東至莎車，西至于闐，距離相等，今皮山縣西赴莎車、東赴和闐的距離也大致相等。

二則，傳文明載皮山西南至烏秅的距離，知自皮山有道可直通烏秅；而《後漢書·西域傳》明載，自皮山國王治西南行，經烏秏，涉懸度，歷罽賓，六十餘日可至烏弋山離國；知兩漢時通往罽賓的南道支線始自皮山，皮山至烏秏一段形成所謂罽賓烏弋山離道的東端。自今皮山縣轉西南，經過中巴邊境往赴喀布爾河流域，烏秏卽 Hunza 河谷仍爲必由之途。

三則，皮山南接天篤，"天篤"卽"身毒"之異譯，後者乃《史記》、《漢書》常用譯名，而在皮山國傳中出現這一異譯，得視爲皮山與印度直接交通之證據。自今皮山縣南向越過喀喇昆侖山便有道往赴印度。[36]

2. 莎車國：據《漢書·西域傳上》，王治莎車城，去長安 9950 里，東北至都護治所 4746 里；西至疏勒 560 里，東南通皮山 380 里，西南至蒲犁 740 里；[37] 南與西夜接。

一般認爲莎車國王治莎車城在今莎車縣（葉爾羌）附近。[38]

一則，若位置漢莎車國於今莎車，則不妨位置漢疏勒國、蒲犁國和皮山國於今喀什、塔什庫爾幹和皮山。今莎車東南通皮山縣、西北通喀什、西南通塔什庫爾幹，形勢、道里與傳文所述大致相符。

二則，《漢書·西域傳上》載莎車"出青玉"，今莎車縣亦然。[39]

三則，《後漢書·班梁列傳》載："明年（章帝元和二年），超發于寘諸國兵二萬五千人，復擊莎車。而龜茲王遣左將軍發溫宿、姑墨、尉頭合五萬人救之。超召將校及于寘王議曰：今兵少不敵，其計莫若各散去。于寘從是而東，長史亦於此西歸，可須夜鼓聲而發。陰緩所得生口。龜茲王聞之大喜，自以萬騎於西界遮超，溫宿王將八千騎於東界徼于寘。超知二虜已出，密召諸部勒兵，雞鳴馳赴莎車營，胡大驚亂奔走，追斬五千餘級，大獲其馬畜財物。莎車遂降，龜茲等因各退散，自是威震西域。"時班超據疏勒，故所謂"于寘從是而東，長史亦於此西歸"[40]，乃指超西歸疏勒，于闐王東歸于闐。龜茲王"於西界遮超"，指在莎車西北赴疏勒途中阻擊班超。由此可知莎車確在疏勒東南。由此可見，同傳所謂莎車"東北至疏勒"一句中"東"字當爲"西"字之誤。同傳又稱：莎車國王治東去洛陽10950里，這一里數乃以《漢書·西域傳上》去長安里數爲基礎；也表明東漢時莎車王治沒有變動。

或以爲漢莎車國不在今莎車縣，應在塔什庫爾幹，且因此斷蒲犂在大帕米爾。[41]今案：其說未安。若漢蒲犂國在大帕米爾，則旣不可能去疏勒較去莎車爲近，也不可能去疏勒和去莎車等距。僅此一端，便知漢莎車國位於今塔什庫爾幹說難以成立。至於今疏勒位於莎車之西，漢疏勒國去長安里數反較莎車爲短，主要是因爲《漢書·西域傳上》所載莎車去長安里數乃以疏勒去長安里數爲基礎。

3. 烏秅國：據《漢書·西域傳上》，王治烏秅城，去長安9950里，東北至都護治所4892里；東北至皮山國1340里，西至罽賓國2250里；北與蒲犂、無雷、西與難兜接，東北與（西夜）子合接。其西則有縣度，去陽關5888里，去都護治所5020里。

烏秅國王治烏秅城位置，異說衆多，[42]但最可能在今Hunza。[43]
一則，據《漢書·西域傳上》，皮山至烏秅1340里，皮山至姑墨1450里，兩段距離相差不大，按比例估算，烏秅國應位於

Hunza 河谷。

二則，如前所述，自皮山有道直通烏秅，經烏秅可至罽賓；而此道必定經由 Hunza 河谷。

三則，自烏秅至罽賓須經由被稱爲"縣度"的天險；而一般認爲縣度位於 Darel 至 Gilgit 之間印度河上游河谷，正處在 Hunza 河谷至罽賓（喀布爾河中下游）之間。[44]

四則，Hunza 河中游谷地，情況與《漢書·西域傳上》所載烏秅國情況十分相似。居民住在坡度很高的山凹里或臨河的高崖上，正合"山居"之說，田地大多開闢在山上，又與"田石間"說相符。河岸高峻，故當時居民有可能採取如傳文所說"接手飲"的汲水方法。

五則，Hunza 不妨視爲"烏秅"之對譯。

"烏秅"，《後漢書·西域傳》記作"德若"（《魏略·西戎傳》記作"億若"）；[45] 據載，東去長史所居 3530 里，去洛陽 12150 里；與子合相接；其俗皆同。至於里數與據《漢書·西域傳上》烏秅去長安里數可推得的去洛陽里數不同，或者表明前者爲東漢時實測所得。

4. 西夜國：據《漢書·西域傳上》，王號子合王，治呼犍谷，去長安 10250 里，東北到都護治所 5046 里；東與皮山、西南與烏秅、北與莎車、西北與蒲犂接。

《後漢書·西域傳》以爲"《漢書》中誤云西夜、子合是一國，今各自有王"。今案：其實不盡然。

一則，《漢書·西域傳上》："蒲犂及依耐、無雷國皆西夜類也。"據此可見"西夜"其實是種類之名，並非國名。同傳又稱："子合土地出玉石。"據此可見國名似乎應該是"子合"。同傳稱依耐國"南與子合接"、烏秅國"北與子合"接，也說明了同樣的問題。至於稱蒲犁國"南與西夜子合接"[46]，似乎可以有兩種解釋：既可能是一支西夜人領有以呼犍谷爲中心的子合土地，也可能是說呼犍谷的西夜人爲子合人統治。果如後者，所謂"王號子合王"，猶如同傳稱婼羌國"王號去胡來王"。

二則，《後漢書·西域傳》所傳"西夜"，真正的名稱是"漂沙"，即所謂"一名漂沙"。據稱，該國有口萬餘，去洛陽14400里。其王治顯然與呼犍谷不在一處，蓋長安去洛陽不過千里。

三則，《後漢書·西域傳》明確記載："子合國居呼犍谷。去疏勒千里。領戶三百五十，口四千，勝兵千人。"其王治名稱、戶、口、勝兵數與《漢書·西域傳》所載西夜子合國相符。這說明《漢書·西域傳》所載其實祇是子合一國，或者說是子合一地西夜人的情況。

要之，《漢書·西域傳上》所載西夜或"西夜子合"國應即《後漢書·西域傳》所載子合國。至於《後漢書·西域傳》所載西夜，其實是漂沙國。"西夜"當是 Sakā 之對譯，而"漂沙"當是 Massagetae 之對譯。[47] 據希羅多德《歷史》（I, 153, 201—215）[48]，後者也曾被波斯人稱爲 Sakā。

子合的王治呼犍谷一般認爲位於葉城（Karghalik），[49] 但一說應求諸其西 Asgan-sal 河谷，[50] 更確切地說應在葉爾羌河與 Asgan-sal 河匯合地點以上 Kosrāb 附近的河谷。[51] 今案：前說未安。

一則，Karghalik 雖符合傳文所述東與皮山、西南與烏秅、北與莎車、西北與蒲犁接之條件，但傳文又稱子合王治"呼犍谷"，"其人山居"，可見不在 Karghalik，而應在其西南谷地。

二則，《漢書·西域傳上》稱："子合土地出玉石。"而 Asgan-sal（徐松《西域水道記》卷一作"阿子汗薩爾"）河的源頭正是玉石產地。

至於《後漢書·西域傳》所謂西夜亦卽漂沙，或以爲該國旣爲有口萬餘的大國，不可能在山谷中，應位置於 Karghalik。[52] 今案：有關漂沙地望的資料僅去洛陽里數一項，很難據以判定其位置。說者旣指子合在 Asgan-sal 流域，則不應置漂沙於 Karghalik。蓋按去長安距離計算，漂沙應在子合之西三千餘里。

應該指出的是《後漢書·西域傳》載："自于寘經皮山，至西夜子合、德若焉。"似乎自于闐西行，先後經西夜、子合、德若；其實不然。蓋同傳明載子合去洛陽 11200 里，較西夜去洛陽爲近。故此處所謂"至西夜子合"也衹能理解爲《漢書·西域傳》的"西夜子合"，亦卽子合國。知此處《後漢書·西域傳》仍在承襲《漢書·西域傳》。

5. 蒲犁國：據《漢書·西域傳上》，王治蒲犁谷，去長安 9550 里，東北至都護治所 5396 里；東至莎車 540 里（或 740 里）[53]，北至疏勒 550 里，東南與子合接，西至[54]無雷 540 里。

蒲犁國王治蒲犁谷的位置，一說在今塔什庫爾幹，[55] 一說蒲犁的位置在 Raskem Darya 流域，[56] 此外還有多種異說。[57] 今案：無妨認可第一說。

一則，傳文稱蒲犂東至莎車540里，北至疏勒550里，又稱莎車北至疏勒560里，則疏勒、蒲犂、莎車三者差不多處於一個正三角形的三個頂點，今疏勒、塔什庫爾幹、莎車三地形勢與之正相仿佛。

二則，《後漢書·西域傳》稱："莎車國西經蒲犂、無雷至大月氏。"據此知無雷、蒲犂兩國位於自莎車赴大月氏的所謂葱嶺南道上，塔什庫爾幹可以說是必由之途。

"蒲犂"，《魏略·西戎傳》訛作"滿犂"。

6. 無雷國：據《漢書·西域傳上》，王治盧城，去長安9950里，東北至都護治所2465里；東南至蒲犂540里，西至難兜340里，[58]至依耐540里；南與烏秅、北與捐毒、西與大月氏接。

無雷國王治盧城一說在小帕米爾（Litter Pamir），具體而言在形成Murg-āb上游、東北流向的Ak-su河以及形成Āb-i-panja上游、西流的Ak-su河這兩河的河谷。[59]

今案：此說可從。蓋蒲犂國王治既在塔什庫爾幹，則無妨置其西北之無雷於小帕米爾。

7. 依耐國：據《漢書·西域傳上》，王治去長安10150里，東北至都護治所2730里；至莎車540里，至無雷540里，北至疏勒650里；南與子合接。

依耐國王治一說在大帕米爾。[60]今案：既置無雷於小帕米爾，則依耐或在大帕米爾。蓋按之去長安里數、去烏壘里數，依耐應在無雷之西，祇是依耐至莎車里數可能是錯誤的。

8. 難兜國：據《漢書·西域傳上》，王治去長安10150里，東北至都護治所 2850 里；東至無雷 340 里，西南至罽賓 330 里；[61] 東與烏秅、南與婼羌、北與休循、西與大月氏接。

難兜國王治一說在今 Gilgit，[62] 一說在 Qala Panja 附近的 Wākhan 谷地。[63]

今案：兩說之主要依據均爲傳文所載難兜國王治東至無雷 340 里。但兩者相較，前者稍勝。

一則，難兜國西南至罽賓，是皮山－烏弋山離道的重要樞紐，不應偏在西北。

二則，難兜東與烏秅接。持後說者既指烏秅爲 Hunza，則指難兜爲 Gilgit 更爲合理。儘管 Gilgit 去 Alai 高原較 Qala Panja 更遠，與傳文所謂北與休循接不合。事實上，無論位置難兜於 Gilgit 還是 Qala Panja 均不可能北接 Alai 高原。因此，所謂北接休循，很可能祇是指交通路線相接。

五

北山組第一組：進入具體討論之前應該先指出以下三點：

一、《漢書·西域傳下》稱：卑陸國、東西且彌國和劫國"王治天山東"，而蒲類國"王治天山西"。雖然明確提及的祇有五國，但尚有五國的情況可以推知：卑陸國王治天山東，則其北之卑陸後國以及後國東之郁立師亦應在天山東。兩且彌國在天山東，其北之烏貪訾離國以及烏貪訾離國東之單桓國亦應在天山東。同理，蒲類國在天山西，蒲類後國亦應在天山西。

二、《漢書·西域傳下》描述的時代，卑陸國、東西且彌國和劫國所處"天山"指自焉耆北之博羅圖山蜿蜒至博克達山以東的山脈，[64]一說專指 Qara-usen 山或 Döss-Mengen-ola，蒲類前後國王治則應在庫舍圖嶺（Barköl-dawān）之西。[65]

三、《漢書·西域傳上》："至宣帝時，遣衛司馬使護鄯善以西數國。及破姑師，未盡殄，分以爲車師前後王及山北六國。時漢獨護南道，未能盡并北道也，然匈奴不自安矣。"所謂"山北六國"，乃指分自姑師的蒲類前後國、卑陸前後國和東西且彌國。[66] 稱之爲"山北六國"，說明這六國位於西域北山亦即今天山之北。既然烏貪訾離國在且彌國之北，該國以及其東之單桓國亦應在山北；同理，卑陸後國東西之劫國和郁立師亦不妨位置於山北。

1. 車師前後國、車師都尉國和車師後城長國：據《漢書·西域傳下》，前國王治交河城，河水分流繞城下，故號交河，去長安8150里，西南至都護治所1087里；[67]至焉耆835里，東南至鄯善1890里；北與卑陸接。

今案：這一組十六國中，王治的位置確鑿無疑的似乎祇有車師前國一國。古今注家一致認爲交河城應即今吐魯番縣西雅爾湖（Yār-Khoto，亦作雅爾和圖或招哈和屯）所在。[68]

一則，漢代自長安往赴車師前國王治交河城無疑必須經過敦煌，而敦煌以遠道路雖然不止一條，但由於西域形勢變化，一度取道乃順疏勒河西行，到達哈剌淖爾，穿越沙漠到達羅布泊東端，復沿湖北緣西行，抵達樓蘭遺址或營盤遺址後北轉，沿孔雀河到庫爾勒，復東北行，經由焉耆、托克遜往赴。《西州圖經殘卷·銀山道》載："道出天山縣界，西南向焉耆國七百里。"天山縣在今托克遜東，自托克遜赴雅爾湖約 120 里至 130 里，兩者之和略等於傳文所載交河城去焉耆之里程。又據《漢書·西域傳下》，自長安赴焉耆 7300 里。這一里數加上焉耆去交河城 835 里，與交河城去長安里數大致相符。[69]

二則，雅爾湖故城位於兩河相交之土崖，與傳文所述交河城的形勢一致。[70]

三則，Yār-Khoto 可視爲"交河"之音譯。[71]

又據《漢書·西域傳下》，後國王治務塗谷，去長安 8950 里，西南至都護治所 1237 里。

一般認爲，無妨位置該國王治於吉木薩爾南郊之河谷[72]。由於缺乏進一步的資料，迄今未能確指，或以爲即 Valley Pa-no-p'a，[73]或以爲在吾唐溝一帶，[74] 等等。

今案：傳文提供的兩條資料，亦即去長安 8950 里和至都護治所 1237 里，都不能作爲判斷務塗谷地望的可靠依據。蓋如前述，前者雖是自務塗谷經由交河城赴長安的里程，但不是連接兩地最短的里程，且沿途經由諸地也無其他可信的區間里數可供校覈。因此，判斷務塗谷地望唯一可靠的依據祇剩下《後漢書·西域傳》關於自車師前國王治交河城去車師後國王治務塗谷約 500 里這則記載。

有關車師都尉國地望的信息無傳。然據同傳，車師後國之職官有"左右都尉"，可見所謂"車師都尉國"，應該是車師後國的都尉所鎮守之地。

關於後城長國除了知道該國在郁立師國東之外，還知道其北界鄰接匈奴。蓋《漢書·西域傳下》載："是時，莽易單于璽，單于恨怒，遂受狐蘭支降，遣兵與共寇擊車師，殺後城長，傷都護司馬，及狐蘭兵復還入匈奴。"單于寇擊之"車師"為車師後國，故殺後城長。又同傳末在總括西域諸國官稱號時列出"城長"一職，此號雖於傳中僅見於于闐一國，但車師後國未必不曾設置。質言之，所謂"車師後城長國"可能是車師後國城長鎮守之地。

傳文既列車師都尉國和車師後城長國於車師後國之後，按照傳文的體例，二國均可能在車師後國之西，而後城長國又在都尉國之西。

據《後漢書·西域傳》，車師前王居交河城，去長史所居柳中80里，東去洛陽9120里；西通焉耆北道。又載：後王居務塗谷，去長史所居500里，去洛陽9620里；西通烏孫。

今案：不能因為《後漢書·西域傳》所載有關諸里數與《漢書·西域傳》不同，而指兩書所載車師前後國王治位置不同。[75]值得注意的是《後漢書·西域傳》所載前後國王治之間的距離為500里，[76]較《漢書·西域傳》所載800里更接近實際。

《史記·大宛列傳》稱："樓蘭、姑師邑有城郭，臨鹽澤。鹽澤去長安可五千里。"所提及的姑師國一般認為便是《漢書·西域傳》所載車師國。今案：至多認為姑師是車師之前身，《史記·大宛列傳》的姑師的位置應該靠近羅布泊，可能是因為武帝元封三年（前108年）被漢軍擊破，一部份姑師人越過庫魯克塔克山北遷,纔形成《漢書·西域傳》的車師國。[77]

《魏略·西戎傳》載車師後國王治于賴城。"于賴"與烏貪訾離王治"于婁"不妨視爲同名異譯,在《魏略·西戎傳》描述的年代,車師後國王治移至于婁谷也未可知。

2. 狐胡國:據《漢書·西域傳下》,王治車師柳谷,去長安8200里,西南至都護治所1147里,至焉耆770里。

今案:狐胡國王治車師柳谷之位置大致在雅爾湖之西、托克遜東北,自吐魯番往赴烏魯木齊的交通道,亦即《西州圖經殘卷》所見白水澗道上。[78]

一則,自車師柳谷往赴都護治所烏壘城乃經由車師前國王治交河城。據兩者去長安里數,可推得車師柳谷應在交河城西或西北50里。而據兩者去烏壘里數,可推得車師柳谷在交河城西或西北60里。這顯然是由於去長安里數與去烏壘里數依據的資料來源不同。不管怎樣,車師柳谷應在交河城之西或西北50—60里。

二則,交河城去焉耆835里,較之車師柳谷去焉耆里數770里反而多出65里,似可說明自車師柳谷赴焉耆不必經由交河城。而據《西州圖經殘卷》,循銀山道出天山縣界,西南向焉耆國七百里,可知車師柳谷在唐天山縣(今托克遜)之西北70里左右處。

由此可見,車師柳谷去托克遜和雅爾湖的距離大致相等,自車師柳谷往赴兩地的道路構成一個等腰三角形的兩邊,此谷或者在交河城西北白楊河一帶。[79]

一說車師柳谷應即《後漢書·西域傳》所見柳中。[80]今案:其說非是。[81]

二說車師柳谷應卽《舊唐書·姜行本傳》以及同書"侯君集傳"[82]所見柳谷。[83]前者稱:"及高昌之役,以行本爲行軍副總管,率衆先出伊州,未至柳谷百餘里,依山造攻具。其處有班超紀功碑,行本磨去其文,更刻頌陳國威德而去。遂與侯君集進平高昌。"由此可見,侯君集與姜行本所至柳谷,去姜行本刻石紀功處百餘里。旣然姜行本磨去漢碑所刻現存煥彩溝卽由哈密通往巴里坤的山南縱深峽谷,[84]此柳谷應位於伊州卽哈密附近。[85]

三說應卽《新唐書·地理四》所見柳谷。據載:"自[交河]縣北八十里有龍泉館。又北入谷百三十里,經柳谷、渡金沙嶺,百六十里,經石會漢戍,至北庭都護府城。"這就是說位於自交河城北赴車師後部的道路上。[86]今案:此道相當於《西州圖經》所見他地道,此柳谷位於高昌縣北210里,與《漢書·西域傳下》所載車師柳谷位置不符。[87]

狐胡,《後漢書·西域傳》作"孤胡"。

3. 蒲類前後國:據《漢書·西域傳下》,前國王治天山西疏榆谷,去長安8360里,西南至都護治所1387里;後國王治去長安8630里。

今案:蒲類國王治疏榆谷位於巴里坤淖爾附近。[88]

一則,《漢書·匈奴傳上》載:"後將軍趙充國爲蒲類將軍,三萬餘騎,出酒泉。……蒲類將軍兵當與烏孫合擊匈奴蒲類澤,烏孫先期至而去,漢兵不與相及。"知今巴里坤湖漢代稱蒲類澤,而蒲類澤應得名於蒲類國。

二則,武帝天漢二年,《漢書·武帝紀》載:"貳師將軍三萬騎出酒泉，與右賢王戰于天山，斬首虜萬餘級。"天山，師古注引晉灼曰："在西域，近蒲類國，去長安八千餘里。"據此可知所謂"天山"指庫舍圖嶺（Barköl-dawān），而蒲類國王治在嶺西。

三則，據《後漢書·西域傳》，蒲類國居天山西疏榆谷，東南去長史所居 1290 里，去洛陽 10490 里。既然居天山西疏榆谷，知與《漢書·西域傳下》所傳爲同一國，而去洛陽 10490 里，乃指自疏榆谷經柳中、車師前國王治赴洛陽的行程；亦即疏榆谷去柳中 1290 里，柳中去車師前國王治 80 里，與車師前國王治去洛陽 9120 里之和。結合《漢書·西域傳下》蒲類國王治"西南至都護治所千三百八十七里"的記載，可知《後漢書·西域傳》"東南去長史所居千二百九十里"應爲"西南去長史所居千二百九十里"之誤。

按之去長安里數，蒲類後國王治應在疏榆谷之西北 270 里，一說在大石頭綠洲一帶。[89]

"蒲類"，《魏略·西戎傳》作"蒲陸"。

又，《後漢書·西域傳》載："蒲類本大國也，前西域屬匈奴，而其王得罪單于，單于怒，徙蒲類人六千餘口，內之匈奴右部阿惡地，因號曰阿惡國。南去車師後部馬行九十餘日。"今案：此蒲類大國與上述蒲類前後國可能並無繼承關係，[90] 被徙後其地當在匈奴右部、車師後部之北 9000 餘里，具體位置難以落實。

4. 東西且彌國：據《漢書·西域傳下》，東且彌國王治天山東兌虛谷，去長安 8250 里，西南至都護治所 1587 里；西且彌國王治天山東于大谷，去長安 8670 里，西南至都護治所 1487 里。

今案：傳文所載東西且彌國去都護治所之里數有誤，應予互換。[91]東西且彌國應該位於今博格達山與 Eren-Khabirgen 山之間。

一則，傳文所謂"天山"乃指自焉耆北之博羅圖山蜿蜒至博克達山以東的山脈。[92]兩且彌國"王治天山東"，又屬《漢書·西域傳上》所謂"山北六國"之列，可知無妨位置兩國在今 Eren-Khabirgen 山以北。

二則，既然長安至車師前國王治交河城 8150 里，至東且彌王治兌虛谷爲 8250 里，則交河城西至兌虛谷爲 100 里。又據《後漢書·耿秉傳》，交河城抵車師後國王治務塗谷爲 500 里。可見自兌虛谷往赴交河城不必經由務塗谷。既然車師柳谷在交河城之西約 50 里，則兌虛谷很可能位於今烏魯木齊南郊水西溝一帶。

三則，既然長安至車師前國王治交河城 8150 里，至西且彌王治于大谷爲 8670 里，則于大谷東至交河城爲 520 里，不妨位置於今瑪納斯南郊山谷。

至於《後漢書·西域傳》所傳東且彌國，與《漢書·西域傳》所傳東且彌國不在一處。

一則，據《後漢書·西域傳》，東且彌國東去長史所居 800 里，去洛陽 9250 里。長史所居爲柳中，去交河城 80 里。因此東且彌國在交河城西或西北 720 里，與《漢書·西域傳》所傳東且彌國去交河城僅 100 里不可調和。至於去洛陽里數，不過是將《漢書·西域傳下》長安里數，加上長安去洛陽里數而得，不能作爲判斷地望之依據。

二則，《後漢書·西域傳》稱該傳乃"撰建武以後其事異於先者"。傳文所述東且彌國與《漢書·西域傳下》所述同名之國情況確實有異,不僅户口、勝兵,而且王治位置亦有變動,同傳在敍述同屬"車師六國"的蒲類國、車師前後國時均列出其王治名稱,唯獨於東且彌國保持沉默,這説明在傳文描述的時代,東且彌國王治已不在兑虚谷。大概傳文所據原始資料最初僅有去長安里數,後因體例有關纔增添了按《漢書·西域傳下》長安里數推算出來的洛陽里數,以致自相矛盾。

三則,《後漢書·西域傳》稱:東且彌國"廬帳居,逐水草,頗田作。……所居無常"。據此可知其時其人遊牧爲生,遷徙事屬尋常。

至於《後漢書·西域傳》所載東且彌國的具體位置,不妨認爲在博格達山之北。《太平御覽》卷九八七引《博物志》曰:

> 西域使(至)王暢説,石流黄出且彌山,去高昌八百里,有石流黄,高數十丈,縱横五六畝,有取流黄孔穴,晝視其孔上,狀如青煙,常高數尺。夜視皆如燃燈,光明高尺餘。暢所親視見也。且彌人言是時氣不和,皆往保此山,毒氣自滅。

結合《宋史·外國六·高昌》所載:

> 北廷北山中出硇砂,山中嘗有煙氣涌起,無雲霧。至夕,光焰若炬火,照見禽鼠皆赤,采者著木底鞵取之,皮者卽焦。

可知"北廷北山"無疑指今博格多山,而《博物志》所謂且彌山應在北廷北山中,是山去高昌800里。蓋硇砂由煤層自燃生成,同時生成者有硫磺卽所謂"石流黃"等,可見《博物志》和《宋史》記載的雖非同一種礦產,但不能因此否定所述爲同一個產地。何況所謂"石流黃"也可能是硫磺與硇砂的混合物。[93]

北廷之且彌山顯然因且彌人而得名,故不妨求且彌國於其附近。這且彌國應該就是《後漢書·西域傳》所載東且彌國。蓋據《後漢書·西域傳》:交河城去長史所居(柳中)80里;而據《元和郡縣圖志·隴右道下·西州》,交河縣"東南至[西]州(治高昌縣)八十里",知高昌去柳中里數可忽略不計。由此可見《博物志》所載且彌山去高昌800里,與《後漢書·西域傳》所載去柳中800里之東且彌國差不多處於同一位置。

以下兩說,均有所未安:

一說西且彌國在小裕勒都斯河谷,其東 Algoi 河谷則爲東且彌國。換言之,兩國不能視爲"山北"之國。[94]

一則,傳文所謂"天山",乃指焉耆北之博羅圖山蜿蜒至博克達山以東的山脈。證之說者所考劫國和卑陸前後國的地望,東、西且彌國果然位於小裕勒都斯河流域,則傳文不應稱兩國王治"天山東"。

二則,說者以爲旣然按照去長安里數可知自交河城往赴東西且彌國不必經由務塗谷,可見兩國並非山北之國。今案:自交河城往赴 Eren-Khabirgen 山以北同樣沒有必要經由務塗谷。

三則,說者以爲《漢書·西域傳》所載劫國與東且彌國的去烏壘里數相同（均爲1487里），可見兩者不可能同時位置於天山山脈以北，而祇能一在山北，一在山南。《後漢書·西域傳》載東且彌國"東去長史所居八百里"，則說明位於山南的是東且彌國。今案：博格達山南北，無妨位置兩個去交河城等距的王治。何況，確如說者一再指出，東部天山諸國去烏壘里數並不完全可靠。

四則，說者以爲如果位置東且彌國於山北，則《後漢書·西域傳》應明載在柳中以北或西北，而不應稱"東去長史所居"。今案：《後漢書·西域傳》"東去"云云，完全可以讀作"東南去"，說者的理解未免執著。

五則，說者以爲前引《博物志》所載"且彌山"應卽西突厥射匱可汗的根據地。蓋《舊唐書·突厥傳下》有載："[射匱可汗]乃建庭於龜茲北三彌山。""三彌"顯係"且彌"之誤。而《水經注·河水二》引釋道安《西域記》有載：

> 屈茨北二百里有山，夜則火光，晝日但煙。人取此山石炭，冶此山鐵，恒充三十六國用。

可知屈茨（龜茲）北二百里之山應卽《博物志》的且彌山或《舊唐書·突厥傳下》的"三（且）彌山"。至於《宋史·外國六·高昌》所載"北廷北山"其實爲"安西北山"之誤，指的也是同一座山。這也說明且彌國包括了龜茲以北的裕勒都斯河流域。今案：其說非是。

首先，《博物志》所載且彌山，未必便是龜茲北山卽《舊唐書·突厥傳下》的"三彌山"，即使"三"確係"且"字之訛。蓋石流黃或磠砂之產地未必龜茲北一處。而疑《宋史·外國六·高昌》所見"北廷"乃"安西"之誤，並無確據。[95]

其次，《後漢書·西域傳》沒有關於龜茲去長史所居的里數，卻記載焉耆"北去長史所居八百里"，龜茲在焉耆之西，其北之且彌山去長史所居必定超過八百里，由此亦可見《博物志》所載且彌山與"龜茲北三彌山"不可能是同一座山。而如果懷疑《博物志》關於且彌山"去高昌八百里"的記載，也就失去了判定"龜茲北三彌山"便是漢代東且彌國所在的主要依據。

其三，《漢書·西域傳下》明載焉耆、龜茲兩國均北與烏孫接，可知其間不存在且彌國，或者說龜茲北山可能存在的且彌人不成其國可知。

其四，《舊唐書·突厥傳下》所載射匱建庭之地果為且彌山，則至多說明當時龜茲之北亦有且彌人。但不能因此位置漢代的且彌國於龜茲之北（或裕勒都斯河流域）。前引《後漢書·西域傳》既載且彌國人所居無常，則其人完全可能在漢代以後自博格多山東遷至裕勒都斯河流域，致使龜茲北山亦得名"且彌"。何況即使能證明漢代龜茲之北已有且彌山或且彌人，也不能因此認為漢代且彌國在裕勒都斯河流域。且彌係塞種之一支，其人在漢代散處塔里木盆地各綠洲。《漢書·西域傳》所見姑墨、且彌、扜彌（拘彌）等可能都是其人活動留下的痕蹟。[96] 質言之，博格多山東和龜茲北的且彌人雖同出一源，後來卻不一定有什麼聯繫。再者，"車師"和"龜茲"本為同名異譯，其人同源，且彌既分自車師

（姑師），龜茲北出現且彌人自亦不足爲奇。

另一說以爲東且彌國應在今東鹽池驛附近之 Toghucha，即清之塔呼。西且彌在其北、濟爾瑪台附近。也就是說僅西且彌一國位於山北。[97]

《天下郡國利病書·九邊四夷》（册三四）引《西域土地人物略》稱："哈密西十里爲阿思打納城，阿思打納西爲把兒思闊（按卽二堡），又西爲脫合城兒（按卽三堡），又西爲北昌（按卽闢展）。"另《大清一統志》（卷四一七）載："塔呼在闢展城東八百八十里，倚托來嶺，地多斥鹵，曲徑如鑿，車馬艱於行涉。"據此可見塔呼正是漢代東且彌國所在。"脫合城兒"或"塔呼"不妨視爲東且彌國王治名"兑虛"之對譯。而《欽定皇輿西域圖志·疆域二》（卷九）載："濟爾瑪台在〔奇臺〕縣治東九十里，濟爾瑪台布拉克出天山下北流，東西各建堡，一名西濟爾瑪台堡，一名東濟爾瑪台堡，有屯田。"又載："木壘在濟爾瑪台東十里。""濟爾瑪"殆"且彌"之音變。

今案：此說非是，已詳另文。[98]大致東且彌國既然不在柳中之東，則上述比定不可取。而西且彌國去長安里數較車師前國遠、較車師後國近，並不能說明該國王治位於車師前國王治之東。長安里數之多寡取決於行途經由，不能視爲位置的決定性判據。質言之，上述長安里數無妨西且彌國王治位於交河城乃至務塗谷之西。至於烏壘里數，同樣不能說明什麽問題。說者的校正也不足爲據。

5. 卑陸前後國：據《漢書·西域傳下》，前國王治天山東乾當谷，去長安8680里，西南至都護治所1287里。

一說卑陸國王治乾當谷的位置爲唐庭州西、延城以西"碎葉路"上的馮洛守捉，今之紫泥泉（白楊驛）。[99] 蓋"馮洛"或"憑落"得視爲"卑陸"之異譯，而《新唐書·地理志四》稱："自庭州西延城西六十里有沙鉢城守捉，又有馮洛守捉，又八十里有耶勒城守捉，又八十里有俱六城守捉，又百里至輪臺縣。"庭州在今吉木薩爾附近，而輪臺在今烏魯木齊。馮洛守捉應即《元和郡縣圖志·隴右道下·庭州》所見憑落鎮，位於"府西三百七十里"。[100]

今案：唐代馮洛守捉或憑落鎮之名稱固然很可能是漢代卑陸人或其後裔之遺蹟，[101]《漢書·西域傳下》所描述之卑陸國亦可能位於馮洛守捉或憑落鎮，但確指尚嫌證據不足。蓋按之去長安里數，卑陸國王治乾當谷去交河城僅530里，又別無其他可靠里數足供依據，而卑陸人又未必始終定居一地。

又據《漢書·西域傳下》，卑陸後國王治番渠類谷，去長安8710里；東與郁立師、北與匈奴、西與劫國、南與車師接。

一說卑陸國既在紫泥泉，卑陸後國應在阜康一帶。[102]

今案：此說有所未安，蓋傳文在記載卑陸後國"東與郁立師"接的同時，又稱郁立師"西與卑陸"接，如果置卑陸後國於卑陸國之西，則不可能同時與郁立師接。另外傳文所謂卑陸後國"南與車師接"，當是東南與車師接。這也表明該國不在阜康一帶。而如果考慮到車師後國位於車師前國之北，卑陸後國似應在卑陸國之北或西北30里處。

"卑陸"，《魏略·西戎傳》作"畢陸"。

6. 郁立師國：據《漢書·西域傳下》，王治内咄谷，去長安8830里；東與車師後城長、西與卑陸、北與匈奴接。

一說既然卑陸國位於紫泥泉，則其東之郁立師國王治内咄谷應在三臺附近之河谷。[103]

今案：郁立師國與卑陸前後國鄰接，如果位置卑陸國於紫泥泉，固然不妨位置郁立師於三臺，但也難以確指。

郁立師，《後漢書·西域傳》省作"郁立"。

7. 劫國：據《漢書·西域傳下》，王治天山東丹渠谷，去長安8570里，西南至都護治所1487里；東與卑陸後國接。

一說劫國王治丹渠谷在烏魯木齊西南。[104]今案：據《漢書·西域傳下》，卑陸後國"西與劫國"接。既然卑陸後國在卑陸國之北或西北，而後者位於紫泥泉之可能不能排除，則丹渠谷當在今阜康一帶。果然，卑陸後國乃西南與劫國接。

至於劫國的去烏壘里數與東且彌國的去烏壘里數相同，是因爲兩國去烏壘里數均是兩國王治以交河城去烏壘里數爲基數計算的，自阜康附近和自烏魯木齊南郊水西溝一帶東至交河城距離可以認爲是大致相等的。兩國去長安里數雖然也是以交河城去長安里數爲基數計算的，但劫國去長安里數較東且彌國去長安里數多320里，祇能認爲是兩者所據資料不同的緣故。

8. 烏貪訾離國：據《漢書·西域傳下》，王治于婁谷，去長安10330里；東與單桓、南與且彌、西與烏孫接。

一說烏貪訾離國王治于婁谷應位於瑪納斯附近，以Khorgos河與烏孫爲界。[105]

今案：雖然由於資料匱乏，烏貪訾離國位於瑪納斯難以確指，但該國去長安爲東部天山諸國中最遠者，且西接烏孫，位於瑪納斯附近亦不無可能。所謂"南與且彌"接，應是南與西且彌國接。

9. 單桓國：據《漢書·西域傳下》，王治單桓城，去長安8870里，西與烏貪訾離國接。

今案：既置烏貪訾離國王治于婁谷於瑪納斯附近，則不妨置單桓國王治單桓城於呼圖壁或昌吉一帶。[106]

《漢書·西域傳上》又載："是時匈奴東蒲類王茲力支將人衆千七百餘人降都護，都護分車師後王之西爲烏貪訾離地以處之。"一說由此可見烏貪訾離國東境應與車師後國鄰接，兩國之間不應安置單桓國。[107]

今案：此說未安，一則，所謂"車師後王之西"未必緊鄰車師後國西境，很可能祇是泛指車師後國以西。之所以不稱烏貪訾離國位於單桓國之西，則既可能是因爲烏貪訾離立國之際，單桓尚未出現在《漢書·西域傳下》描述的位置上，也可能是由於車師後國地理位置明確，更適於作爲標誌。

又，《後漢書·西域傳》載："會匈奴衰弱，莎車王賢誅滅諸國，賢死之後，遂更相攻伐。小宛、精絕、戎盧、且末爲鄯善所并。渠勒、皮山爲于寘所統，悉有其地。郁立、單桓、狐胡、烏貪訾離爲車師所滅。後其國並復立。"鄯善所并全是南道小國，于闐所滅均其附近小國，由此可見車師所滅狐胡、郁立[師]、單桓和烏貪訾離也可能處於同一條交通線，亦即《西州圖經殘卷》所載白水澗道。[108]

10. 山國：據《漢書·西域傳下》，王治去長安 7170 里；西至尉犂 240 里，西北至焉耆 160 里，西至危須 260 里，至鄯善 1365 里；東南與鄯善、且末接。

山國王治，一說位於自樓蘭遺址往赴交河城的要衝 Kizil-synger 或 Singer。[109] 一說即今營盤遺址。[110] 今案：據《漢書·西域傳上》，自鄯善國王治赴車師前國王治交河城 1890 里，這是經由山國王治的里程，[111] 因此可以推知，自山國王治赴交河城約 525 里。這一里數既可以認爲是營盤遺址，也可以認爲是 Kyzyl-synger 抵雅爾湖的大致距離。兩說優劣難分。

六

北山組第二組：

1. 烏孫：漢魏時期此國領土主要在伊犂河、楚河流域，王治赤谷城應在伊塞克湖東南、納倫河上游。[112]

2. 尉頭：據《漢書·西域傳上》，王治尉頭谷，去長安 8650 里，東至都護治所 1411 里；南與疏勒接，山道不通，徑道馬行二日；[113] 西至捐毒 1314 里，東至溫宿 300 里。

尉頭國王治尉頭谷的位置，主要有三說：一說位於今阿合奇東色帕爾拜（Safyr bay），[114] 一說在烏什一帶，[115] 一說在今巴楚東北 Tumshuq 遺址（脫庫孜薩來古城 Toqouz-saraï-tagh）附近。[116] 今案：第三說近是。

一則，《漢書·西域傳上》尉頭國傳緊接在疏勒國傳之後，傳文且載其國"南與疏勒接"，表明該國位於自龜茲東南行、循塔里木河、克孜爾河，經今巴楚至疏勒的所謂西域北道上。

傳文："[尉頭國] 南與疏勒接，山道不通，西至捐毒千三百一十四里，徑道馬行二日。"末六字應上接"山道不通"句。[117] 蓋尉頭西至捐毒非"馬行二日"可達，而若無"徑道"，"山道"又不通，安得"與疏勒接"。

《漢書·西域傳下》所載疏勒、尉頭與姑墨去烏壘里數屬於同一系統，[118] 也表明自疏勒有道可通尉頭，往赴姑墨須經由尉頭。《後漢書·西域傳》稱：疏勒"東北經尉頭、溫宿、姑墨、龜茲至焉耆"，足以佐證。若尉頭在今阿合奇，則自疏勒往赴溫宿、姑墨、龜茲不必經由尉頭。

二則，指漢尉頭國在阿合奇附近的主要依據是《漢書·西域傳下》所載溫宿國"西至尉頭三百里"；然而"西"不妨理解爲西南，自溫宿西南至 Tumshuq 之距離雖大於 300 里，但所謂"三百里"不過是按三日行程估算而得，不能視爲確數。

三則，《漢書·西域傳下》不載尉頭通烏孫道里，暗示尉頭不在今烏什附近。

四則，尉頭國王治去姑墨國王治的距離與據史德城去撥換城的距離大致相符。蓋按之《漢書·西域傳下》所載姑墨和尉頭兩國去烏壘里數（尉頭去烏壘里數以姑墨去烏壘里數爲基準），可知尉頭東去姑墨約 400 里（以四日行程估算）。而《新唐書·地理志七下》引賈耽《皇華四達記》載："自撥換[119]（姑墨）、碎葉西南渡渾河,百八十里有濟濁館,故和平鋪也。又經故達幹城,百二十里至謁者館。又六十里至據史德城,龜茲境也,一曰鬱頭州,在赤河北岸孤石山。渡赤河,經岐山,三百四十里至葭蘆館。又經達漫城,百四十里至疏勒鎮。……赤河來自疏勒西葛羅嶺,至城西分流,合于城東北,入據史德界。"按此里程計算據史德城東至撥换城雖然僅360里,但如考慮到《新唐書·地理志七下》所錄賈耽《皇華四達記》不少處有不恰當的節略,就不妨認爲兩地實際距離不止此數。

五則,巴楚東北Tumshuq遺址無疑便是鬱頭州。[120] 東漢以降尉頭一直是龜茲的屬國。"鬱頭"與"尉頭"又可視作同名異譯。

七

北山組第三組:

1.疏勒:據《漢書·西域傳上》,王治疏勒城,去長安9350里,東至都護治所2210里;東南至莎車560里,南至蒲犁550里,至依耐650里;西當大月氏、大宛、康居道。

一般認爲,疏勒國王治疏勒城在今喀什附近。今案:此說可從。

一則,如前所述漢莎車國應在今莎車附近,故無妨位置漢疏勒國、蒲犁國於今疏勒、塔什庫爾幹。今喀什東南通莎車、西南通塔什庫爾幹,形勢、道里與傳文所述大致相符。

二則,漢疏勒城是通往大月氏(阿姆河流域)、大宛(費爾幹納)、康居（錫爾河流域）的交通樞紐，與今喀什相同。

據《後漢書·西域傳》，去洛陽10300里，去長史所居5000里，去子合1000里；西南至莎車。去洛陽距離乃據《漢書·西域傳上》疏勒去長安9350里，加上長安去洛陽約1000里而得。因此似乎可以認爲東漢時疏勒國王治位置未變。又如前述，《後漢書·西域傳》"莎車東北至疏勒"句中，"東"字應爲"西"字之訛。

2. 姑墨：據《漢書·西域傳下》，王治南城，去長安8150里，東至都護治所1021里；東通龜茲670里，西通溫宿270里，南至皮山1450里，南至于闐馬行十五日，北與烏孫接，東南與扜彌接。

姑墨國王治南城位置異說頗多，[121] 目前相持不下者主要有二說，一說位於今阿克蘇附近，[122] 另說在今 Kara-Youlgoun。[123] 今案：前說較勝。

一則，龜茲去姑墨與今庫車去阿克蘇的距離大致相符：據《欽定皇輿西域圖志·疆域九》（卷一六），庫車西至阿克蘇七百里（庫車至賽喇木 210 里，賽喇木至拜城 90 里，拜城至阿克蘇 400 里）。雖然清里大於漢里，漢代姑墨似應求諸阿克蘇以東，但時過境遷，不僅道路經由可能不同，而且庫車至阿克蘇既可取道確爾克達格山南，亦可取道山北，後者較前者略遠。[124]《西域圖志》所載可能是北道之里數，《漢書·西域傳下》所載則可能是南道里數。[125]

除《漢書·西域傳下》外，上述南道里數尚見諸《大唐西域記》卷一："從此〔屈支〕西行六百餘里，經小沙磧，至跋祿迦國。"《新唐書·西域傳上》亦載："自龜茲贏六百里，踰小沙磧，有跋祿迦,小國也,一曰亟墨,卽漢姑墨國。"據此可知跋祿迦國卽漢姑墨國王治所在,卽去龜茲600餘里。

或以爲《大唐西域記》所載應爲北道里數,蓋考慮到當時玄奘不可能取南道,故跋祿迦國不在今阿克蘇而在哈剌玉爾滾。[126] 今案:此說證據不足,似不可從。

又,《新唐書·地理志七下》引賈耽《皇華四達記》載:"安西西出柘厥關,渡白馬河,百八十里西入俱毗羅磧。經苦井,百二十里至俱毗羅城。又六十里至阿悉言城。又六十里至撥換城。一曰威戎城,曰姑墨州,南臨思渾河。"撥換城果卽漢姑墨國王治所在,則去安西卽龜茲僅420里。然據同書"阿史那社尒傳",社尒討龜茲,"因拔都城,王輕騎遁,社尒留孝恪守,自率精騎追躡,行六百里,王據大撥換城,嬰險自固"。知《新唐書·地理志七下》所見賈耽《皇華四達記》有關里程已有節略,[127] 而撥換城去龜茲距離應與《大唐西域記》卷一所載跋祿迦國去龜茲距離相同。[128]

又據《太平寰宇記》(卷一五六),安西大都護府"正西至撥換五百六十里"。

既然唐宋尺度與漢有異,[129] 則不能認爲唐宋記載與《漢書·西域傳下》所述不合。

二則,姑墨西至溫宿距離與阿克蘇與烏什距離大致相符(詳下節)。

三則,自阿克蘇城南渡河,循和闐河,有道通和闐城。[130]

四則,據《欽定皇輿西域圖志·疆域九》(卷一六)載阿克蘇城形勢險要。其形勢可能古來皆然，故龜茲王能"嬰險自守"。[131]

五則，據《水經注·河水二》姑墨水出姑墨西北，歷赤沙山，東南流經姑墨西，又東南流，右注北河。姑墨水應即今阿克蘇河，所出赤沙山即今阿克蘇西北之鹽山，水經此山之東南流。今案：《水經注》所述姑墨水若以發源於今伊塞克湖東南的庫瑪拉克河爲主源，則所謂"赤沙山"也可能是《漢書·西域傳》所載烏孫國王治赤谷城（納倫河上游）所在。[132]

至於Kara-Youlgoun（哈喇裕勒袞），據《欽定皇輿西域圖志·疆域九》（卷一六），在阿克蘇東180里。這與《漢書·西域傳》所載姑墨去龜茲里數相去較遠；且其地迄未發現古城遺址，似難視爲漢姑墨國王治所在。

3. 溫宿：據《漢書·西域傳》，王治溫宿城，去長安8350里，東至都護治所2380里；西至尉頭300里，北至烏孫赤谷城610里，東通姑墨270里。

一般認爲，溫宿國王治溫宿城位於今烏什一帶。[133] 今案：姑墨既在阿克蘇，則溫宿很可能在今烏什。

一則，姑墨去溫宿與阿克蘇去烏什的距離大致相符。蓋據和寧《回疆通志》卷九，"阿克蘇在烏什東二百四十里"。[134]

二則，上引《新唐書·地理志七下》引賈耽《皇華四達記》，於"南臨思渾河"後接著說："乃西北渡撥換河、中河，距思渾河百二十里，至小石城。又二十里至于祝境之胡蘆河。又六十里至大石城，一曰于祝，曰溫肅州。""溫肅"無妨視作"溫宿"之異譯，知撥換城即漢姑墨國王治所在至溫宿200里。今案：賈耽所記已爲《新唐書·地理志》編者作了不恰當的節略，實際距離當超過此數。[135]

一說上引賈耽《皇華四達記》所見"思渾河"衍"思"字，卽今渾巴什河；撥換河卽今阿克蘇河東西支未匯合前之東支，卽瑚瑪喇克河。所載"百二十里"，"百"爲"北"字之訛，小石城在今布特爾附近；果然，則于祝卽溫肅州應在今烏什。[136]

三則，《新唐書·地理志七下》引賈耽《皇華四達記》載：自溫肅州"又西北三十里至粟樓烽，又四十里度拔達嶺，又五十里至頓多城，烏孫所治赤山城也。又三十里渡真珠河"。其中，拔達嶺卽 Badal Pass，赤山城卽赤谷城，真珠河卽納倫河。準此，溫肅卽溫宿去赤谷城僅 120 里；然上引文"頓多城"下必有奪脫。[137] 這就是說，今存賈耽的記載不應視爲溫宿國王治在烏什的反證。

四則，指溫宿國王治位於今烏什，與《水經注·河水二》有關記載並無矛盾。蓋自葱嶺東流之水，自迦舍羅國南，東北流出羅逝西山，經岐沙谷，出谷分爲二水。一水自岐沙谷東與南河分流，東北流，分爲二水，其一爲枝水。主流復自疏勒流經南河之北，"暨于溫宿之南，左合枝水"，又東經姑墨國南，姑墨川水注之，又東經龜茲國南，又東流，左合龜茲川，又東流，左會敦薨之水，又東流，經墨山國南、注賓城南、樓蘭城南，注於泑澤卽蒲昌海。是爲北河。"北河"乃指以葉爾羌河爲主源的塔里木河。而所謂"枝水"上承北河於疏勒之東，東北流經疏勒國南，又東北與疏勒北山水合，復東流經莎車國北、溫宿國南，右入北河，應指克孜爾河、喀什噶爾河。而所謂"暨于溫宿之南，左合枝水"，乃指托什幹河，蓋托什幹河自西而來流經溫宿即今烏什之南，與克孜爾河、喀什噶爾河流向相同，被酈氏誤以爲一河。[138]

4. 龜茲：據《漢書·西域傳下》，王治延城，去長安7480里。南與精絕、東南與且末、西南與扜彌、北與烏孫、西與姑墨接。東至都護治所烏壘城350里、至渠犂580里，西至姑墨670里。

一般認爲，龜茲國王治延城位於今庫車縣治東郊的皮郎古城。蓋《水經注·河水二》有載："北河又東逕龜茲國南，又東，左合龜茲川水，有二源，西源出北大山南。……又出山東南流，枝水左派焉。又東南，水流三分，右二水俱東南流，注北河。東川水出龜茲東北，歷赤沙、積梨，南流，枝水右出，西南入龜茲城。音屈茨也，故延城矣。西去姑墨六百七十里。"一說"故延城"乃指漢代龜茲國都城，而所謂東川水右出也可以指烏恰爾薩依河；果然，城應即今皮郎古城。[139]

又，《晉書·西戎傳》稱："龜茲國西去洛陽八千二百八十里，俗有城郭，其城三重，中有佛塔廟千所。人以田種畜牧爲業，男女皆翦髮垂項。王宮壯麗，煥若神居。"按之去洛陽距離，漢晉間龜茲都城位置應無變動。[140] "王宮壯麗，煥若神居"，以致呂光有"留焉之志"（《晉書·呂光載記》），亦見該處經營多年。

5. 烏壘：據《漢書·西域傳下》，都護治烏壘城，去陽關2738里，西至龜茲350里，南至渠犂330里；與渠犂田官相近，於西域爲中。

一般認爲，烏壘故址在今輪臺縣東北小野雲溝附近。[141]

6. 渠犂：據《漢書·西域傳下》，北至烏壘330里；至龜茲

580里；東北與尉犁、東南與且末、南與精絕接。西有河。

今案：渠犁當在今庫爾勒西、孔雀河之東，一說故址在今查爾赤即庫爾楚。[142]

7.尉犁：據《漢書·西域傳下》，王治尉犁城，去長安6750里，西至都護治所300里；東至山國240里，北至焉耆100里，西南通尉犁650里；南與鄯善、且末接。

尉犁國王治尉犁城一說位於夏渴蘭旦古城，今庫爾勒南約6公里處。[143]

一則，尉犁國王治位於員渠城南100里，該古城則位於博格達沁古城西南約50—60公里。

二則，《後漢書·班超傳》載永元六年班超討焉耆時首先進據尉犁，復自尉犁北上，蓋時班超駐軍於龜茲它乾城。

三則，《晉書·西戎傳》載："張駿遣沙州刺史楊宣率衆疆理西域，宣以部將張植爲前鋒，所向風靡。軍次其國，熙距戰於賁崙城，爲植所敗。植進屯鐵門，未至十餘里，熙又率衆先要之於遮留谷。……植馳擊敗之，進據尉犁，熙率羣下四萬人肉袒降於宣。"蓋張植自北而南，抵焉耆國都員渠城，其王出城守險以拒，史稱賁崙城之戰。張植再擊敗之，其王南遁，設伏遮留谷。植復擊敗之，經鐵門抵尉犁城，龍熙計窮乃降。鐵門即今鐵門關，遮留谷即今塔什店與鐵門關間之哈滿溝，在鐵門之北，尉犁應在鐵門之南。今夏渴蘭旦古城正位於鐵門關南的交通線上。

"尉犁"，《魏略·西戎傳》作"尉梨"。

8.危須：據《漢書·西域傳下》，王治危須城，去長安7290里，西至都護治所 500 里；至焉耆 100 里，東至山國 260 里。

今案：危須國王治危須城可能位於曲惠古城。危須在山國之西，故應位於焉耆之東。曲惠古城至博格達沁古城直線距離約 60 里。[144]

9.焉耆：據《漢書·西域傳下》，王治員渠城，去長安 7300 里，西南至都護治所 400 里；南至尉犂 100 里，東南至山國 160 里；至危須 100 里，至狐胡 770 里，至車師前國 835 里；北與烏孫接。近海水多魚。

焉耆國王治之地望衆說紛紜，[145]但以博格達沁古城（即四十里城，今焉耆縣治西南 20 公里）說可能性最大。[146]

一則，沒有證據表明漢晉間焉耆國都城位置有所變動。《後漢書·西域傳》載，王居南河城，北去長史所居 800 里，東去洛陽 8200 里。去洛陽"八千二百里"乃以襲自《漢書·西域傳下》的焉耆國王治員渠城去長安里數爲基礎；亦即員渠城去長安 7330 里，與長安去洛陽約千里之和。"八千二百里"應爲"八千三百三十里"之奪訛。故"南河"應是"員渠"之形訛，"南河城"應即員渠城。《後漢紀》又誤作"河南城"。

二則，近博斯騰湖，即《漢書·西域傳下》所謂"近海水"。《後漢書·西域傳》稱："其國四面有大山，與龜茲相連，道險阨易守。有海水曲入四山之內，周匝其城三十餘里。""四面有大山"是對焉耆盆地形勢的確切描述。"海水曲入四山之內"說的可能是當時的博斯騰湖以及其四周水系。

三則，《後漢書·班超傳》載："焉耆國有葦橋之險，[焉耆王]

廣乃絕橋，不欲令漢軍入國。超更從它道厲度。七月晦，到焉耆，去城二十里，營大澤中。"葦橋，不妨認爲位於今紫泥泉一帶，自紫泥泉向北可繞道七個星至博格達沁古城，或者便是班超實際所取之道。

四則，前述張植討焉耆路線似乎也能說明博格達沁古城是焉耆國都城。

五則，考古學證據也能表明博格達沁古城就是員渠城。[147]

10. 輪臺：《史記·大宛列傳》作"侖頭"。《漢書·西域傳下》載："輪臺西於車師千餘里。"又載："昭帝乃用桑弘羊前議，以扞彌太子賴丹爲校尉將軍，田輪臺，輪臺與渠犁地皆相連也。"由此可知輪臺與渠犁相鄰。而據傳文載搜粟都尉桑弘羊與丞相御史奏言，"輪臺東捷枝、渠犁皆故國"，知輪臺尚在渠犁之西。

一說今者果特附近即爲漢代屯戍遺址，原侖頭故址則在柯尤可沁舊城一帶。[148]另說輪臺在 Bügür 附近。[149]

八

葱嶺組一：

1. 捐毒：一說其王治衍敦谷位於 Kizilsu 河之發源地 Irkeštam，該處乃自 Ferghāna 經由 Osh、Terek 山口往赴 Kashgar，以及自 Balkh 登 Alai 高原、越 Taum Murum 山口往赴 Kashgar 兩道交會之樞要。[150]

2. 休循國：《魏略·西戎傳》作"休脩"；一般認爲在 Alai 高原東部。[151] 其王治鳥飛谷，一說在 Dschipptik 或其附近；[152] 一說在 Kizilsu 河上游的 Sari-tash。[153]

3. 桃槐國：據《漢書·西域傳上》，王治去長安 11800 里。今案：由於別無其他判據，此國位置難以確指。根據其在傳文出現的次序以及與休循、捐毒去長安里數之比較，似應在休循、捐毒之西。

九

葱嶺組二：

1. 大夏國：《史記·大宛列傳》和《漢書·西域傳》所載大夏國主要位於阿姆河南岸，王治藍市城應即原希臘－巴克特里亞王國的都城 Bactra。[154]

據《漢書·西域傳上》，大夏國有五翎侯：[155]

(1) 休密翎侯：治和墨城，在 Sarik-Čaupan。
(2) 雙靡翎侯：治雙靡城，在今 Chitral 和 Mastuj 之間。
(3) 貴霜翎侯：治護澡城，在 Wakhan 西部、Āb-i Panja 河左岸。
(4) 肸頓翎侯：治薄茅城，在 Badakhshān。
(5) 高附翎侯：治高附城，在今 Kokcha 河流域。

又，據《後漢書·西域傳》，五翎侯名稱與《漢書·西域傳》所載有別："肸頓"作"肹頓"；有都密，而無高附。今案：《後漢書·西域傳》將"高附國"與"高附翎侯"混爲一談；非是；而"朌"乃"朌"字之形訛。[156] 至於"都密"，或可視爲 Tirmidh 之漢譯。呾蜜位於 Surkhan 河注入阿姆河口不遠處。

2. 大月氏國：主要據有媯水卽阿姆河流域，王治監氏城（《後漢書·西域傳》作"藍氏城"）應卽原大夏國都城藍市城，原希臘-巴克特里亞王國的都城 Bactra。[157]

3. 大宛國：主要領土位於費爾幹納盆地，王治貴山城位於今 Khojend 一帶。[158]

4. 康居國：漢晉時期的康居國主要位於錫爾河北岸，一度領有澤拉夫善河流域。王治卑闐城應在 Kara-tau 之南、錫爾河北岸 Turkestan 一帶。[159]

據《漢書·西域傳上》，康居有五小王：[160]

（1）蘇䩻王：治蘇䩻城，在 Kesh。"蘇䩻"一名應卽《史記·大宛列傳》所見蘇薤，或爲 Soghd 之音譯；Kesh 在漢代可能是索格底亞那的中心，故有此稱。

（2）附墨王：治附墨城，在 Kashania。

（3）窳匿王：治窳匿城，在 Tashkend。

（4）罽王：治罽城，在 Bukhara。

（5）奧鞬王：治奧鞬城，在 Kharghānkath。

《晉書·西戎傳》稱康居國"王居蘇薤城"。今案：這是傳文或傳文所據資料奪脫所致，蘇薤城當時應係粟弋國（見本文第十一節）王治。[161]

5. 奄蔡國：此國應在鹹海、裏海北部。[162]

6. 罽賓國：漢魏史籍所見罽賓國領有喀布爾河中下游地區，王治循鮮城可能在 Taxila。[163]

7. 烏弋山離國：《魏略·西戎傳》和《後漢書·西域傳》亦略作"烏弋"。其領土大致包括安息國 Drangiana 和 Arachosia 兩郡之地，首府可能在 Alexandria Prophthasia，《後漢書·西域傳》和《魏略·西戎傳》所謂"排特"即其漢譯。[164]

又，《漢書·西域傳上》稱烏弋山離國"北與樸挑"接。"樸挑"，應即《後漢書·西域傳》所見濮達國，指 Bactria 地區。[165]

———○———

葱嶺組三：

1. 條支國：《史記·大宛列傳》和《漢書·西域傳》的"條枝（支）"，指塞琉古朝敘利亞王國。《後漢書·西域傳》和《魏略·西戎傳》的"條支"，主要指曾爲該王國統治的敘利亞地區。[166]

2. 犂靬：《史記·大宛列傳》和《漢書·西域傳》的"黎軒（犂軒）"，指托勒密朝埃及王國。《後漢書·西域傳》和《魏略·西戎傳》的"犂靬（鞬）"，是"大秦"（見本文第十二節）的同義詞。[167]

3. 安息國：漢晉史籍所載安息國，一般認爲指帕提亞朝波斯，《漢書·西域傳上》所載王治番兜城可能是 Parthia，原爲阿喀美尼朝波斯之一郡，乃 Arshak 家族的發祥地；《後漢書·西域傳》所載和櫝城，則可能是指安息國早期的都城 Hekatompylos。[168]

二

　　本節討論《漢書·西域傳》未列專傳，以及《史記·大宛列傳》中不見載於《漢書·西域傳》諸國。

　　1. 小金附國：據《漢書·西域傳下》，在"車師旁"，曾隨漢軍後盜車師，爲車師王擊破。今案："金附"應卽《後漢書·耿恭傳》所見"金蒲"，在後者所描述的時代，爲東漢戊己校尉所屯。李注："金蒲城，車師後王庭也，今庭州蒲昌縣城是也。"今案：舊說似未安。至於其具體位置，一說應卽今東大龍溝遺址，在吉木薩爾之南。[169]

　　2. 郁成：按之《史記·大宛列傳》有關記載，既可能是 Ush，也可能是 Uzgent。[170]

　　3. 大益：《史記·大宛列傳》稱爲"宛西小國"。阿喀美尼朝波斯大流士一世貝希斯登銘文所見 Dhae。據載，大益與驪靬等"宛西小國"曾隨張騫所遣使安息國的副使來朝，說明二國鄰近安息。[171]

　　4. 驪靬：《史記·大宛列傳》稱爲"宛西小國"。一般認爲應卽阿喀美尼朝波斯大流士一世貝希斯登銘文所見 Uvārazmi。[172]

　　5. 身毒：《漢書·西域傳上》記作"天篤"，《後漢書·西域傳》和《魏略·西戎傳》作"天竺"，身毒、天篤、天竺等均指印度，殆無疑義。[173]

　　《史記·西南夷列傳》稱邛西可二千里有身毒國；《史記·大宛列傳》則稱："身毒在大夏東南可數千里，其國臨大水。""大水"卽印度河，似乎身毒專指印度河流域。

而《後漢書·西域傳》載："從月氏、高附國以西，南至西海，東至磐起國，皆身毒之地。身毒有別城數百，城置長。別國數十，國置王。雖各小異，而俱以身毒爲名，其時皆屬月氏。"所謂"月氏"乃指貴霜帝國，磐起國在今緬甸（見本文第一二節），則似乎"身毒"另有廣義的用法。[174]

一二

本節討論《後漢書·西域傳》中不見載於《漢書·西域傳》諸國。

1. 移支國：始見於《後漢書·西域傳》，據稱，該國"居蒲類地"，北與匈奴接，乃"車師六國"之一。據此，祇能推知該國在今巴里坤湖一帶。

2. 嬀塞王：據《後漢書·西域傳》記載，東漢初，莎車王賢强盛，"嬀塞王自以國遠，遂殺賢使者，賢擊滅之，立其國貴人駟鞬爲嬀塞王"。沒有該國王治位置的具體記載。如果允許推測，則不妨認爲所謂"嬀塞王"乃嬀水即阿姆河流域一塞人小國。該王因其國去莎車不近，敢於殺賢之使者，然畢竟相去不遠，賢得以出兵擊滅之。

3. 蒙奇國和兜勒國：二國的確切位置，由於資料太少，很難作出明確無誤的回答。在已有的各種說法中，指蒙奇爲 Margiana，指兜勒爲 Tukhāra 似乎較可接受。[175]

4. 粟弋國：《魏略·西戎傳》作"屬繇"；一般認爲指澤拉夫善

河流域之索格底亞那地區。[176] 蓋據《後漢書·西域傳》、《晉書·西戎傳》等，知其國與康居鄰接，一度屬康居，其土水美，出名馬牛羊、蒲萄眾果。有關記載雖極簡單，但無妨作出上述判斷：

一則，"粟特"不妨視作 Sughd 對譯。

二則，索格底亞那與康居國本土相鄰。

三則，有證據表明，索格底亞那一度爲康居屬土。[177]

5. 貴霜國：《後漢書·西域傳》有所謂"大月氏國"，其實乃指貴霜帝國，傳文和《魏略·西戎傳》（作"堅沙"[178]）涉及的貴霜歷史地理問題，因有專文討論，在此不贅。[179]

6. 高附國：始見於《後漢書·西域傳》，應在喀布爾河流域。與《漢書·西域傳》所見大月氏五翎侯之一的高附翎侯不在一地。[180]

7. 東離國：《魏略·西戎傳》作"車離國"。今案："東"乃"車"字之形訛；車離國應即南印度古國 Chola，王治沙奇城乃 Kāñchī。[181]

8. 磐起國：《魏略·西戎傳》作"盤越國"；據載，亦身毒之地，在天竺東南數千里。今案："起"乃"越"字之形訛；盤越即剽越（Pyū、Prū 或 Promo 之音譯），指緬甸。[182]

9. 嚴國：據《後漢書·西域傳》，在奄蔡北，屬康居，出鼠皮。《魏略·西戎傳》作"巌國"。一說該國位於伏爾加河支流 Kama 河流域。[183]

10. 阿蘭聊國：應即《魏略·西戎傳》所見阿蘭國。阿蘭即 Alan 人之居地，在高加索山脈以北，東至裏海之北，西至黑海之東北。[184]

一說"阿蘭聊國"應爲阿蘭國和聊國。有關原文應標點爲：
"奄蔡國改名阿蘭。聊國，居地城，屬康居；土氣溫和，多楨松白草，民俗衣服與康居同。""聊國"卽《魏略·西戎傳》所見"柳國"，應在伏爾加河流域。[185]

11. 大秦國：《後漢書·西域傳》和《魏略·西戎傳》的"大秦"指羅馬帝國本土。[186]

12. 阿蠻國、斯賓國和于羅國：分別指 Ecbatana、Ctesiphon 和 Hatra。[187]

一三

本節討論《魏略·西戎傳》和《晉書·西戎傳》中不見載於《漢書·西域傳》和《後漢書·西域傳》諸國：

1. 臨兒國：應卽《法顯傳》所見"論民"、《大唐西域記》卷六所見"臘伐尼"。"臨兒"[liəm-njie]，似乎當依《史記正義》（卷一二三）作"臨毘"[liəm-piei]，卽 Lumbini 之對譯，當指釋迦牟尼故鄉迦毘羅衛（Kapilavastu），遺址在今尼泊爾、印度邊境地區（一說爲今尼泊爾 Rummindei 地區之提羅拉科特，一說爲今印度北方邦巴斯底縣之庇普拉瓦）。[188]

2. 楨中國：應卽《後漢書·西域傳》所見楨中城；據載，[建寧] 三年，涼州刺史孟佗討疏勒，曾攻此城；而在《魏略·西戎傳》描述的時代，爲"中道"諸國之一，"屬疏勒"，知此國在疏勒附近。

3. 竭石國：在《魏略・西戎傳》描述的時代，爲"中道"諸國之一，"屬疏勒"。一說在今 Tashkurgan。[189]

今案：Tashkurgan 在《漢書・西域傳上》作"蒲犁"；"蒲犁"，《魏略・西戎傳》訛作"滿犁"。因此，"竭石"似乎不是 Tashkurgan。但是，不能完全排除《魏略・西戎傳》編者將一國誤作二國的可能性。果然，竭石國應即《水經注・河水二》所見迦舍羅逝國，"竭石"與"迦舍"爲同名異譯。

4. 楡令國：在《魏略・西戎傳》描述的時代，爲"中道"諸國之一，"屬疏勒"。具體方位不詳。

5. 琴國：在《魏略・西戎傳》描述的時代，爲"中道"諸國之一，"屬疏勒"。可能位於蔥嶺附近。

6. 澤散王、驢分王、且蘭王、賢督王、氾復王和思陶國：依次相當於埃及的 Alexandria、Propontis、Palmyra、耶路撒冷、大馬士革和 Sittake。[190]

7. 北烏伊別國：據《魏略・西戎傳》，在康居北。

一說"北烏"兩字涉上文衍，"別"乃"列"字之訛。果然，則最早見諸《漢書・傅常鄭陳段傳》："今郅支單于威名遠聞，侵陵烏孫、大宛，常爲康居畫計，欲降服之，如得此二國，北擊伊列，西取安息，南排月氏、山離烏弋，數年之間，城郭諸國危矣。"而據《晉書・西戎傳》，伊列與康居國鄰接。[191]果然，伊列國應在伊犁河流域，但也不排除在《魏略・西戎傳》描述的年代因遷徙而位於康居國之北。

8. 呼得國：應即《史記·匈奴列傳》所見"呼揭"。一說該國在阿爾泰山南麓。[192]

9. 短人國：據載："短人國在康居西北，男女皆長三尺，人衆甚多，去奄蔡諸國甚遠。"似即《太平御覽》卷七九六引《突厥本末記》所見"短人國"："自突厥北行一月，有短人國。長者不踰三尺，亦有二尺者。……其傍無它種類相侵，俗無寇盜，但有大鳥，高七八尺，恒祠短人啄而食之。短人皆持弓矢以爲之備。"所載短人國的位置與《魏略·西戎傳》所載並無不符。[193]

一說短人或小人應即《山海經·海外南經》所見周饒國、同書"大荒南經"和"大荒東經"所見焦僥國（"菌人"）和靖人。"周饒"、"焦僥"、"菌人"、"靖人"和"侏儒"均爲同名異譯。有關短人與鶴的傳說最早見諸荷馬《伊利亞特》（3–6），此後，斯特拉波的《地理志》和普利尼《博物志》均有類似記載。這一傳說可能是經由歐亞草原傳入中國的。[194]

10. 獪胡：一說爲悅般之前身。[195]果然，其居地當在龜茲北。一說即羯胡。[196]果如其說，則其居地無法確知。

注釋

[1]《後漢書·西域傳》沒有違反《漢書·西域傳》確立的這一體例，祗是由於該傳僅爲事蹟有異前史諸國立傳，顯得不是十分嚴謹。《晉書》則與《周書》、《梁書》和《隋書》一樣，已不復遵循此例。

[2] 正史"西域傳"所載一般包括：諸國王治去中原王朝都城（如：西漢、北周爲長安，東漢、西晉爲洛陽，北魏爲代）之距離（有時還標明去陽關或敦煌之距離），去中原王朝駐西域長官府治（西漢爲都護，東漢爲長史）之距離以及去周圍諸國王治之距離。

[3] 參看余太山《塞種史研究》，中國社會科學出版社，1992年，pp. 59-61。

[4] 參看 A. F. P. Hulsewé, & M. A. N. Loewe, *China in Central Asia, the Early Stage: 125B. C.-A. D. 23*. Leiden: 1979, p. 138.

[5] 參看本書中卷第二篇。

[6] 說見松田壽男《古代天山の歷史地理學的研究》，早稻田大學出版部，1970年，pp. 107-110。

[7] 黃文弼《新疆考古發掘報告（1957-1958）》，文物出版社，1989年，pp. 48-53。

[8] 說詳余太山"關於鄯善都城的位置"，《西北史地》1991年第2期，pp. 9-16（亦載注3所引書，pp.228-241）。孟凡人"論鄯善國都的方位"，《亞洲文明》第2集，安徽教育出版社，1992年，pp. 94-115。

[9] 說詳注8所引諸文。

[10] 王炳華"'絲路'考古新收穫"，《新疆文物》1991年第2期，pp. 21-41。

[11] 本書附卷二第一篇。

[12] A. Stein, *Serindia*. Oxford, 1921, vol. 1, p. 219.

[13] 長澤和俊"《漢書》西域傳の里數記載について"，《早稻田大學大學院文學研究科紀要》25（1979年），pp. 111-128。長澤和俊"古代西域南道考"，護雅夫編《內アジアと西アジアの社會と文化》，東京：山川，1983年，pp. 57-77。

[14] E. Chavannes, "Les pays d'occident d'après le *Wei Lio*." *T'oung-pao* 6 (1905), pp. 519-571, esp. 538, n. 1; A. Stein, *Ancient Khotan, Detailed Report of Archaeological Explorations in Chinese Turkestan*, vol. 1. Oxford, 1907, p. 476；均主此說。

[15] 藤田豐八"西域研究·扜彌 Dandān-Uiliq",《東西交涉史の研究·西域篇》,東京：荻原星文館，1943 年，pp. 253-279；長澤和俊"拘彌國考",《史觀》100（1979 年），pp. 51-67；岑仲勉《漢書西域傳地里校釋》，中華書局，1981 年，pp. 55-63。

[16]《辛卯侍行紀》卷五，尼雅"又西三站二百六十里克利雅莊，今于闐縣。(……按今克里雅或呼克勒底雅，卽建得力之轉音，爲漢扜彌國無疑矣。)"今案：此說未安。

[17] 注 14 所引 A. Stein 書，pp. 185-235；孟凡人"于闐國都城方位考",《西域考察與研究》，新疆人民出版社，1994 年，pp. 449-476。

[18] 黃文弼"古代于闐國都之研究",《黃文弼歷史考古論集》，文物出版社，1989 年，pp. 210-215。

[19] 黃文弼《塔里木盆地考古記》，科學出版社，1958 年，pp. 42-53。

[20] 殷晴"于闐古都研究——和闐綠洲變遷之探索",《西域史論叢》第 3 輯，新疆人民出版社，1990 年，pp. 133-155。

[21] 李吟屏"古代于闐國都再研究",《西北史地》1990 年第 3 期，pp. 28-36。

[22] 譚吳鐵"于闐古都新探",《西北史地》1992 年第 3 期，pp. 40-47。

[23] 注 17 所引孟凡人文。

[24] 桑原隲藏"張騫の遠征",《東西交通史論叢》，弘文堂，1934 年，pp. 1-117；白鳥庫吉"西域史上の新研究·大月氏考",《白鳥庫吉全集·西域史研究

(上)》(第 6 卷),東京:岩波,1970 年,pp. 97-227,esp. 199-201。

[25] 周連寬"漢婼羌國考",《中亞學刊》第 1 輯,中華書局,1983 年,pp. 81-90;該文指婼羌國王治在阿克楚克賽。

[26] 參看注 24 所引白鳥庫吉文,esp. 200-202;以及注 25 所引周連寬文。

[27] 注 12 所引 A. Stein 書,pp. 270-292;注 14 所引 A. Stein 書,pp. 417-442。

[28] 周連寬《大唐西域記史地研究叢稿》,中華書局,1984 年,p. 269。

[29] 本書中卷第一篇。

[30] 王炳華"尼雅考古回顧及新收穫",中日共同尼雅遺迹學術考察隊《中日、日中共同尼雅遺跡學術調查報告書》第 1 卷,1996 年,pp. 193-206。

[31] 參看本書附卷二第一篇。

[32] 參看本書附卷二第一篇。

[33] 注 14 所引 E. Chavannes 文,esp. 538,n.1;注 14 所引 A. Stein 書,p. 476;均主此說。

[34] 參看本書中卷第一篇。

[35] 最早提出此說者似乎是白鳥庫吉"條支國考",《白鳥庫吉全集·西域史研究(下)》(第 7 卷),東京:岩波,1971 年,pp. 205-236,esp. 214。

[36] 松田壽男"イラン南道論",松田壽男博士古稀記念出版委員會《東西文化交流史》,東京:雄山閣,1975 年,pp. 217-251。

[37] 同傳載蒲犁國"東至莎車五百四十里",又稱莎車國"西南至蒲犁七百四十里",未知孰是。

[38] 最早提出此說者似爲《欽定皇輿西域圖志》(卷一八)。

[39] 見椿園七十一《西域記》卷二葉爾羌條。

[40] 袁宏《後漢記》卷一二作"于闐從此西,吾亦從此東",顯然有誤,《後漢記》

此則不足爲據。

[41] 注15所引岑仲勉書，pp. 323-341。

[42] 注24所引白鳥庫吉文，esp.129-131。注15所引岑仲勉書，pp. 97-106。以及 L. Petech, *Northern India According to the Shui-Ching-Chu*. Roma: 1950, pp. 18, 69；注4所引 A. F. P. Hulsewé, & M. A. N. Loewe 書，pp. 98-99。

[43] 注36所引松田壽男文。馬雍"巴基斯坦北部所見'大魏'使者的巖刻題記"，《西域史地文物叢考》，文物出版社，1990年，pp. 129-137。

[44] 藤田豐八《慧超傳箋釋》，北京，宣統二年；以及白鳥庫吉"罽賓國考"，《白鳥庫吉全集·西域史研究（上）》（第6卷），東京：岩波，1970年，pp. 295-359，esp. 297-302。

[45] 見注35所引白鳥庫吉文，esp. 209-210。

[46] 注36所引松田壽男文以爲："南與西夜子合接"應理解爲"南與西夜的子合國接"。《後漢書·西域傳》"自于寘經皮山，至西夜子合德若"，也應理解爲"抵達西夜的子合、德若"。

[47] 參看本書中卷第一篇。

[48] 希羅多德《歷史》，王以鑄漢譯，商務印書館，1985年。

[49] E. Chavannes, "Voyage de Song Yun." *Belletin de l'Ecole Française d'Extréme-Orient* III (1903), pp. 379-441；注14所引 A. Stein 書，pp. 91-92。

[50] 注24所引白鳥庫吉文，esp. 131-138。

[51] 注36所引松田壽男文。

[52] 注24所引白鳥庫吉文，esp. 137-138。

[53] 徐松《漢書西域傳補注》卷上以爲當爲740里。

[54] 《漢書·西域傳》又稱：無雷"南至蒲犁五百四十里"，"南"疑爲"東"之誤。

[55] 注 36 所引松田壽男文。

[56] 注 24 所引白鳥庫吉文，esp. 142。白鳥氏以爲漢無雷、蒲犁、依耐三國在 Vaskam 流域、Raskam Darya 下游以及此兩河之間的地區。今案：據《漢書·西域傳上》，莎車去疏勒 560 里，按此比例，則似乎以上三國不應跼趣於上述地區。蓋據同傳，莎車至依耐凡 1620 里。

[57] 注 15 所引岑仲勉書，pp. 125-130。

[58] 《漢書·西域傳上》原文爲難兜國"西至無雷三百四十里"，榎一雄"難兜國に就いての考"，《加藤博士還曆記念東洋史集說》，東京：富山房，1941 年，pp. 179-199；以及注 36 所引松田壽男文，均以爲乃"東至無雷三百四十里"之誤，蓋據同傳所載兩國長安里數、烏壘里數，難兜應位於無雷之西。

[59] 注 36 所引松田壽男文。

[60] 注 36 所引松田壽男文。

[61] 《漢書·西域傳上》載難兜國"西南至罽賓三百三十里"，又稱罽賓"東北至難兜國九日行"，未知孰是。參看注 3 所引余太山書，pp. 144-146。

[62] 注 58 所引榎一雄文。

[63] 注 36 所引松田壽男文。

[64] 注 53 所引徐松書卷下。

[65] 注 6 所引松田壽男書，pp. 45-49。

[66] 注 3 所引余太山書，pp. 217-219。

[67] 車師前國王治交河城去烏壘里數原文"千八百七里"應爲"千八十七里"之誤，依松田壽男說改正，見注 6 所引松田氏書，pp. 63-65, 73-74。蓋交河城去烏壘里數可能是自戊己校尉駐地經由交河城往赴烏壘城的里程，

亦卽戊己校尉駐地卽高昌壁去交河城87里，加上交河城去烏壘約1000里（《漢書·西域傳下》旣稱"輪臺西於車師千餘里"，又稱"車師去渠犂千餘里"，知車師去烏壘約1000里）。

[68] 例如：《辛卯侍行紀》卷六。

[69] 注6所引松田壽男書，pp. 53-62。

[70] 注53所引徐松書卷下："今吐魯番廣安城西二十里雅兒湖有故城，周七里，卽古交河城；城北三里許有山谷，一谷出四泉，流遶城東，一谷出五泉，流遶城西，至城南三十餘里，入沙而伏。"

[71] 嶋崎昌《隋唐時代の東トゥルキスターン研究》，東京大學出版會，1977年，pp. 115-116。

[72] 注53所引徐松書卷下。

[73] 注6所引松田壽男書，pp. 314-319。

[74] 陳戈"別失八里（五城）名義考實"，《新疆社會科學》1986年第1期，pp. 60-69；薛宗正"務塗谷、金蒲、疏勒考"，《新疆文物》1988年第2期，pp. 75-84。

[75] 參看本書中卷第二篇。

[76] 《後漢書·耿秉傳》："車師有後王、前王，前王卽後王之子，其廷相去五百餘里"；可以參證。

[77] 說見注3所引余太山書，pp. 215-217。

[78] 說本注6所引松田壽男書，pp. 77-84。

[79] 《辛卯侍行紀》卷六："闢展，漢車師前國東境。(《西域圖志》、李氏《西域圖考》皆云：漢狐胡國地。保廉按：以《漢書》車師前庭、狐胡兩國去焉耆里數較之，則狐胡在交河城西北六十五里。)"後文又有注曰："《漢

書》云狐胡治車師柳谷。……蓋今［吐魯番］廳城西北、迪化東南白楊河等處也。……又按侯君集伐高昌先至柳谷，乃哈密西之柳樹泉，非狐胡之柳谷。"

[80]《漢書補注》（卷九六下）引齊召南曰："後漢班勇爲西域長史，屯柳中。後書'西域傳'諸國道里俱以去長史所居爲率，疑卽此柳谷也。"《漢西域圖考》卷二亦指狐胡國王治車師柳谷爲柳中，卽魯克沁。丁謙《漢書西域傳地理考證》說同。

[81] 注 15 所引岑仲勉書，p. 470。

[82]《舊唐書·侯君集傳》："君集率兵至柳谷。候騎言文泰剋日將葬，國人咸集。諸將請襲之。君集曰：不可。天子以高昌驕慢無禮，使吾恭行天罰。今襲人於墟墓之間，非問罪之師也。於是鼓行而前，攻其田地。……遂拔之，虜其男女七千餘口。仍進兵圍其都城。"

[83]《西域圖志》卷一四。

[84] 馬雍"新疆巴里坤、哈密漢唐石刻叢考"，注 43 所引書，pp. 16-23，esp. 21-23。

[85]《辛卯侍行紀》（卷六）以爲此柳谷在柳樹泉，非狐胡之柳谷。今案：此柳谷去姜行本立碑處一百四十里，碑在山北松樹塘。

[86] 注 53 所引徐松書卷下。

[87] 注 6 所引松田壽男書，pp. 79-80。

[88] 參看注 6 所引松田壽男書，pp. 96-110。

[89] 注 6 所引松田壽男書，p. 117。

[90] 注 3 所引余太山書，pp. 218-219。

[91] 參見注 6 所引松田壽男書，pp. 85-86。

[92] 注 53 所引徐松書卷下。

[93] 關於硇砂，參看張承志"王延德行紀與天山硇砂"，《文史》20（1983 年），pp. 89-96。

[94] 參見注 6 所引松田壽男書，pp. 85-95。

[95] 參看注 93 所引張承志文。

[96] 本書中卷第一篇。

[97] 注 15 所引岑仲勉書，pp. 457-465。

[98] 注 3 所引余太山書，pp. 223-225。

[99] 注 6 所引松田壽男書，pp. 116-117。

[100] 原文作"州西三百七十里"，據松田壽男說改，見注 6 所引松田氏書，pp.116-117。松田氏說本王國維"唐李慈藝授勳告身跋"，《觀堂集林》卷一七，中華書局，1984 年，pp. 877-881。

[101]《新唐書・突厥傳下》有憑洛水，此水可能得名於卑陸人，而馮洛守捉、憑落鎮又得名於此水。

[102] 注 6 所引松田壽男書，pp. 116-117。

[103] 注 6 所引松田壽男書，p. 116。

[104] 注 6 所引松田壽男書，p. 114。

[105] 注 6 所引松田壽男書，pp. 111-112。

[106] 注 6 所引松田壽男書，p. 112。

[107] 白鳥庫吉"烏孫考"，《白鳥庫吉全集・西域史研究（上）》（第 6 卷），東京：岩波，1970 年，pp. 1-55, esp. 45。

[108] 注 6 所引松田壽男書，pp. 112-113。

[109] 注 12 所引 A. Stein 書 vol. 1, p. 334；注 1 所引松田壽男書，p. 58，從之。

[110] 黃文弼"漢西域諸國之分佈及種族問題",載注 18 所引書,pp. 22-36,esp. 27;黃盛璋"塔里木河下游聚落與樓蘭古綠洲環境變遷",《亞洲文明》第 2 集,安徽教育出版社,1992 年,pp. 21-38;李文瑛"營盤遺址相關歷史地理學問題考證——從營盤遺址非'注賓城'談起",《文物》1999 年第 1 期,pp. 43-51 等。

[111] 參見余太山《兩漢魏晉南北朝與西域關係史研究》,中國社會科學出版社,1995 年,pp. 222-223。

[112] 詳見注 3 所引余太山書,pp. 131-143。

[113] 《漢書·西域傳》原文爲:"尉頭國……南與疏勒接,山道不通,西至捐毒千三百一十四里,徑道馬行二日。"注 15 所引岑仲勉書,p. 351 以爲"徑道馬行二日"應緊接在"山道不通"句後,今從之。

[114] 注 14 所引 E. Chavannes 文。

[115] 鍾興麒"漢唐姑墨溫宿地域考",《新疆文物》1988 年第 4 期,pp. 115-119。

[116] 榮新江"所謂'Tumshuqese'文書中的'gyāźdi'",《内陸アジア言語研究》7(1991 年),pp. 1-12。

[117] 注 15 所引岑仲勉書,p. 351。

[118] 本書中卷第二篇。

[119] 原文"撥換"後衍"碎葉"二字。

[120] 注 116 所引榮新江文;以及注 10 所引王炳華文。

[121] 見注 28 所引周連寬書,pp. 74-82,的概括。

[122] 見注 14 所引 E. Chavannes 文。關於姑墨地望諸說,見注 28 所引周連寬書,pp. 74-82。

[123] 徐松《西域水道記》卷二；注 28 所引周連寬書，pp. 74-82；注 115 所引鍾興麒文。

[124]《嘉慶重修一統志》卷五二四稱："阿克蘇在庫車西八百里。"同爲清代里數，相差如此。

[125] 伯希和"吐火羅語與庫車語"，馮承鈞漢譯《吐火羅語考》，中華書局，1957 年，pp. 64-135, esp. 126-127。

[126] 注 28 所引周連寬書，pp. 76-80。

[127] 岑仲勉"歷代西疆路程簡疏"，《中外史地考證》，中華書局，1962 年，pp. 688-704, esp. 696-699。周氏上引書 p. 72，以爲"又六十里至阿悉言城"句"六十"前奪"百"字。

[128] 據 S. Beal, *Si-Yu-Ki, Buddhist Record of the Western World.* London, 1906, p. 24, n. 74，自阿克蘇東至庫車 156 英里（約 642 漢里），可供參考。

[129] 郭正忠《中國的權衡度量（三至十四世紀）》，中國社會科學出版社，1993 年，pp. 224-319。

[130] 注 14 所引 E. Chavannes 文；及注 15 所引岑仲勉書，p. 387。

[131] 注 15 所引岑仲勉書，p. 384。

[132]《漢書·西域傳》所載烏孫國赤谷城的位置，見注 3 所引余太山書，pp. 137-138。

[133] 注 14 所引 E. Chavannes 文。

[134] 鍾廣生《新疆志稿》卷三載自阿克蘇舊城至烏什共 270 里。又據注 128 所引 S. Beal 書，p. 24, n. 74，阿克蘇西至烏什 56 英里（約合 230 漢里）。古今測距有此誤差應該是允許的。

[135] 注 127 所引岑仲勉文，esp. 696-699。

[136] 參看注 15 所引岑仲勉書，pp. 382-383。

[137] 注 127 所引岑仲勉文，esp. 696-699。

[138] 參看注 15 所引岑仲勉書，pp. 388-391。

[139] 說詳黃文弼"略述龜茲都城問題"，載注 18 所引書，pp. 205-209。

[140] 參看本書中卷第二篇。

[141] 注 19 所引黃文弼書，p. 9。

[142] 注 19 所引黃文弼書，p. 9。

[143] 陳戈"焉耆尉犁危須都城考"，《西北史地》1985 年第 2 期，pp. 22-31。

[144] 見注 143 所引陳戈文。

[145] 有關諸說的介紹見注 143 所引陳戈文。

[146] 注 123 所引徐松書卷二；注 143 所引陳戈文。

[147] 韓翔"焉耆國都、焉耆都督府治所與焉耆鎮城——博格達沁古城調查"，《文物》1982 年第 4 期，pp. 8-12；以及注 143 所引陳戈文。

[148] 注 19 所引黃文弼書，pp. 10-11。

[149] 嶋崎昌"姑師と車師前後王國"，載注 71 所引書，pp. 3-58。

[150] 詳見注 3 所引余太山書，pp. 86-88。

[151] 詳見注 3 所引余太山書，pp. 88-90。

[152] 注 24 所引白鳥庫吉文，esp. 122-129。

[153] 注 36 所引松田壽男文。

[154] 詳見注 3 所引余太山書，pp. 24-51。

[155] 詳見注 3 所引余太山書，pp. 30-32。

[156] 詳見注 3 所引余太山書，p. 32；以及余太山"第一貴霜考"，《中亞學刊》第 4 輯，北京大學出版社，1995 年，pp. 73-96。

[157] 詳見注3所引余太山書，pp. 52-69。

[158] 詳見注3所引余太山書，pp. 70-95。

[159] 詳見注3所引余太山書，pp. 96-117。

[160] 詳見注3所引余太山書，pp. 106-108。

[161] 詳見注3所引余太山書，pp. 102-104。

[162] 詳見注3所引余太山書，pp. 118-130。

[163] 詳見注3所引余太山書，pp. 144-167。

[164] 詳見注3所引余太山書，pp. 168-181。

[165] 詳見注3所引余太山書，p. 49，注51。

[166] 詳見注3所引余太山書，pp. 182-209。

[167] 詳見注3所引余太山書，pp. 182-209。

[168] 詳見注3所引余太山書，pp. 174-178。

[169] 注53所引徐松書卷下；注74所引薛宗正文。

[170] 詳見注3所引余太山書，pp. 78-79。

[171] 說見白鳥庫吉"塞民族考"，《白鳥庫吉全集·西域史研究（上）》（第6卷），東京：岩波，1970年，pp. 361-480，esp. 411。

[172] 說見注171所引白鳥庫吉文，esp. 411。另請參看 J. Marquart, *Die Chronologie der alttürkischen Inschriften*. Tübingen: 1898, p. 62; J. Marquart, *Ērānšahr*. Berlin: 1901, p. 155。

[173] 吳其昌"印度釋名"，《燕京學報》4（1928年），pp. 716-743。

[174] 參看本書中卷第一篇。

[175] 詳見注111所引余太山書，pp. 218-219。

[176] 詳見注3所引余太山書，p. 43，以及注156所引文。

[177] 白鳥庫吉"粟特國考",《白鳥庫吉全集·西域史研究(下)》(第7卷),東京:岩波,1971年,pp. 43-123, esp. 56。

[178] 詳見注3所引余太山書, p. 43, 以及注157所引文。

[179] 詳見注156所引余太山文。

[180] 詳見注156所引余太山文。

[181] 詳見注156所引余太山文。

[182] 饒宗頤"蜀布與Cīnapaṭṭa——論早期中、印、緬之交通",《梵學集》, 上海古籍出版社, 1993年, pp. 223-260。

[183] 白鳥庫吉"大秦傳より見たる西域の地理",《白鳥庫吉全集·西域史研究(下)》(第7卷),東京:岩波,1971年,pp. 303-402, esp. 367-368。

[184] 注183所引白鳥庫吉文, esp. 305, 以及"拂菻問題の新解釋",《白鳥庫吉全集·西域史研究(下)》(第7卷),東京:岩波,1971年,pp. 403-592, esp. 476-480。

[185] 注183所引白鳥庫吉文, esp. 367-368。

[186] 詳見注3所引余太山書, pp. 182-209。

[187] 詳見注3所引余太山書, pp. 196-199。

[188] 參看沙畹"魏略西戎傳箋注",馮承鈞漢譯《西域南海史地考證譯叢七編》, p.46, 收入《西域南海史地考證譯叢》第2卷,商務印書館,1995年;藤田豐八"佛教傳來に關する魏略の本文につきて",《東西交涉史の研究》,星文館,1943年, pp. 389-406;方廣錩"《浮屠經》考",《國際漢學》第1期,商務印書館,1995年, pp. 247-256。

[189] 注24所引白鳥庫吉文, esp. 129-164。

[190] 詳見注3所引余太山書, pp. 200-205。

[191] 白鳥庫吉"西域史上の新研究・康居考",《白鳥庫吉全集・西域史研究（上）》（第 6 卷），東京：岩波，1970 年，pp. 58-96，esp. 90-91。

[192] 護雅夫"いわゆる'北丁令''西丁令'について",《瀧川博士還曆記念論文集・東洋史篇》，東京：長野中澤印刷，1957 年，pp. 57-71。

[193]《突厥本末記》所見"短人國"也可能就是《通典・邊防九・西戎五》所見"小人"國。蓋據後者："小人，在大秦之南，軀纔三尺，其耕稼之時，懼鶴所食，大秦每衛助之，小人竭其珍以酬報。"鶴應即《突厥本末記》所謂"大鳥"。但"大秦之南"與"突厥北行一月"不合，可能是傳說之誤。

[194] 孫培良"《山海經》拾證",《人文雜誌叢刊・文史集林》1986 年第 4 期，pp. 137-150。

[195] 郭平梁"匈奴西遷及一些有關問題",《民族史論叢》第 1 輯，中華書局，1986 年，pp. 103-113。

[196] 周一良《魏晉南北朝劄記》，中華書局，1985 年，pp. 117-118。

五　南北朝正史"西域傳"所見西域諸國的地望

南北朝正史"西域傳"包括《魏書·西域傳》、《周書·異域傳下》和《梁書·西北諸戎傳》。其中最重要的是《魏書·西域傳》。本文有關論述以此傳爲主，其餘二傳內容附見於後。

如所周知，魏收所撰《魏書·西域傳》久已逸失，今本《魏書·西域傳》乃後人自《北史·西域傳》採入。[1]後者是李延壽據《魏書·西域傳》、《周書·異域傳下》和《隋書·西域傳》編成。本文所據《魏書·西域傳》爲魏收原文，亦卽從《北史·西域傳》中剔除《周書·異域傳下》和《隋書·西域傳》後的文字。[2]

《魏書·西域傳》有關西域諸國地望的基本判據如下。

一、諸國在傳文中排列的先後次序。《魏書·西域傳》稱："始琬等使還京師，具言凡所經見及傳聞傍國，云：西域自漢武時五十餘國，後稍相幷。至太延中，爲十六國，分其地爲四域。自葱嶺以東，流沙以西爲一域；葱嶺以西，海曲以東爲一域；者舌以南，月氏以北爲一域；兩海之間，水澤以南爲一域。內諸小渠長蓋以百數。其出西域本有二道，後更爲四：出自玉門，渡流沙，西行二千里至鄯善爲一道；自玉門渡流沙，北行二千二百里至車師爲一道；從莎車西行一百里至葱嶺，葱嶺西一千三百里至伽倍爲一道；自莎車西南五百里葱嶺，西南一千三百里至波路爲一道焉。自琬所不傳而更有朝貢者，紀其名，不能具國俗也。其與前使所異者錄之。"由於《魏書·西域傳》是按照上述"四道"次序諸國的，[3] 諸國在這四道中的次序對於判定其地望有時有重要參考價值。本文因而也按照這一次序討論南北朝正史"西域傳"所見西域諸國的地望。

二、里數：[4]

1. 去代里數：《魏書·西域傳》載有西域諸國王治去魏都代的里數。按理說這是判定傳文描述時代西域諸國王治位置最重要的依據。但是，祇要稍加分析，就不難知道這些里數的可靠程度是不高的。

（1）所傳諸國中，至少有蒲山、車師、且彌、龜兹、姑墨、溫宿、尉頭、烏孫、疏勒、悅般、破洛那（大宛）、大月氏等國王治的去代里數可能襲自《漢書·西域傳》，亦即取《漢書·西域傳》所載去長安里數與長安去代 1900 里之和。

另有且末、于闐兩國的去代里數部份依賴《漢書·西域傳》提供的資料。

雖然不能說上述這些去代里數完全不能反映《魏書·西域傳》所描述時代的實際情況，因爲兩漢與南北朝時代王治位置並無變動的西域諸國畢竟爲數甚多，但也有一些例子（如烏孫國）說明《魏書·西域傳》的編者採用這些里數，僅僅是機械的承襲，沒有事實的依據。

（2）其餘大多數去代里數可以分爲若干組，客觀上每組均有一個基準點，此外諸國王治的去代里數不過是從這一基準點直接或間接往赴的大致日程（以日行百里計）。

A 者至拔、迷密、悉萬斤、忸密、波斯、伏盧尼、色知顯、伽色尼、薄知、牟知、阿弗太汗、呼似密、諾色波羅、早伽至、伽不單十五國可以視爲一組，各國校正後的去代里數分別是11628、12628、12728、12728、14228、12738、12928、12928、13328、22928、23728、24728、23428、23728、12778。如果將者至拔國王治視爲基準點，則迷密國王治的去代里數是者至拔城去迷密城十日行程，悉萬斤國王治的去代里數是迷密城去悉萬斤城一日行程，忸密國王治的去代里數是悉萬斤城去忸密城一百一日行程，波斯國王治的去代里數是忸密城去宿利城十四日行程，伏盧尼國王治的去代里數是宿利城去伏盧尼城三十一日行程，色知顯國王治的去代里數是悉萬斤城去色知顯城二日行程，伽色尼國王治的去代里數是悉萬斤城去伽色尼城二日行程，薄知國王治的去代里數是伽色尼城去薄知城四日行程，牟知國王治的去代里數是忸密城去牟知城一日行程，阿弗太汗國王治的去代里數是忸密城去阿弗太汗城九日行程，呼似密國王治的去代里數是阿弗太汗城去呼似密城十日行程，諾色波羅國王治的去代里數是忸密城去波羅城六日行程，早伽至國王治的去代里數是忸密城去早伽至城九日行程，伽不單國王治的去代里數是悉萬斤城去伽不單城半日行程。

B 伽倍國（13000 里）、折薛莫孫（伽倍國王治去雙靡城五日行程）、鉗敦國（在折薛莫孫西）、弗敵沙（鉗敦國王治去薄茅城一日行程）和閻浮謁（弗敵沙國王治去高附城一日行程）五國爲一組。如果結合《漢書·西域傳上》有關大夏國五翕侯去都護和陽關里數的記載，不難看出《魏書·西域傳》這些里數都是頗值得懷疑的。

C 大月氏（14500 里）、安息（大月氏國王治去安息國王治七十日行程）、條支（安息國王治去條支國王治七十九日行程）和大秦（條支國去大秦國都安都城十日行程）四國爲一組。

D 阿鈎羌（13000 里）、波路（阿鈎羌國王治去波路國王治九日行程）、小月氏（波路國王治去富樓沙城二十七日行程）和罽賓（波路國王治去善見城三日行程）四國爲一組。

以上四組凡二十八國，可以視作基準點的祇有四國，四國中有一國（大月氏）的里數還無疑襲自《漢書·西域傳》。雖然剩下三國的去代里數可能比較精確，但以此爲基礎的其餘各國的去代里數卻祇能供參考。

（3）悉居半、權於摩、渠莎和焉耆四國的去代里數無疑是錯誤的。

（4）吐火羅、副貨、南天竺、疊伏羅、拔豆等國雖有明確的去代里數，卻連大致的行途經由也不得而知。

總之，祇有鄯善等少數幾國王治的去代里數可以作爲判定地望的可靠依據，其餘絕大多數去代里數祇有參考價值。

2. 去鄰近各國王治的里數：見於吐呼羅、副貨、拔豆等國。

今案：三國由於去代里數行途經由不明，去相鄰諸國里數的價值也就不高。

另外，《周書·異域傳下》有若干性質類似的里數記錄，可以和《魏書·西域傳》參照。

三、相對方位：例如，阿鈎羌國"在莎車西南"，波路國"在阿鈎羌國西北"等等。既然里數不太可靠，這些方位對於判定地望的價值就相對提高，有時甚至成了最重要的依據。

四、其他（地形、風土、物類、民俗，以及與他國之關係等）：例如：大月氏國所載寄多羅王事蹟之類，亦有助於地望之判定。

由此可見，南北朝正史"西域傳"有關西域諸國地望的記載總的來說是十分貧乏的，僅憑這些記錄完全不足以準確推定當時西域諸國的地理位置。因此，研究者在研究這一時期西域諸國地望時歷來將這些記載與南北朝正史"西域傳"以外的史料一起考慮。而由於同一時期的史料可資參證者同樣極其貧乏，又祇能退而求其次，將兩漢和唐代的有關史料也結合進來。本文儘可能採擇其中符合南北朝正史"西域傳"基本判據的觀點，對這一時期西域諸國的分佈情況作一鳥瞰。

一

第一組（鄯善道諸國）：

1. 鄯善國，都扜泥城，去代7600里。

不妨認爲《魏書·西域傳》描述的鄯善國王治之位置與漢晉正史"西域傳"相同。[5]

一則，7600里表示自扜泥城經敦煌（玉門）赴代的行程；亦即扜泥城去敦煌（玉門）2000里，敦煌去長安3700里，[6]與長安去代1900里之和。

二則，據《魏書·西域傳》，且末國王治且末城，在鄯善西，去代8320里。里數表示自且末城經鄯善國王治赴代的行程；亦即且末城去鄯善國王治720里（《漢書·西域傳》），與鄯善國王治去代7600里之和。

又，《周書·異域傳下》稱鄯善爲"古樓蘭國也"，載其國東去長安5000里，所治城方一里。地多沙鹵，少水草，北卽白龍堆路。5000里表示自鄯善國王治經敦煌（陽關）赴長安的行程；亦卽鄯善國王治去敦煌（陽關）1500里，[7]與敦煌去長安3600里之和。傳文去長安里數"五千"應爲"五千一百"之略。由此不妨認爲《周書·異域傳下》所載鄯善國王治位置與《魏書·西域傳》相同。

2. 且末國，都且末城，在鄯善西，去代8320里。

既然去代里數爲且末城去鄯善國王治720里（《漢書·西域傳上》），與鄯善國王治去代7600里之和，則不妨認爲《魏書·西域傳》描述的且末國王治之位置與漢晉時期相同。

3. 于闐國，在且末西北，去代9800里。

不妨認爲《魏書·西域傳》與漢晉正史所描述的于闐國王治之位置相同。[8]

一則，《漢書·西域傳上》所載于闐國王治去長安里數與《魏書‧西域傳》所載該國王治去代里數雖然不符，但不能據以爲兩者位置不同。

首先，《漢書‧西域傳上》所載于闐國王治去長安里數與《魏書‧西域傳》所載于闐國王治去代里數行途經由不同，不能類比。前者乃經由姑墨，而後者乃經由且末。

其次，《魏書‧西域傳》所載于闐國王治去代9800里應表示經由且末、精絕、扜彌的里程。果然，于闐經扜彌、精絕、且末至長安應爲7900里（9800里與1900里之差），而從且末至于闐應爲1080里（7900里與6820里之差）。既然據《漢書‧西域傳》，精絕至扜彌爲460里，扜彌至于闐爲390里，則且末至精絕爲230里（1080里與460里＋390里之差）。雖然也許較實際里程稍短，但可見《魏書‧西域傳》所載于闐國王治去代里數無妨其位置與《漢書‧西域傳上》所載相同。

第三，據《漢書‧西域傳上》，于闐西通皮山380里。而據《魏書‧西域傳》，于闐去蒲山卽皮山爲2200里（12000里與9800里之差）。兩者似乎不合。但是，《魏書‧西域傳》所載蒲山"去代一萬二千里"其實是《漢書‧西域傳上》所載皮山國王治去長安10050里，與長安去代1950里之和。質言之，不能視爲于闐國或皮山國王治位置有變動的根據。

至於《周書‧異域傳下》所載于闐國"在葱嶺之北二百餘里，東去長安七千七百里"，相較《魏書‧西域傳》，去長安里數短200里，可能是兩代測距的誤差，不能據以爲兩書所載于闐國王治位置有異。《周書‧異域傳下》所載里數往往短於《魏書‧西域傳》。

另外，據《魏書‧西域傳》"于闐城東三十里有首拔河，中出玉石"，而據《周書‧異域傳下》，"城東二十里有大水北流，號樹枝水，卽黃河也"。"首拔"卽"樹枝"，"拔"乃"枝"之訛。

4. 蒲山國，故皮山國也。居皮城，在于闐南，去代12000里。其國西南3里，有凍淩山。

蒲山國似與《漢書‧西域傳上》所見皮山國地望相同。

一則，"蒲山"與"皮山"得視爲同名異譯。

二則，取代里數爲長安去代里數與《漢書‧西域傳上》所載皮山城去長安里數之和。

一說蒲山國近山（西南3里），位於于闐之南，也許在今和闐之南Yurung kash上游的Nissa、Karanghu、Pisha一帶。所謂"故……國"也許僅僅就政治或歷史而言，未必在同一地點。[9] 今案：其說雖不無道理，但"于闐南"不妨讀作"西南"，"三里"也完全可能是"三百里"之誤。茲兩存其說以備考。

5. 悉居半國，卽漢代西夜國，又名子合。治呼犍谷。在于闐西，去代12970里。

悉居半國王治果爲呼犍谷，按之《後漢書‧西域傳》關於"子合國居呼犍谷"的記載，則應爲漢代子合國之後身。

又，悉居半國或卽《梁書‧西北諸戎傳》所見周古柯國。[10] 蓋"周古柯"（Karghalik）得視爲《漢書‧西域傳上》所傳子合國王治"呼犍"之同名異譯。

6. 權於摩國，卽漢代烏秅國。王治烏秅城，在悉居半西南，去代12970里。

或以爲"權於摩"國既即漢代烏秅國，則其名衍"權"字，而"烏秅"乃"烏耗"之訛；蓋"耗"與"摩"音同，"於摩"與"烏耗"同名異譯。[11] 今案：其說未安。《漢書·西域傳上》顏注："烏音一加反。秅音直加反。"由此可見"秅"字並非"耗"字之訛。如果"權於摩"確如《通典·邊防八·西戎四》所引作"於摩"，則可能是"烏秅"訛爲"烏耗"，再轉爲"於摩"；而《魏書·西域傳》稱於摩國"故烏秅國"，猶如稱蒲山國"故皮山國"。

7. 渠莎國，居故莎車城，在子合西北，去代12980里。里數應表示自莎車城經悉居半國王治赴代的行程。

渠莎國和悉居半、權於摩三國的去代里數均有誤，且別無其他直接證據，其確切地望無從考核，但也沒有理由懷疑傳文關於這三國王治位置分別與《漢書·西域傳上》所載莎車國、子合國、烏秅國相同的記載。

二

第二組（車師道諸國）：

1. 車師國，一名前部，其王居交河城，去代10050里。其地北接蠕蠕。

《魏書·西域傳》描述的車師國王治地望應與漢代車師前國王治相同。不僅名稱相同，而且去代里數等於代去長安里數與《漢書·西域傳下》所傳去長安里數之和。

2. 且彌國，都天山東于大谷，在車師北，去代 10570 里。

《魏書·西域傳》所見且彌國應卽《漢書·西域傳下》所載西且彌國。不僅王治名稱相同，而且去代里數等於代去長安里數與《漢書·西域傳下》所傳去長安里數之和。

今案：《漢書·西域傳下》載有兩且彌國，《後漢書·西域傳》僅載東且彌國，或以爲就後者所載人口而言，後漢時東西兩且彌國已合二爲一。[12] 既然《魏書·西域傳》所載爲西且彌國，似乎兩且彌國未曾合幷，或者合幷後再度分開。但如果考慮到《後漢書·西域傳》所載東且彌國的位置與《漢書·西域傳下》所載東且彌國位置不同，而且《魏書·西域傳》所載西且彌國位置與《漢書·西域傳下》所載西且彌國位置相同，則似乎應該認爲兩且彌國從未合幷。《後漢書·西域傳》所載東且彌國人口增加是自然發展的結果，該傳不載西且彌國是因爲其時該國役屬車師後國的緣故。蓋據《魏略·西戎傳》："西且彌國"曾屬車師後部王，亦卽此處《魏書·西域傳》所謂"本役屬車師"。

3 焉耆國，在車師南，都員渠城，去代 12000 里。里數表示自員渠城經車師國王治赴代的行程。今案：焉耆去代不應遠於龜茲去代，故傳文"一萬二千里"或爲"一萬二百里"之訛。

又，若按《漢書·西域傳下》去長安里數計算，焉耆去代應爲 9200 里（7300 里與 1900 里之和），較之《魏書·西域傳》少 1000 里。可見在《魏書·西域傳》描述的時代，自焉耆赴代路途經由與《漢書·西域傳下》所述自焉耆赴長安途徑不同。

又，儘管《魏書·西域傳》所載員渠城去代里數與可據前史所載去長安里數推得者不同，但似乎不能據以爲南北朝時期焉耆國王治與兩漢魏晉時期不同。質言之，北魏時焉耆國王治也在博格達沁古城（即四十里城，今焉耆縣治西南20公里）的可能性最大。[13]

一則，《魏書·西域傳》載焉耆國都名員渠城，且明載"漢時舊國也"[14]。王治名稱與《漢書·西域傳》所載相同。

二則，《魏書·西域傳》稱："焉耆爲國，斗絕一隅。"此與《後漢書·西域傳》所傳形勢相同："其國四面有大山，與龜茲相連，道險阨易守。有海水曲入四山之內，周匝其城三十餘里。"

三則，《魏書·西域傳》載："[萬]度歸入焉耆東界，擊其邊守左回、尉犁二城，拔之。進軍向員渠。"《後漢書·班超傳》亦載超自尉犁北上討焉耆。

另外，博格達沁古城地近博斯騰湖。故《周書·異域傳下》有載："南去海十餘里，有魚鹽蒲葦之饒。"此與《漢書·西域傳下》所謂"近海水多魚"亦同。

至於《周書·異域傳下》載自焉耆國王治去長安5800里，乃焉耆國王治去敦煌2200里，與敦煌去長安3600里之和。據此不足以懷疑《周書·異域傳下》所載焉耆國王治位置與他傳相同。

4. 龜茲國，在尉犁西北，去代10280里。

去代里數表示自龜茲國王治經焉耆國王治赴代的行程。若按《漢書·西域傳下》去長安里數計算，龜茲去代應爲9380里（7480里與1900里之和），較之《魏書·西域傳》少900里，因疑"一萬二百八十里"應爲"一萬三百八十里"之訛，蓋承焉耆傳增一千里。

5. 姑墨國，居南城，在龜茲西，去代 10500 里。

里數表示自南城經龜茲國王治赴代的行程。"一萬五百里"或爲"一萬五十里"之訛。果然，本里數其實是《漢書·西域傳下》所載自南城去長安 8150 里，與長安去代 1900 里之和。

6. 溫宿國，居溫宿城，在姑墨西北，去代 10550 里。

里數表示自溫宿城經姑墨國王治赴代的行程。"一萬五百五十里"或爲"一萬二百五十里"之訛。果然，本里數其實是《漢書·西域傳下》所載自溫宿城去長安 8350 里，與長安去代 1900 里之和。

7. 尉頭國，居尉頭城，在溫宿北，去代 10650 里。

里數表示自尉頭城經溫宿國王治赴代的行程。"一萬六百五十里"或爲"一萬五百五十里"之訛。果然，本里數其實是《漢書·西域傳》所載自尉頭城去長安 8650 里，與長安去代 1900 里之和。

今案：無妨認爲以上四國王治位置與漢晉時期相同。

一說據《漢書·西域傳下》溫宿在姑墨之西 270 里，尉頭在溫宿之西 300 里。據《魏書·西域傳》溫宿在姑墨之西北約 50 里，尉頭在溫宿之北約 100 里，說明數者在上述兩傳描述的時代位置不同。[15] 今案：其說未安。後兩個里數並非《魏書·西域傳》所載，不過是說者依據傳文所見諸國去代里數推算而得，去代里數既然可能有誤，這些推算出來的數值不足爲據自不待言。

另外，《漢書·西域傳下》所謂溫宿國"西至尉頭"、"東通姑墨"，未必不能理解爲溫宿在姑墨之西北、尉頭在溫宿之西北。諸如此類。

8. 烏孫國，居赤谷城，在龜茲西北，去代 10800 里。其國數爲蠕蠕所侵，西徙蔥嶺山中，無城郭，隨畜牧逐水草。太延三年，使者董琬等使其國。

今案：本里數其實是《漢書·西域傳下》所載自赤谷城去長安 8900 里，與長安去代里數之和，因此不能認爲南北朝時期赤谷城位置有變化。但是，由於爲蠕蠕所侵，西徙蔥嶺山中，董琬等所訪問的烏孫國之王治當已不在赤谷城。

9. 疏勒國，在姑墨西，去代 11250 里。

本里數其實是《漢書·西域傳上》所載自疏勒國王治去長安里數與長安去代 1900 里之和。沒有證據表明《魏書·西域傳》描述的疏勒國王治位置與漢晉時期不同。

10. 悅般國，在烏孫西北，去代 10930 里。

今案：悅般人可以追溯的原居地在龜茲以北。大約由於烏孫人西徙，悅般人北上佔領了納倫河流域和伊犁河流域。董琬、高明西使所遇悅般，應卽業已北上的悅般。[16]

11. 者至拔國，都者至拔城，在疏勒西，去代 11628 里。其國東有潘賀那山，出美鐵及師子。

一說位於今塔什幹（Tashkend），[17] 一說應求諸 Khojend 附近。[18] 今案：者至拔與者舌同在車師道，後者旣是 Tashkend，前說似誤；而後說證據亦嫌不足，錄以備考。

12. 迷密國，都迷密城，在者至拔西，去代 12628 里。

根據較可信的說法，迷密城在今烏茲別克斯坦撒馬爾罕市南噴赤幹遺址。[19]

13. 悉萬斤國，都悉萬斤城，在迷密西，去代 12720 里。

悉萬斤城在今烏茲別克斯坦撒馬爾罕市東北，已成定說。[20]

14. 忸密國，都忸密城，在悉萬斤西，去代 22828 里。

一般認爲忸密國位於今布哈拉。蓋《新唐書·西域傳下》載："安者，一曰布豁，又曰捕喝，元魏謂忸密者。""捕喝"得視爲 Bokhara 之對譯。[21]

15. 洛那國，故大宛國。都貴山城，在疏勒西北，去代 14450 里。

一般認爲此國在今費爾幹納，即《漢書·西域傳上》所見大宛國。王治貴山城位置衆說紛紜，[22]但上述里數既是《漢書·西域傳上》所載大宛國王治去長安里數與長安去代 1900 里之和，則位置不應有異。

16. 粟特國，去代 16000 里。

《魏書·西域傳》所謂粟特國位於錫爾河與阿姆河之間澤拉夫善河流域亦即索格底亞那。《周書·異域傳下》所見"在葱嶺之西"的粟特國位置與《魏書·西域傳》所載相同。[23]

17. 波斯國，都宿利城，在忸密西，古條支國也。去代 24228 里。城方十里，戶十餘萬，河經其城中南流。

一般認爲，此波斯國指薩珊波斯，神龜中（518—520 年）遣使上書貢物的波斯國王居和多應即 Kavād 一世（488—496，498—531 年在位）。故其國都宿利城應即泰西封。[24]

《魏書·西域傳》原文已佚，今本《魏書·西域傳》"波斯條"亦即《北史·西域傳》"波斯條"的文字與《隋書·西域傳》"波斯條"並無相似之處,可見今本"波斯傳"其實乃《魏書·西域傳》"波斯條"與《周書·異域傳下》"波斯條"合并而成。

如果從《北史·西域傳》"波斯條"中剔除可以認爲屬於《周書·異域傳下》"波斯條"的文字,則可以將兩書的波斯傳進行比較。可知兩者所載爲同一國家:

一、《魏書·西域傳》所見宿利城應卽《周書·異域傳下》所見蘇利城。"宿利"與"蘇利"得視爲同名異譯。

二、《魏書·西域傳》描述波斯國特産鴕鳥有云:"有鳥形如橐駝,有兩翼,飛而不能高,食草與肉,亦能噉火。"而《周書·異域傳下》則載波斯國有"大鳥卵"。[25]

旣然根據《周書·異域傳下》有關波斯國宗教、習俗、官制等方面的記載,可以肯定所載主要是薩珊波斯的情況,與《魏書·西域傳》相同。[26]因此,《周書·異域傳下》所見蘇利城的位置應和《魏書·西域傳》所載宿利城相同。

至於《周書·異域傳下》所載蘇利城去長安里數與《魏書·西域傳》所載宿利城去代里數,不屬同一系統,無法比較,不能視爲兩書所載波斯國都城位置相同的反證。

應該指出的是,《周書·異域傳下》所載波斯國混入了所謂貴霜—薩珊王朝的記載。主要證據如下:[27]

一、波斯國,大月氏之別種。

二、王姓波斯氏,坐金羊床,戴金花冠。

以下討論《梁書·西北諸戎傳》所見波斯國之地望。但在討論之前,首先應該指出:傳文錯誤地將"波斯"和"波斯匿"混爲一談。

一則，傳文稱："波斯國，其先有波斯匿王者，子孫以王父字爲氏，因爲國號。"所謂"波斯匿王"（梵文：Prasenajit；巴利文：Pasenadi, Pasenaji），爲中印度憍薩羅國國王（所謂北憍薩羅國）。事蹟見《大唐西域記》卷六"室羅伐悉底國"條。[28]

二則，傳文稱："國中有優鉢曇花，鮮華可愛。""優鉢曇"應作"優曇鉢"，即《大唐西域記》卷二所見"烏曇鉢"，並非波斯特產。以下尚有所謂"鷲鳥噉羊"的記述，也許和佛教鷲峰的傳說有關。

三則，傳文並未言及祆教，卻載："城外佛寺二三百所。……中大通二年，遣使獻佛牙。"

由此可見，《梁書·西北諸戎傳》關於波斯國的記述中至少混入了一些與薩珊波斯無關的內容。儘管如此，《梁書·西北諸戎傳》所見波斯國的方位，似乎仍與《魏書·西域傳》和《周書·異域傳下》所傳波斯國相同。

一則，傳文稱波斯國"東與滑國"接。滑國無疑是指《魏書·西域傳》的嚈噠國、《周書·異域傳下》的嚈噠國。傳文在另一處稱："元魏之居桑乾也，滑猶爲小國，屬芮芮。後稍強大，征其旁國波斯、盤盤、罽賓、焉耆、龜茲、疏勒、姑墨、于闐、句盤等國，開地千餘里。"兩者正可互證。

二則，傳文稱波斯國"西及南俱與婆羅門國"接。婆羅門國應即印度。可以證之《大唐西域記》卷二："印度種姓，族類群分，而婆羅門特爲清貴，從其雅稱，傳以成俗，無云經界之別，總謂婆羅門國焉。"既然婆羅門國乃印度總稱，與之相接的波斯國自然不可能是波斯匿王所在中印度的憍薩羅國。

三則，傳文稱波斯國"北與汎慄國接"。結合《大唐西域記》卷一一的記載"波剌斯國周數萬里，國大都城蘇剌薩儻那，周四十餘里。……西北接拂懍國"，亦可見所傳波斯國位置與薩珊波斯同。[29]

以下是二項佐證：

一、傳文稱："白題國，王姓支名史稽毅，其先蓋匈奴之別種胡也。漢灌嬰與匈奴戰，斬白題騎一人。今在滑國東，去滑六日行，西極波斯。土地出粟、麥、瓜菓，食物略與滑同。普通三年，遣使獻方物。"白題或即《魏書·西域傳》所見"薄提"。[30]

二、傳文稱："末國，漢世且末國也。勝兵萬餘戶。北與丁零，東與白題，西與波斯接。土人剪髮，著氈帽，小袖衣，爲衫則開頸而縫前。多牛羊騾驢。其王安末深盤，普通五年，遣使來貢獻。"末國，應即 Merv，而決非《漢書·西域傳上》所見且末國。[31]

18. 伏盧尼國，都伏盧尼城，在波斯國北，[32] 去代 27328 里。[33] 東有大河南流，城北有雲尼山。

伏盧尼城，一說位於敍利亞的安條克城。[34]

一則，"伏盧尼"得視爲 Furum 之對譯。

二則，去代距離較波斯國去代距離遠 3100 里。在《魏書·西域傳》中僅較條支（29400 里）、大秦（39400 里）爲近。

三則，雲尼山不妨視爲安條克城北的 Amanus 山。安條克城一名 Yunani，"雲尼"或者得名於此。"大河"指幼法拉底斯河。

一說傳文既稱該城在南流大河之西，且未言及臨海，或者並非安條克城，而是 Taucus 山南、幼法拉底斯河畔某城。[35]今案：後說未必是，傳文未言及伏盧尼城臨海，不能作爲該城並不臨海的證據，而"東有大河南流"句之"東"字，可能是"西"之訛。《魏書·西域傳》方位詞多有錯誤，此或亦一例。

19. 色知顯國，都色知顯城，在悉萬斤西北，去代 12940 里。

色知顯城，一般認爲應即撒馬爾罕西北的 Ishtikhan（澤拉夫善河的支流 Ak-darya 沿岸、Katta Kurgan 和 Čiläk 之間）。[36]

20. 伽色尼國，都伽色尼城，在悉萬斤南、薄知國北，去代 12900 里。

伽色尼城一般認爲應即 Kešš，位於撒馬爾罕與 Balkh 之間，今 Šahr-i-Sabz。[37]

21. 薄知國，都薄知城，在伽色尼南，去代 13320 里。

薄知城應即 Bactra。[38]

一說薄知似非 Bactra，理由有四：[39]

一、Bactra 乃古代名城，"薄知"果即 Bactra，記載不應如此簡單。

二、同傳另有"盧監氏"（大月氏國都城）指稱 Bactra。

三、唐月氏都督府下既有大夏州治縛叱，又有薄知州治析面城，前者爲 Bactra 無疑。

四、按去代里數計算，與伽色尼之間距離過短。

今案：其說未安。

一則，一般說來，《魏書·西域傳》乃至全部魏晉南北朝正史

"西域傳"有關西域諸國記載之詳略，取決於諸國與中原朝廷關係之親疏，與諸國本身的情況關係不大。

二則，《魏書·西域傳》中出現兩個指稱同一地區的名稱，可能是由於資料來源不同，編者不明所以；也可能是由於代表不同的政治實體，不便合而爲一。事實上，薄知和以盧監氏爲都城的大月氏國在傳文中分屬車師道和伽倍道，這似可看作兩國有關資料來源不同的證據。

類似的例子如同傳所見波斯和安息，前者屬車師道，後者屬伽倍道。《魏書·西域傳》描述的波斯國無疑指薩珊朝波斯，其地理位置與《漢書·西域傳上》所傳安息國同。對於《魏書·西域傳》所傳安息國的性質，儘管學界意見各異，但就其地望而言，不能不承認和《漢書·西域傳上》所傳安息國是一致的。也就是說，就安息國地望而言，《魏書·西域傳》承襲了前史。說者本人在復原《魏書·西域傳》原文時，力主在"安息國傳"後，插入"條支國傳"，表明對此亦無異議。

三則，《新唐書·地理七下》載："月支都督府（以吐火羅葉護阿緩城置），領州二十五。"其中，大夏州"以縛叱城置"，薄知州"以析面城置"。"月支"、"大夏"是先後同處一地的不同政治實體之名稱，前者被用來命名都督府，後者被用來命名這一都督府下屬之州。都督府治與州治顯然不在一地。月支都督府所領尚有藍氏州，"藍氏"，顯然便是《史記·大宛列傳》所載大夏都城"藍市"（《漢書·西域傳上》所見"監氏"）；藍市州所治鉢勃城與大夏州所治無疑不在一地。由此可見，"薄知"作爲州名，與原薄知國地望無關。

四則,《魏書·西域傳》的去代里數多爲估算,不能作爲判定地望的可靠依據,已如前述。

22. 牟知國,都牟知城,在忸密西南,去代22928里。[40]

牟知城,一般認爲應即《大唐西域記》卷一所見"伐地"。[41]"伐"據敦煌寫本應作"戍"字。一說乃位於阿姆河右岸的Betik。[42]一說指爲Wardān(Wardana)者非是。[43]

今案:按之去代距離,牟知城應在忸密城西南百里。似與《慈恩傳》卷二所載伐地在捕喝西"百餘里"相合,但《慈恩傳》所謂"百"無疑是"四百"之奪訛。由此亦可見《魏書·西域傳》這類里數之不可信據。

23. 阿弗太汗國,都阿弗太汗城,在忸密西、呼似密東,去代23720里。

一說阿弗太汗城位於呼似密國(以Gãrganj爲中心)之東,忸密(Bokhara)國之西,應在今Khiva附近,後唐大汗都督府所在地。[44]

今案:如果"牟知"即《大唐西域記》卷一所見伐地,則呼似密應即同卷所見貨利習彌伽國,而該國據載"順縛芻河兩岸",可見至少在《大唐西域記》描述的時代以前,其中心不可能是Gãrganj。由此不難推知《魏書·西域傳》的呼似密國應該如一般認爲係北花剌子模(今烏茲別克),以Khiva爲中心。因此,阿弗太汗城或在Khiva之東。

24. 呼似密國,都呼似密城,在阿弗太汗西,去代24700里。

一般認爲即《新唐書·西域傳下》的"貨利習彌",在阿姆河下游,中心地區爲 Khiva。[45]

25. 諸色波羅國,都波羅城,在忸密南,去代 23428 里。

所謂波羅城,一說應即《新唐書·西域傳下》所見那色波(Naxšab),[46]一說爲今伊朗東北境尼沙普爾(Nishapur)。[47]今案:前說對音不符,且 Naxšab 去代不應遠於忸密。

26. 早伽至國,都早伽至城,在忸密西,去代 23728 里。

早伽至城,一說既然位於忸密之西 900 里,當在 Kara kum 內。傳文稱該國"取稻麥於鄰國",可證該國乃不毛之地。[48]

27. 伽不單國,都伽不單城,在悉萬斤西北,去代 12780 里。

伽不單城,一般認爲應今 Gubdan(Gubdun),位於撒馬爾罕北、Kodym Tau 山麓、Bulangghyr 河流域。[49]

今案:《梁書·西北諸戎傳》所謂"滑旁小國"呵跋檀國,應即伽不單國。[50]

28. 者舌國,在破洛那西北,去代 15450 里。

一般認爲應在今塔什幹。[51]

三

第三組(伽倍道諸國):

1. 伽倍國,故休密翕侯。都和墨城,在莎車西,去代 13000 里。人居山谷間。

此國旣爲原大夏國休密翕侯，其地應在今 Wakhan 谷地 Sarik-Čaupan 一帶。[52]

又，伽倍國應卽《梁書·西北諸戎傳》所見胡蜜丹國，傳文稱之爲"滑旁小國也"，蓋當時役屬嚈噠。

2. 折薛莫孫國，故雙靡翕侯。都雙靡城，在伽倍西，去代 13500 里。人居山谷間。

此國旣爲原大夏國雙靡翕侯，其地應在今 Chitral 和 Mastūj 之間。[53]

3. 鉗敦國，故貴霜翕侯。都護澡城，在折薛莫孫西，去代 13560 里。人居山谷間。

此國旣爲原大夏國貴霜翕侯，其地應在今 Wakhan 西部 Āb-i Panja 河左岸。[54]

4. 弗敵沙國，故肹頓翕侯。都薄茅城，在鉗敦西，去代 13660 里。居山谷間。

此國旣爲原大夏國肹頓翕侯，其地應在今 Faizabad 東。[55]

5. 閻浮謁國，故高附翕侯。都高附城，在弗敵沙南，去代 13760 里。居山谷間。

此國旣爲原大夏國高附翕侯，其地應在今 Kokcha 河流域。[56]

6. 大月氏國，都盧監氏城，在弗敵沙西，去代 14500 里。

大月氏國王治盧監氏城，應卽《漢書·西域傳上》所見監氏城，今 Balkh 附近，亦卽同傳所謂薄羅城。[57]

又，《梁書·西北諸戎傳》："白題國……今在滑國東，去滑六日行，西極波斯。"[58] 所謂白題國所在可能就是《魏書·西域傳》

所載吐呼羅國之薄提城，亦即盧監氏城。"六日行"應爲自白題國王治西赴滑卽"遊軍而治"的嚈噠王駐蹕處的行程。

一說傳文當作："今在滑國［西］，東去滑六日行，西極波斯。"蓋以爲該國在滑國（Hephthalites）之西，卽 Bāχδī。[59] 今案：指白題爲 Bāχδī 不誤，但所謂"西極波斯"很可能是說復自滑國西行，可抵波斯；並不是說白題國西與波斯相接。

7. 安息國，都蔚搜城，在大月氏西北，去代 21500 里。

又，《周書·異域傳下》亦有關於安息國的記載：治蔚搜城，北與康居、西與波斯相接。去長安 10750 里。

王治名稱既同，不妨認爲兩傳所載是同一國。

一說兩傳所見安息國應卽《隋書·西域傳》所見"安國"。蓋傳文稱："安國，漢時安息國也。"[60] 另說此"安息"應指 Merv。[61]

另說以爲此"安息國"其實是存在於阿姆河下游的帕提亞波斯殘餘勢力，所謂"蔚搜"乃 Oxus 之對譯，蓋《水經注·河水二》有云："其水至安息，注雷翥海。"所謂"雷翥海"應卽鹹海，然酈氏書對裏海與鹹海不加區分，均稱之爲"雷翥海"。[62]

今案：以上諸說均符合傳文所列在大月氏西北，北與康居、西與波斯相接諸條件。不過，《隋書·西域傳》稱安國爲"漢時安息國"，顯係誤解，不能視爲此處"安息國"爲"安國"之證據。

又，此處"安息"果指 Merv，則其都城應爲"木鹿"。因此，Merv 雖有"小安息"之稱，此說依然未安。

又，如果結合《後漢書·西域傳》所載"媯塞王"，似乎可以認爲"蔚搜" [iuət-shiu] 與"媯塞" [kiua-sək] 爲同名異譯，皆得名於 Wakhsh。甚至其國名"安息"[an-siək]也可能是 Wakhsh 之異譯。其人或者是塞人之一支，活動在阿姆河流域、Balkh 西北者。

至於《魏書·西域傳》"從安息西界循海曲，亦至大秦，回萬餘里"云云，顯然是承襲《漢書·西域傳》的記載，無礙以上地望之判斷。《魏書·西域傳》"安息國傳"之後原有"條支國傳"，亦可爲證。

8. 條支國，在安息西，去代 29400 里。[63]

今案：結合《魏書·西域傳》有關大秦的記載，知所謂條支國位置與前史所載相同，均爲今敘利亞地區。

一則，在安息之西。

二則，"從條支西渡海曲一萬里"可至大秦（卽羅馬）。

三則，《周書·異域傳下》稱波斯國爲"古條支國"，似乎暗示其實條支已經成爲波斯領土。

9. 大秦國，一名黎軒，都安都城。從條支西渡海曲 10000 里，去代 39400 里。

大秦最早見諸《後漢書·西域傳》和《魏略·西戎傳》，兩傳所謂"大秦"均指羅馬帝國。[64] 一說《魏書·西域傳》有關大秦國的記載多半抄襲、竄改前史而成。如稱大秦國"居兩海之間"，乃節略《魏略·西戎傳》大秦國"在安息、條支西大海之西……西又有大海"等敘述而成。又如"其王都城分爲五城"，應卽《魏略·西戎傳》所謂"王有五宮"之類。[65] 今案：其說甚是。

說者還以爲當時中國人誤以爲波斯灣和紅海深入阿拉伯之地，形成一大海灣，此卽傳文所謂："其海傍出，猶勃海也，而東西與勃海相望，蓋自然之理。"東方的條支和西方的大秦一起面臨這一渤海。今案：此說未安。其實並不存在說者所指誤解。傍出之海應爲地中海，條支與大秦隔此海相望。

安都城不見前史，所指似乎便是《魏略·西戎傳》所見安谷城（敍利亞的安條克城）。[66]這是因爲敍利亞地區一度是羅馬帝國的屬土，而安條克城又是該地區首府的緣故。這一傳說可能由來已久，並非始自北魏。傳文旣稱大秦都安都城，又稱大秦在條支西一萬里，自相矛盾。

又，傳文稱大秦"一名黎軒"，當然是承襲前史，但旣與"都安都城"相屬，可謂相映成趣。蓋大秦"一名黎軒"從根本上說是黎軒卽埃及王國被幷於羅馬帝國的緣故。這有助於解釋大秦"都安都城"的記載，而顯然不能因此指《魏書·西域傳》的大秦爲敍利亞。

北魏時期，羅馬帝國已經被拜占庭帝國取代，但按之傳文，似乎沒有摻入有關拜占庭的記載。也就是說《魏書·西域傳》有關大秦的記載還談不上舊瓶裝新酒。[67]與同傳有關"條支"的記載一樣，《魏書·西域傳》有關大秦的記載祇是時人不恰當地剪裁、纂輯史料和傳聞的產物。

四

第四組（莎車道諸國）：

1. 阿鈎羌國，在莎車、波路國東南，去代 13000 里。國西有縣度山。

一般認爲，縣度位於 Darel 至 Swat 之間的印度河上游河谷，波路爲 Gilgit，故阿鈎羌國應位於今帕米爾的 Baltistan。[68]

2. 波路國，在阿鈎羌、罽賓國西北，去代 13900 里。自莎車西南行 500 里至葱嶺，復西南行 1300 里至波路。

一般認爲波路國在 Gilgit 河流域。蓋其地正在 Baltistan 與 Kashmir 西北。[69]

3. 小月氏國，都富樓沙城。在波路西南，去代 16600 里。其城東十里有佛塔，卽所謂"百丈佛圖"。

富樓沙城，一般認爲卽 Puruṣapura（今 Peshawar）。[70]

一則，對音符合。

二則，"百丈佛圖"應卽同傳乾陁國所傳"雀離佛圖"。

三則，白沙瓦正在 Gilgit 西南。

4. 罽賓國，都善見城，在波路西南，去代 14200 里。居在四山中。

一般認爲《魏書·西域傳》的罽賓國指今克什米爾。

一則，在波路卽 Gilgit 西南。

二則，居四山之中。可知與《漢書·西域傳上》所載"地平溫和"之罽賓不在一處。後者在《魏書·西域傳》中相當於小月氏國和乾陀國。

至於傳文稱罽賓國"有苜蓿、雜草、奇木、檀、槐、梓、竹。種五穀，糞園田。地下濕，生稻。冬食生菜。其人工巧，雕文、刻鏤、織罽。有金銀銅錫以爲器物。市用錢。他畜與諸國同"云云，無非抄襲《漢書·西域傳上》，不能視爲北魏時期罽賓的實際情況。

罽賓國既爲Kahsmir，則善見城當在今Srinagar。[71]

五

第五組（其他）：

1. 吐呼羅國，去代12000里。東至范陽國，西至悉萬斤國，中間相去2000里；南至連山，不知名；北至波斯國，中間相去10000里。國中有薄提城，周帀60里。城南有西流大水，名漢樓河。

吐呼羅國在吐火羅斯坦，薄提城在Balkh。范陽國應在今帕米揚。漢樓河即阿姆河。[72]

2. 副貨國，去代17000里。東至阿副使且國（《北史·西域傳》作阿富使且國），西至沒誰國，中間相去1000里；南有連山，不知名；北至奇沙國，相去1500里。國中有副貨城，周帀70里。

副貨城一說位於布哈拉，[73]一說位於白沙瓦，[74]然均無確據，其地望待考。

又，阿副使且國、沒誰國、奇沙國，均無考。

3. 南天竺國，去代31500里。有伏醜城，周帀十里。城東三百里有拔賴城。

南天竺似即南印度。伏醜城、拔賴城，無考。

4. 疊伏羅國，去代 31000 里。國中有勿悉城。城北有鹽奇水，西流。

疊伏羅國一說應即 Žabula 亦即 Gazna。[75] 勿悉城地望待考。

5. 拔豆國，去代 51000 里。東至多勿當國，西至旃那國，中間相去 750 里，南至屑陵伽國，北至弗那伏且國，中間相去 900 里。

今案：屑陵伽國應即《大唐西域記》卷一〇所見羯餕伽 (Kaliṅga)。[76] 拔豆、多勿當、旃那、弗那伏且國地望待考。

6. 嚈噠國：《魏書·西域傳》所見嚈噠國應即《周書·異域傳下》所見嚈噠國、《梁書·西北諸戎傳》所見滑國。據《周書·異域傳下》記載，其國都拔底延城。有關該國領土及國都位置已有詳考，在此不贅。[77]

六

1. 朱居國，在于闐西。其人山居。有麥，多林果。咸事佛。語與于闐相類。役屬嚈噠。

今案：朱居國應即悉居半國。

2. 渴槃陁國，在蔥嶺東、朱駒波西、鉢和東。河經其國，東北流。有高山，夏積霜雪。

今案：渴槃陁國，一般認爲位於葉爾羌河上游 Sarikol 谿谷，王治當今 Tashkurgan。[78] 朱駒波即朱居。

"渴槃陁"，《梁書·西北諸戎傳》作"渴盤陁"，稱："于闐西小國也。西隣滑國，南接罽賓國，北連沙勒國。所治在山谷中。城周迴十餘里，國有十二城。"[79]

3. 鉢和國，在渴槃陁西、波知東北。其土尤寒，人畜同居，穴地而處。又有大雪山，望若銀峰。有二道，一道西行向嚈噠，一道西南趣烏萇。

今案：鉢和卽伽倍國。一說伽倍在 Wakhan 之東部，鉢和乃指 Wakhan 之全部（"鉢和" 乃 Wakhan 之對音）。自葉爾羌，經渴槃陁（塔什庫爾幹），出 Wakhan 谷地（鉢和），向西可往赴嚈噠（Balkh），向西南可達 Swat 河流域。[80]

4. 波知國，在鉢和西南、賒彌之北。

波知，亦見於《洛陽伽藍記》卷五 "宋雲行紀"，一本作 "波斯國" 者非是。關於其位置有數說，[81] 然其地似應求諸 Zēbak 附近，蓋在 Wakhan 西南、Chitrāl 之北。[82]

5. 賒彌國，在波知之南、烏萇之北。山居。東有鉢盧勒國，路嶮，緣鐵鎖而度，下不見底。

今案：鉢盧勒應卽同傳所見波路。賒彌國卽折薛莫孫國，而按之《洛陽伽藍記》卷五所載宋雲行途經由，賒彌似應在 Chitrāl。

6. 烏萇國，在賒彌南、乾陀東。北有葱嶺，南至天竺。自鉢和國有一道西南趣烏萇。

一般認爲烏萇國位於以 Manglaor 爲中心的 Swat 河流域，卽 Uddjāna。[83]

7. 乾陀國，在烏萇西，本名業波，因爲嚈噠所破而改焉。所都城東南七里有佛塔，高七十丈，周三百步，卽所謂"雀離佛圖"也。

今案：乾陀國應卽今日以白沙瓦爲中心的喀布爾河中下游地區，與同傳所載小月氏國中心地區。

一則，傳文稱大月氏王寄多羅南侵北天竺，征服乾陀羅以北五國，後寄多羅被"匈奴"卽嚈噠所逐西徙，令其子守富樓沙城，形成"小月氏國"。所述應卽此傳所謂"爲嚈噠所破"。

二則，所謂"雀離佛圖"應卽小月氏國的"百丈佛圖"，形制大致仿佛。[84]

七

最後，是《梁書·西北諸戎傳》中未見於《魏書·西域傳》之二國：

1. 末國，漢世且末國也。北與丁零，東與白題，西與波斯接。

《梁書·西北諸戎傳》所謂末國，決非傳文所謂"漢世且末國"。傳文所謂"北與丁零"接，可能有誤。傳文旣稱該國東接白題（Balkh），西接波斯，可能位於《後漢書·西域傳》所謂木鹿城（Merv）。[85]

2. 氾慄國：南與波斯國接。

氾慄國應卽所謂拂菻，卽東羅馬。[86]《隋書·西域傳》稱：波斯國"西北去拂菻四千五百里"。

■ 注釋

[1] 《魏書》卷一〇二，諸本目錄均注："闕"。卷末有宋人校語："魏收書'西域傳'亡，此卷全寫《北史·西域傳》，而不錄安國以後。"

[2] 本書上卷第四篇。

[3] 參看余太山《嚈噠史研究》，齊魯書社，1986年，pp. 217-244。

[4] 本文有關里數的討論均請參看本書中卷第二篇。

[5] 參看余太山"關於鄯善都城的位置"，《西北史地》1991年第2期, pp. 9-16；孟凡人"論鄯善國都的方位"，《亞洲文明》第2集，安徽教育出版社，1992年，pp. 94-115。

[6] 《元和郡縣誌·隴右道下》（卷四〇）：敦煌"東南至上都三千七百里"。《周書·異域傳下》的各種資料則表明敦煌去長安以"三千六百里"計。

[7] 《法顯傳》載敦煌至鄯善"可千五百里"，這一距離其實是扜泥城去陽關的距離，蓋據《漢書·西域傳上》扜泥城至陽關1600里。參看余太山《塞種史研究》，中國社會科學出版社，1992年，pp. 236-237。

[8] 參看孟凡人"于闐國都城方位考"，《西域考察與研究》，新疆人民出版社，1994年，pp. 449-476。

[9] 內田吟風"魏書西域傳原文考釋（上，中，下）"，《東洋史研究》29～1（1970年），pp. 83-106；30～2（1971年），pp. 82-101；31～3（1972年），pp. 58-72。

[10] 參看榎一雄"滑國に關する梁職貢圖の記事について"，《東方學》27（1964年），pp. 12-32。

[11] 白鳥庫吉"西域史上の新研究·大月氏考"，《白鳥庫吉全集·西域史研究

(上)》(第6卷),東京:岩波,1970年,pp. 97-227, esp. 140-148。

[12] 注9所引內田吟風文(中)。

[13] 徐松《西域水道記》卷二;陳戈"焉耆尉犁危須都城考",《西北史地》1985年第2期,pp. 22-31。

[14] "漢時舊國也"五字據《資治通鑒考異》(卷五)補,似可認爲是《魏書·西域傳》原文。

[15] 注9所引內田吟風文(中)。

[16] 詳見注3所引余太山書,pp. 29-33, 196-199。

[17] 白鳥庫吉"粟特國考",《白鳥庫吉全集·西域史研究(下)》(第7卷),東京:岩波,1971年,pp. 43-123, esp. 101-102。

[18] 注9所引內田吟風文(中)。

[19] 詳見馬小鶴"米國鉢息德城考",《中亞學刊》第2輯,中華書局,1987年,pp. 65-75。另請參看許序雅《唐代絲綢之路與中亞歷史地理研究》,西北大學出版社,2000年,pp. 112-115。

[20] 注17所引白鳥庫吉文,esp. 69-78;季羨林等《大唐西域記校注》,中華書局,1985年,p. 88。

[21] 說見注17所引白鳥庫吉文,esp. 90-91;藤田豐八《慧超往五天竺國傳殘卷箋證》,北京:宣統二年,pp. 71-72;注9所引內田吟風文(中)。

[22] 注7所引余太山書,pp. 72-76。

[23] 詳見注3所引余太山書,pp. 44-65。

[24] F. Hirth, "The Mystery of Fu-lin." *Journal of the American Oriental Society* 33 (1913), pp. 193-208;白鳥庫吉"拂菻問題の新解釋",《白鳥庫吉全集·西域史研究(下)》(第7卷),東京:岩波,1971年,pp. 403-596, esp.

434-435；宋峴"弗栗恃薩儻那、蘇剌薩儻那考辨"，《亞洲文明》第 3 集，安徽教育出版社，1995 年，pp. 193-201。

[25]"大鳥卵"三字亦見今本《魏書·西域傳》，但似乎不是《魏書·西域傳》原文，應是李延壽采自《周書·異域傳下》者。說見注 3 所引余太山書，pp. 217-244。

[26] 參見堀謙德"西曆第六世紀の波斯"，《史學雜誌》19～1（1908 年），pp. 40-53。

[27] 說詳田邊勝美"ローマと中國の史書に秘められた'クシヤノ·ササン朝'"，《東洋文化研究所紀要》124（1994 年），pp. 33-101。

[28] 注 20 所引季羨林等《大唐西域記校注》，pp. 481-506。

[29] 榎一雄"梁職貢圖について"，《東方學》26（1963），pp. 31-46。

[30] 參看注 10 所引榎一雄文。

[31] 參看注 10 所引榎一雄文。

[32] 注 9 所引內田吟風文（下）以爲《魏書·西域傳》原文伏盧尼國"在波斯國北"當據《通典·邊防九·西戎五》作"在波斯國西北"。

[33] 這是校正後的里數，按照《魏書·西域傳》原文應爲 27320 里。

[34] 詳見注 24 所引白鳥庫吉文，esp. 433-438。

[35] 注 9 所引內田吟風文（下）。

[36] 注 21 所引藤田豐八書，p. 69；水谷真成《大唐西域記》，《中國古典文學大系》22，平凡社，1971 年，pp. 26-28。

[37] M. I. Specht, "Études sur l'Asie Centrale d'apres les historiens Chinois." *Journal Asiatique* Series 8, 2 (1883), pp. 317-350, esp. 331；又見注 17 所引白鳥庫吉文，esp. 98。

[38] 說見 J. Marquart, *Ērānšahr*. Berlin, 1901, p. 214，以及注 17 所引白鳥庫吉文，esp. 98。

[39] 注 9 所引內田吟風文（下）。

[40] 這是校正後的里數，按照《魏書·西域傳》原文應爲 22920 里。

[41] 注 17 所引白鳥庫吉文，esp. 92-93。

[42] 堀謙德《解說西域記》，國書刊行會，1972 年，p. 70；注 36 所引水谷真成書，pp. 30-31。

[43] J. Marquart, *Die Chronologie der alttürkischen Inschriften*. Tübingen, 1898, p. 62；注 20 所引季羨林等《大唐西域記校注》，pp. 95-96。

[44] 注 9 所引內田吟風文（下）。

[45] 說見白鳥庫吉"塞民族考"，《白鳥庫吉全集·西域史研究（上）》（第 6 卷），東京：岩波，1970 年，pp. 361-480，esp. 411。另請參看注 43 所引 J. Marquart 書，p. 62；注 38 所引書，p. 155。

[46] 注 9 所引內田吟風文（下）。

[47] 張星烺《中西交通史料彙編》第 4 冊，中華書局，1978 年，pp. 61-62。

[48] 注 9 所引內田吟風文（下）。

[49] 說見注 17 所引白鳥庫吉文，esp. 80。伽不單城卽《大唐西域記》卷一所見劫布呾那國，見注 20 所引季羨林等書，pp. 91-92。

[50] 參看注 10 所引榎一雄文。

[51] 者舌應卽《隋書·西域傳》所見柘折、《大唐西域記》卷一所見赭時國、杜環《經行紀》所見赭時，見白鳥庫吉"プトレマイオスに見えたる葱嶺通過路に就いて"，《白鳥庫吉全集·西域史研究（下）》（第 7 卷），東京：岩波，1971 年，pp. 1-41，esp. 8-9；注 17 所引白鳥庫吉文，esp. 106-107。

[52] 參見注 38 所引 J. Marquart 書，pp. 223-225, 242-243；白鳥庫吉"西域史上の新研究・大月氏考"，《白鳥庫吉全集・西域史研究（上）》（第 6 卷），東京：岩波，1970 年，pp. 97-227, esp. 101-105；注 51 所引文，esp. 16-17；注 7 所引余太山書，pp. 30-32。又，注 9 所引內田吟風文（下）以爲"伽倍"即"拘謎陁"，應是 Darwāz 地區中心都市 Kala-i-khum 的訛譯。今案：內田氏說似誤。

[53] 參見注 52 所引白鳥庫吉文，esp. 106-112；注 38 所引 J. Marquart 書，pp. 225, 243-244；注 7 所引余太山書，pp. 30-32。又，注 9 所引內田吟風文（下）以爲"折薛莫孫"既在伽倍西，其地當在 Wakhsh ab 流域（Kurghan Tiube），應即《大唐西域記》之鑊沙（Wakhsh），阿拉伯地理書的 Baχšu。"莫孫"即 Wakhsh ab 的對音，"折薛"係《羅摩衍那》（Rāmāyana）所見 Sučakṣu 的音寫。今案：《魏書・西域傳》方位詞往往有誤，內田氏說未必是。

[54] 參見注 52 所引白鳥庫吉文，esp. 112-115；注 38 所引 J. Marquart 書，pp. 245-246；注 7 所引余太山書，pp. 30-32。J. Marquart 認爲鉗敦位於今 Kunar 與 Panğsir 河之間；似誤。

[55] 參見注 52 所引白鳥庫吉文，esp. 115-118；注 7 所引余太山書，pp. 30-32。

[56] 參見注 52 所引白鳥庫吉文，esp. 119-120；注 38 所引 J. Marquart 書，pp. 246-248；注 7 所引余太山書，pp. 30-32。

[57] 參看注 3 所引余太山書，pp. 66-75。

[58]《梁職貢圖》白題國使臣圖題記稱：白題國"在滑國東，六十日行，西極波斯，二十日行"。今案：作"六十日"似誤。

[59] 岑仲勉"嚈噠國都考"，《西突厥史料補闕及考證》，中華書局，1958 年，

pp. 202-207。

[60] 白鳥庫吉"西域史上の新研究・康居考",《白鳥庫吉全集・西域史研究（上）》（第 6 卷），東京：岩波，1970 年，pp. 58-96，esp. 95-96。

[61] 白鳥庫吉"大秦傳より見たる西域地理",《白鳥庫吉全集・西域史研究（下）》（第 7 卷），東京：岩波，1971 年，pp. 303-402，esp. 370。

[62] 注 9 所引內田吟風文（下）。

[63]《魏書・西域傳》安息之後、大秦之前，應據《北史・西域傳》補入條支一國。

[64] 注 7 所引余太山書，pp. 182-209。

[65] 注 61 所引白鳥庫吉文，esp. 360-364。

[66] 白鳥庫吉"大秦傳に現はれたる支那思想",《白鳥庫吉全集・西域史研究（下）》（第 7 卷），東京：岩波，1971 年，pp. 237-301，esp. 270-310；注 24 所引白鳥庫吉文，esp. 405-416。

[67]《魏書・西域傳》稱大秦國"人務蠶田"，注 9 所引內田吟風文（下）以爲指 Procopius、Theophanes 等所載東羅馬帝國的養蠶業。今案：《魏略・西戎傳》已載大秦國"植桑飼蠶"。又，內田吟風"《魏書》卷一百二西域傳譯注稿"，內田吟風編《中國正史西域傳の譯注》，京都：河北印刷株式會社，1980 年，pp. 1-34，以爲安都應指君士坦丁堡，亦未安。

[68] 白鳥庫吉"罽賓國考",《白鳥庫吉全集・西域史研究（上）》（第 6 卷），東京：岩波，1970 年，pp. 295-359，esp. 305-306；注 9 所引內田吟風文（下）。

[69] 注 68 所引白鳥庫吉文，esp. 301-310。"波路"應卽《大唐西域記》的鉢露羅。

[70] 注 68 所引白鳥庫吉文，esp. 335-337。"富樓沙"應卽《大唐西域記》卷二之布路沙布邏。

[71] 詳見注 68 所引白鳥庫吉文，esp. 308-324；注 9 所引內田文（下）。

[72] 詳見余太山"嚈噠史若干問題的再研究"，《中國社會科學院歷史研究所學刊》第 1 集，社會科學文獻出版社，2001 年，pp. 180-210。

[73] 見注 17 所引白鳥庫吉文，esp. 90。因此，指奇沙爲史國（Kešš）、南有連山指興都庫什山。

[74] J. Marquart, *Wehrot und Arang*. Leiden, 1938, p. 37.

[75] 榎一雄"キダーラ王朝の年代について"，《東洋學報》41～3（1958 年），pp. 1-52。

[76] 注 20 所引季羨林等書，pp. 819-823。

[77] 注 3 所引余太山書，pp. 135-141；和注 72 所引余太山文。

[78] 沙畹"宋雲行紀箋注"，馮承鈞漢譯，載《西域南海史地考證譯叢》六編，商務印書館，1962 年，pp. 1-68（收入《西域南海史地考證譯叢》第 2 卷，商務印書館，1995 年）；注 11 所引白鳥庫吉文，esp. 132-133；注 45 所引白鳥庫吉文，esp. 396-399。

[79] "宋雲行紀"之漢盤陀，《大唐西域記》卷一二之朅盤陀。

[80] 注 51 所引白鳥庫吉文，esp. 17。另請參看范祥雍《洛陽伽藍記校注》（卷五），上海古籍出版社，1978 年，pp. 289-291。注 9 所引內田吟風文（下）以爲鉢和乃 Wakhan 東部的 Saṛhād；似誤。

[81] 參看注 80 所引范祥雍書，pp. 295-297。

[82] 注 38 所引 J. Marquart 書，p. 245，以爲介乎 Zēbāk 與 Čitral 之間的山地。另請參看注 78 所引沙畹文；A. Stein, *Ancient Khotan*. Oxford, 1907, p. 14；桑山正進《カーピシー＝ガンダーラ史研究》，京都大學人文科學研究所，1990 年，pp. 101-103。

[83] 注 51 所引白鳥庫吉文，esp. 17。

[84] 注 68 所引白鳥庫吉文，esp. 335-336。

[85] 參看注 10 所引榎一雄文。

[86] 注 29 所引榎一雄文。

六　兩漢魏晉南北朝正史"西域傳"所見西域諸國的物產

本文旨在利用有關名物的研究成果，參以己見，爲兩漢魏晉南北朝正史"西域傳"所見西域物產作一簡注，[1]並在此基礎上說明這些記載的性質。

一　五穀、桑麻和諸果

1.塔里木盆地周圍諸國中，據《漢書·西域傳下》，渠犁可"種五穀"。據《後漢書·西域傳》，伊吾地"宜五穀"。《梁書·西北諸戎傳》載高昌國"備植九穀"；《周書·異域傳下》載高昌"穀麥再熟"。[2]又據《魏書·西域傳》，于闐國"土宜五穀"。

南亞諸國中，據《漢書·西域傳上》，種五穀之國有難兜、罽賓、烏弋山離。據《魏書·西域傳》，吐呼羅、副貨、南天竺、疊伏羅、拔豆諸國"土宜五穀"，阿鉤羌國"有五穀"。

此外，《梁書·西北諸戎傳》載滑國"有五穀"。據《魏略·西戎傳》和《魏書·西域傳》，大秦國亦有五穀。

具體而言，塔里木盆地周圍諸國中，據《梁書·西北諸戎傳》，于闐國"宜稻麥"；據《周書·異域傳下》，高昌國"穀麥再熟"，焉耆國"穀有稻粟菽麥"。

葱嶺以西諸國中，據《史記·大宛列傳》、《晉書·西戎傳》，大宛國田稻麥。據《魏書·西域傳》，諸色波羅、伽不單國"宜稻麥"，烏萇國"豐稻麥"。[3] 據《梁書·西北諸戎傳》，白題國"土地出粟、麥"，渴盤陁國"地宜小麥"。[4]

南亞諸國中，據《漢書·西域傳上》，植稻之國尚有罽賓。

應該指出的是，據《史記·大宛列傳》，安息國"田稻麥"；而據《史記·大宛列傳》和《漢書·西域傳上》，安息以西的條支國"田稻"；但《周書·異域傳下》說，波斯國有五穀，"唯無稻及黍秫"。一說在《周書·異域傳下》描述的時代，亦即薩珊時代的波斯尚無大米這一記載是正確的。[5] 果然，則《史記·大宛列傳》稱安息乃至條枝"田稻"，僅僅是張騫的傳聞，不足爲據。

2.《後漢書·西域傳》載伊吾地宜桑麻；《魏書·西域傳》載于闐國土宜桑麻；《周書·異域傳下》載高昌國"宜蠶"。

另外，《後漢書·西域傳》載大秦國"多種樹蠶桑"；《魏略·西戎傳》載大秦國有"桑蠶"。[6]《魏書·西域傳》載大秦國土宜"桑麻，人務蠶田"。一說"麻"應指亞麻。古代地中海地區以亞麻纖維紡織，與古代中國以大麻纖維紡織者不同。[7]

3. 據《漢書·西域傳上》，且末、難兜、罽賓、烏弋山離國有諸果；據《後漢書·西域傳》，粟弋國出"衆果"；據《梁書·西北諸戎傳》,白題國土地出瓜菓;據《周書·異域傳下》載高昌國"多五果"。

另據《魏書·西域傳》,色知顯、伽色尼、薄知、阿弗太汗、呼似密、諸色波羅國"多五果",早伽至、伽不單、阿鈎羌、拔豆國有五果或諸果,烏萇國"土多林果"。

具體而言,據《史記·大宛列傳》和《晉書·西戎傳》,大宛國"有蒲陶酒"。[8]《史記·大宛列傳》又載安息國亦有"蒲陶酒"。據《後漢書·西域傳》,粟弋國出蒲萄,"故蒲萄酒特有名焉"。而據《晉書·西戎傳》,粟弋國饒蒲陶。[9]

塔里木盆地周圍諸國中,據《漢書·西域傳上》,且末國有蒲陶;據《後漢書·西域傳》,伊吾地"宜蒲萄";據《梁書·西北諸戎傳》,于闐國有蒲桃;據《魏書·高昌傳》和《梁書·西北諸戎傳》,高昌國多蒲陶酒;據《周書·異域傳下》,焉耆國"俗尚蒲桃酒"。[10]

南亞諸國中,據《漢書·西域傳上》,難兜、罽賓國有蒲陶;據《魏書·西域傳》,副貨、拔豆國有葡桃(蒲萄),南天竺國拔賴城出蒲萄。

一說"蒲陶"原語爲伊朗語 budawa 或 buδawa。[11]

有諸果之國往往便是産五穀之地。

二 其他植物

1."苜蓿"(一作"目宿"),《史記·大宛列傳》載大宛國"馬嗜苜蓿"。《漢書·西域傳上》則載罽賓國"有目宿"。一說"苜蓿"原語爲伊朗語：buksuk、buxsux 或 buxsuk。[12]

2. 葭葦，《漢書·西域傳上》稱鄯善國"多葭葦"。《魏略·西戎傳》載大秦國有葦。又，《周書·異域傳下》載焉耆國有蒲葦。葭葦等大概均蘆葦之屬。

3. 白草，《漢書·西域傳上》稱鄯善國多"白草"，烏秅國"有白草"。[13]《後漢書·西域傳》載奄蔡（阿蘭）國，多白草。一般認爲應卽白英（Solanium dulcamara L.），指 common bittersweet，或木本茄屬植物（woody nightshade），或蔓生的白蘞（creeper Ampelopsis serianaefolia）。[14]

又，《後漢書·西域傳》載：西夜國"地生白草，有毒，國人煎以爲藥，傅箭鏃，所中卽死"。今案：此"白草"應卽"獨白草"，亦卽烏頭。[15]

4. 檉柳，《漢書·西域傳上》稱鄯善國多"檉柳"。[16]一般認爲卽紅柳（Tamarix ramosissima），沙漠中特産，高不過 1.7 米，紅莖綠葉，枝葉茂密。[17]

5. 胡桐，《漢書·西域傳上》稱鄯善國多"胡桐"；[18]一般認爲卽胡楊（Populus diversifolia），一說乃白楊（Populus balsamifera）之一種。[19]

6. 松，《漢書·西域傳下》稱烏孫國多松。《後漢書·西域傳》載奄蔡（阿蘭）國，多松。《後漢書·西域傳》和《魏略·西戎傳》載大秦國有松。[20]

7. 楠，《漢書·西域傳下》稱烏孫國多楠。[21]或以爲榆樹（elm）

之一種。[22]

8. 檀，據《漢書·西域傳上》，罽賓國有檀。

9. 櫰，據《漢書·西域傳上》，罽賓國有櫰。

10. 梓（Catalpa kaempferitrae），據《漢書·西域傳上》，罽賓國有梓。《魏略·西戎傳》載大秦國有梓。

11. 竹，據《漢書·西域傳上》，罽賓國有竹。《魏略·西戎傳》載大秦國有竹。

12. 漆，據《漢書·西域傳上》，罽賓國有漆。《魏書·高昌傳》載高昌國"饒漆"。漆，指漆樹。[23]

13. 楨，《後漢書·西域傳》載奄蔡（阿蘭）國，多楨。楨，女貞（privet）。

14. 柏（cypress），《後漢書·西域傳》和《魏略·西戎傳》載大秦國有柏。

15. 柳，《魏略·西戎傳》載大秦國有楊柳。《晉書·西戎傳》載，康居國屬地粟弋饒柳。[24]

16. 槐，《魏略·西戎傳》載大秦國有槐。

17. 梧桐，《魏略·西戎傳》載大秦國有梧桐。

18. 桐，《晉書·西戎傳》載康居國屬地粟弋多桐。

19. 阿末黎，《魏書·西域傳》載疊伏羅國有阿末黎。"阿末黎"，可能是《大唐西域記》卷一所見"阿末羅"（梵語 āmalaka）；"阿末羅"（Emblica Myrobalan），其果味酸而有回甘。[25]

20. 真檀，《魏書·西域傳》載南天竺國拔賴城出白真檀。"真檀"即"旃檀"（candana），指紫檀木。[26] "白真檀"疑是"白

[銀]、真檀"之奪訛；蓋結合前後文，該國物產不妨讀作"黃金、白[銀]、真檀、石蜜、蒲萄"。

21. 千年棗，《周書·異域傳下》載波斯國出千年棗。指棗椰樹（Phoenix dactylifera Arecaceae）。[27]

22. 訶黎勒，《周書·異域傳下》載波斯國出訶黎勒。訶黎勒（Terminalia chebulla，梵語harītakī；波斯語halīla），一種果樹（myrobalan）。[28]

23. 無食子，《周書·異域傳下》載波斯國出無食子。"無食"（中古波斯語muzak），《酉陽雜俎》卷一八："無石子，出波斯國，波斯呼爲摩賊（mažak），樹長六七丈，圍八九尺，葉似桃葉而長，三月開花，白色，花心微紅。子圓如彈丸。初青，熟乃黃白，蟲食成空者正熟，皮無孔者入藥用。其樹一年生無石子，一年生跛屢子，大如指，長三寸，上有殼，中仁如栗黃，可噉。"一說是球狀的樹瘤，由於黃蜂在幾種橡樹上戮刺樹枝樹葉或花苞，產卵其上而長成。[29]

24. 羊刺，《周書·異域傳下》高昌國有草曰羊刺，其上生蜜。羊刺，一說是駱駝刺一類的植物。[30]

25. 優鉢曇花，《梁書·西北諸戎傳》波斯國有優鉢曇花，鮮華可愛。"優鉢曇"應作"優曇鉢"，即《大唐西域記》卷二所見"烏曇鉢"，桑科榕屬喬木（Ficus Glomerata）。《梁書·西北諸戎傳》記爲波斯產，似誤。[31]

三　家畜

1.馬，《史記·大宛列傳》大宛國"多善馬，馬汗血，其先天馬子也"。[32] 此馬又稱"貳師馬"。同傳載大宛貴人之言曰："貳師馬，宛寶馬也。"《晉書·西戎傳》亦載大宛"多善馬，馬汗血"。《後漢書·東平憲王蒼傳》：建初三年（78年），帝特賜蒼書，"幷遺宛馬一匹，血從前髆上小孔中出。常聞武帝歌天馬，霑赤汗，今親見其然也"。[33]

除汗血馬之外，西域諸國多產馬或良馬者：

塔里木盆地周圍諸國：據《漢書·西域傳上》，鄯善國有馬。《後漢書·西域傳》載蒲類"國出好馬"。《周書·異域傳下》載龜茲國有良馬；[34] 又載焉耆國有馬。[35]《梁書·西北諸戎傳》載高昌國"出良馬"，[36] 又載渴盤陁國多馬。據《魏書·西域傳》，于闐國"有好馬"。

天山以北：據《漢書·西域傳下》，烏孫"國多馬，富人至四五千匹"。

葱嶺以西：《後漢書·西域傳》載粟弋國"出名馬"。《晉書·西戎傳》載康居國"出好馬"。《魏書·西域傳》載吐火羅國"有好馬"；又載以吐火羅斯坦爲統治中心的嚈噠國多馬；又載副貨國有馬。

《周書·異域傳下》載波斯國"土出名馬"；[37]《梁書·西北諸戎傳》載波斯國"出龍駒馬"。[38]

此外，《漢書·西域傳上》載烏秅國"出小步馬"。[39]"小步馬"，能碎步前進的馬。

《魏略・西戎傳》載大秦國"畜乘有馬",又載該國多"白馬、朱髦"。一說"白馬朱髦"當連讀,意指有朱髦的白馬。[40]

2.牛,據《漢書・西域傳上》,罽賓國出水牛。據《後漢書・西域傳》,粟弋國、蒲類國有牛。《周書・異域傳下》載焉耆國有牛。《晉書・西戎傳》載康居國及其屬地粟弋多牛。《梁書・西北諸戎傳》載末國、渴盤陁國多牛。

此外,《魏書・西域傳》載拔豆國出水牛、氂牛。

3.羊,據《後漢書・西域傳》,粟弋國、蒲類國有羊。《晉書・西戎傳》載康居國及其屬地粟弋多羊。《周書・異域傳下》載焉耆國有羊。《梁書・西北諸戎傳》載末國、渴盤陁國多羊。

4.大狗,據《漢書・西域傳上》,罽賓國出大狗。[41]

5.驢,據《漢書・西域傳上》,有驢之國爲鄯善、烏秅國[42]。《魏略・西戎傳》載大秦國有驢,《梁書・西北諸戎傳》載末國多驢。《梁書・西北諸戎傳》載滑國"野驢有角"。

6.騾,《梁書・西北諸戎傳》載末國多騾。《魏書・西域傳》載吐呼羅、副貨國有騾。

7.橐它卽駱駝,《漢書・西域傳上》載有橐它之國爲鄯善,又載大月氏國"出一封橐駝"。[43]《後漢書・西域傳》載東離國人乘駱駝,[44]又載蒲類國有駱駝。《魏略・西戎傳》載大秦國有駱駝。

《梁書・西北諸戎傳》載滑國有兩腳駱駝,渴盤陁國多駱駝。《周書・異域傳下》載焉耆國有駞,波斯國出駞。[45]

《魏書・西域傳》載于闐、波斯、吐呼羅國、副貨國有駞,嚈噠國多駞。又據同傳可知龜茲國亦多駞。[46]

四　其他走獸

1.象，《史記·大宛列傳》載身毒國"人民乘象以戰"。據《漢書·西域傳上》，罽賓國出象。《後漢書·西域傳》亦載天竺卽身毒國出象，其人"乘象而戰"；同傳還載東離國乘象往來鄰國，"有寇，乘象以戰"。[47]《周書·異域傳下》載波斯國"出白象"，"戰竝乘象，每象百人隨之"。《魏書·西域傳》載疊伏羅、拔豆國有白象。[48]

2.師子，[49]據《漢書·西域傳上》，烏弋山離國有師子。據《後漢書·西域傳》，條支國"出師子"。又據同傳，從安息陸道繞海北行出海西至大秦，道多師子。[50]《魏書·西域傳》載者至拔、悉萬斤、呼似密國有師子，伏盧尼國"多師子"。《周書·異域傳下》載波斯國出師子。《梁書·西北諸戎傳》載滑國有師子。

3.虎，據《後漢書·西域傳》，從安息陸道繞海北行出海西至大秦，"道多猛虎"。

4.犀牛，據《漢書·西域傳上》，烏弋山離國有犀牛。據《後漢書·西域傳》，條支、天竺國出犀牛。[51]

5.封牛，據《漢書·西域傳上》，罽賓國出封牛。[52]據《後漢書·西域傳》，條支國出封牛。《周書·異域傳下》載龜茲國有封牛。

6.符拔，亦作"桃拔"，據《漢書·西域傳上》，烏弋山離國有桃拔。據《後漢書·西域傳》，章帝章和元年，安息國遣使獻符拔，"符拔形似麟而無角"。[53]

7.玄熊，《魏略·西戎傳》載大秦多玄熊。[54]玄熊卽黑熊。

8. 沐猴，據《漢書·西域傳上》，罽賓國出沐猴。[55]

9. 辟毒鼠，《魏略·西戎傳》載大秦多辟毒鼠。一說所謂辟毒鼠可能是白鼬或黃鼠狼，亦即《新唐書·西域傳上》所見貞觀十六年（642年）罽賓國所獻褥特鼠："喙尖尾赤，能食蛇，螫者嗅且尿，瘡卽愈。"[56]

10. 貂，《魏略·西戎傳》載奄蔡國"多名貂"，呼得國亦"有貂"。[57]

五　水族

1. 魚，據《漢書·西域傳下》，焉耆國"近海水多魚"。《周書·異域傳下》亦載焉耆國有魚。

2. 赤螭，《魏略·西戎傳》載大秦多赤螭。一說可能是某類爬蟲。[58]一說螭爲龍之一種，乃漢人想象中的靈物，大秦不可能出產自不待言，《魏略·西戎傳》稱大秦多赤螭是當時人將大秦理想化的結果。[59]

3. 大貝，《魏略·西戎傳》和《晉書·西戎傳》載大秦出大貝。一說指大海貝、海螺或蛤。[60]

4. 神龜，《魏略·西戎傳》和《魏書·西域傳》載大秦國多神龜。神龜指龜或龜甲。[61]一說大秦國產神龜的記錄未必真實，是大秦被當時中國人理想化的結果。[62]

六　飛禽

1.　大鳥，《史記·大宛列傳》載條支國"有大鳥，卵如甕"；[63]《後漢書·西域傳》稱條支國有大雀"其卵如甕"。[64]大鳥或大雀，應卽鴕鳥。[65]

安息亦有"大鳥"或"大雀"。據《漢書·西域傳上》，安息國有大馬爵；大馬爵應卽大雀。[66]《史記·大宛列傳》和《漢書·西域傳上》均載安息曾"以大鳥卵"獻於漢。[67]又，《魏書·西域傳》載波斯國"有鳥形如橐駝，有兩翼，飛而不能高，食草與肉，亦能噉火"。《周書·異域傳下》載波斯國出大鳥卵。

又，《魏書·西域傳》載伏盧尼國伏盧尼城"東有大河南流，中有鳥，其形似人，亦有如橐駝、馬者，皆有翼，常居水中，出水便死"。一說這是基於鴕鳥的一種傳說。[68]

2.　孔雀又作孔爵，據《漢書·西域傳上》，罽賓國出孔爵。據《後漢書·西域傳》，條支國出孔雀。[69]

《魏書·西域傳》載，龜茲國"土多孔雀，羣飛山谷間，人取養而食之，孳乳如雞鶩，其王家恒有千餘隻云"。

3.　朝鳥，《梁書·西北諸戎傳》高昌國"有朝鳥者，旦旦集王殿前，爲行列，不畏人，日出然後散去"。

4.　鷔鳥，《梁書·西北諸戎傳》載波斯國有"鷔鳥噉羊"。

5.　翠爵，《魏略·西戎傳》載大秦多翠爵。一說"翠爵"應與下文"羽翮"聯讀。"翠爵羽翮"，並非翠鳥之羽毛，乃指如翡翠一類的珍寶。[70]

七 毛皮等

1. 鼠皮，據《後漢書·西域傳》，嚴國出鼠皮以輸康居。[71]
2. 麚皮，《周書·異域傳下》載龜茲國有麚皮。麚即水鹿或馬鹿。
3. 赤麆皮，《周書·異域傳下》載波斯國出赤麆皮。麆即獐（roebuck）。

八 香料

1. 微木，《魏略·西戎傳》載大秦有微木。[72]
2. 蘇合，《後漢書·西域傳》載大秦國"合會諸香，煎其汁以爲蘇合"。《魏略·西戎傳》載大秦有蘇合。《周書·異域傳下》載波斯國出蘇合。[73]
3. 狄提，《魏略·西戎傳》載大秦有狄提。[74]
4. 迷迷，《魏略·西戎傳》載大秦有迷迷。[75]
5. 兜納，《魏略·西戎傳》載大秦有兜納。[76]
6. 附子，《魏略·西戎傳》載大秦有白附子（monkshood）。《周書·異域傳下》載波斯國出香附子，卽 rhizome of nutgrass flatsedge（Cyperus rotundus）。[77]
7. 薰陸，《魏略·西戎傳》載大秦有薰陸。《周書·異域傳下》載波斯國出薰六。"薰六"卽"薰陸"，亦卽乳香（Boswellia thurifera）。[78]

8.鬱金，《魏略·西戎傳》載大秦有鬱金。《周書·異域傳下》載波斯國出鬱金。《梁書·海南諸國傳》載："鬱金獨出罽賓國（Kashmir），華色正黃而細，與芙蓉華里被蓮者相似。國人先取以上佛寺，積日香槁，乃糞去之，賈人從寺中徵雇，以轉賣與佗國也。"《一切經音義》卷二四亦有類似記載。大秦、波斯所產，性狀果如《梁書》所述，或者是百合科郁金香（Tulipa gesneriana）。[79]

9.芸膠，《魏略·西戎傳》載大秦有芸膠。芸膠應即芸香（Ruta graveolens），《說文解字》一篇下"艸部"（卷二）："芸，艸也；似目宿"。《太平御覽》卷九八二引《廣志》曰："芸膠有安息膠，有黑膠。"[80]

10.青木，《周書·異域傳下》載波斯國出青木。"青木"，一說屬係薑屬植物（costus）。[81]

11.胡椒（piper longum），據《後漢書·西域傳》天竺有胡椒。《周書·異域傳下》載波斯國出胡椒。[82]

12.蓽撥，《周書·異域傳下》載波斯國出蓽撥。蓽撥（Piper longum L.），胡椒之一種，原語是梵語 pippalī。[83]

13.薑，據《後漢書·西域傳》天竺有薑。

另外，《後漢書·西域傳》載天竺國有諸香。

九　食物

石蜜，據《後漢書·西域傳》天竺有石蜜。《魏書·西域傳》

載南天竺國拔賴城出石蜜。《周書·異域傳下》載波斯國出石蜜。石蜜應卽冰糖。[84]

一〇 織物

1.《後漢書·西域傳》載大秦國"多種樹蠶桑";《魏略·西戎傳》亦載大秦國有"桑蠶"。《魏書·西域傳》載大秦國"人務蠶田"。[85]《周書·異域傳下》載高昌國"宜蠶"。

2. 氍毹,《魏略·西戎傳》載大秦有"黃白黑綠紫紅絳紺金黃縹留黃十種氍毹"。《周書·異域傳下》載龜茲、波斯國出氍毹(氍毹),卽毛毯。"氍毹"的語源尚未能確定。[86]

3. 毾㲪,《後漢書·西域傳》載天竺有"好毾㲪"。《魏略·西戎傳》載大秦有"五色毾㲪、五色九色首下毾㲪"。《周書·異域傳下》載波斯國出毾㲪。一說"毾㲪"可能是中古波斯語 tāpetān 的對譯。[87]

4. 金縷繡和金縷罽,《後漢書·西域傳》、《魏略·西戎傳》、《晉書·西戎傳》載大秦有金縷繡。《後漢書·西域傳》載大秦有金縷罽。《晉書·西戎傳》稱大秦國有織錦縷罽。金縷繡、金縷罽、織錦縷罽和下文"金織帳"可能都是金線交織而成的紡織品。[88]

5. 雜色綾,《魏略·西戎傳》載大秦有雜色綾,稱大秦國人"常利得中國絲,解以爲胡綾"。《周書·異域傳下》載波斯國產綾。一說指用金線織成的錦緞。[89]

6. 金塗布，《魏略·西戎傳》載大秦有金塗布。《後漢書·西域傳》載大秦國有黃金塗。金塗布，一說是塗金的布。[90]

7. 火浣布，《後漢書·西域傳》、《魏略·西戎傳》和《晉書·西戎傳》[91]載大秦國出火浣布。一般認爲所謂火浣布的原料是石棉。[92]

又，《魏書·西域傳》載疊伏羅國"木皮中織作布"。今案：火浣布的原料也被認爲是一種木皮纖維，不知疊伏羅國所織是否火浣布。[93]

8. 緋持布，《魏略·西戎傳》載大秦有緋持布。"緋持"，一說應作"緋特"；《魏略·西戎傳》："烏弋[山離]，一名排特（"特"原訛作"持"）。"[94]今案："排特"可視作 Prophthasia 之略譯。[95]

9. 緋持渠布，《魏略·西戎傳》載大秦有緋持渠布。今案："持"係"特"之譌，"排特渠"[buəi-dək-gia]，可能是 Prophthasia 較爲完整的譯稱，被誤爲二種。[96]

10. 發陸布，《魏略·西戎傳》載大秦有發陸布。"發陸"[piuat-liuk]，似即 Propontis 之對譯。Propontis 在《魏略·西戎傳》中又稱作"驢分"；據載："驢分王屬大秦。"譯稱不同，蓋資料來源有異。

11. 阿羅得布，《魏略·西戎傳》載大秦有阿羅得布。"阿羅得"[a-lai-tək]，似即 Alexandria 之略譯。Alexandria 指埃及亞歷山大城，是當時大秦即羅馬帝國的三大都會之一。此城在《魏略·西戎傳》中又被記作"澤散"、"遲散"、"烏丹"或"烏遲散"。據載："澤散王屬大秦。"

12. 巴則布，《魏略·西戎傳》載大秦有巴則布。"巴則"[pea-tsiək]，似即 Damascus 之略譯。在《魏略·西戎傳》中 Damascus 又被稱作"氾復";據載,"氾復王屬大秦"。

13. 度代布,《魏略·西戎傳》載大秦有度代布。"度代"[dak-dək] 應卽 Palmyra 的古名 Tadmor 或 Tadmora 的對譯。在《魏略·西戎傳》中 Tadmora 又被稱作"旦蘭"。據載:"旦蘭王屬大秦。"

14. 溫宿布,《魏略·西戎傳》載大秦有溫宿布。"溫宿",顯然不可能是《魏略·西戎傳》所載西域中道的綠洲小國溫宿。"溫宿布"或當從一本作"溫色布"。[97]"溫色"[uən-shiək],似乎可以看作 Antiochia 之略譯。在《魏略·西戎傳》中 Antiochia 又被稱作"安谷",亦卽《史記·大宛列傳》所傳條支國都城所在,在《魏略·西戎傳》描述的時代屬羅馬,是當時大秦三大都會之一。

旣然"緋持"卽"排特"亦卽烏弋山離,且如《Erythraea 周航記》稱 Kabul 河流域所產織物爲 Kabalitē(ch. 48),[98] 以上各種布,以產地命名的可能性不能排除。[99]

15. 五色桃布,《魏略·西戎傳》載大秦有五色桃布。[100]

16. 絳地金織帳,《魏略·西戎傳》載大秦有絳地金織帳。[101]

17. 罽帳,《漢書·西域傳上》載罽賓國"織罽"。[102]"罽"指毛織物。[103] 但《魏略·西戎傳》載大秦有罽帳。

18. 五色斗帳,《魏略·西戎傳》載大秦有五色斗帳。"斗帳",形如覆斗,故稱。

19. 細絺,《魏略·西戎傳》載大秦出細絺。絺,細葛布。

20. 波斯錦,《周書·異域傳下》載波斯國出錦。錦以金線交織而成,或爲波斯錦特色。[104]

21. 白疊、白疊子,《梁書·西北諸戎傳》稱高昌國"多草木,草實如璽,璽中絲如細纑,名爲白疊子,國人多取織以爲布。布甚軟白,交市用焉"。《周書·異域傳下》載波斯國出白疊。白疊,指棉花。一說原語是波斯語 pambak dip。[105]

22. 毾,《周書·異域傳下》載波斯國出毾。毾,毛織物。

23. 細氍,《周書·異域傳下》載龜茲國有細氍。《梁書·西北諸戎傳》載渴盤陁國"出好氈"。

24. 細布,《後漢書·西域傳》載大秦國"又有細布,或言水羊毳,野蠶繭所作也"。《魏略·西戎傳》載大秦國"有織成細布,言用水羊毳,名曰海西布。此國六畜皆出水,或云非獨用羊毛也。亦用木皮或野繭絲作"。《後漢書·西域傳》又載天竺國有細布。水羊毳,一說指貽貝織物。[106]

25. 古貝布,《梁書·西北諸戎傳》載渴盤陁國"衣古貝布"。古貝指木棉(Ceiba. Bombacaceae)。[107]

一一　礦產

1. 玉石,《史記·大宛列傳》載:"河源出于寘,其山多玉石。"《漢書·西域傳上》亦載于闐國"多玉石"。[108]據《魏書·西域傳》,"于闐城東三十里有首拔河,中出玉石。……山多美玉"。[109]《梁書·西北諸戎傳》于闐國"有水出玉,名曰玉河"。

《漢書·西域傳上》又載鄯善"國出玉";"子合土地出玉石";莎車國"出青玉"。《魏略·西戎傳》載大秦國有符采[110]玉、五色玉。《晉書·西戎傳》亦載大秦國出玉。《魏書·西域傳》又載：迷密國出玉。《梁書·西北諸戎傳》又載：渴盤陁國出玉，龜茲以玉飾室屋。

2. 次玉石，《魏略·西戎傳》載大秦國"山出九色次玉石，一曰青，二曰赤，三曰黃，四曰白，五曰黑，六曰綠，七曰紫，八曰紅，九曰紺。今伊吾山中有九色石，卽其類"，[111]又引《西域舊圖》云："罽賓、條支諸國出琦石，卽次玉石也。"次玉石，玉石之次者。

3. 雌黃，《漢書·西域傳下》載出雌黃之國有姑墨。《魏略·西戎傳》載大秦國多雌黃。《周書·異域傳下》載波斯、龜茲國出雌黃。[112]

4. 雄黃，《魏略·西戎傳》載大秦國多雄黃。[113]

5. 鹽：據《後漢書·西域傳》，天竺有黑鹽。據《魏書·西域傳》，伽色尼國出赤鹽。[114]《魏書·高昌傳》載高昌國亦"出赤鹽，其味甚美，復有白鹽，其形如玉，高昌人取以爲枕，貢之中國"。《梁書·西北諸戎傳》則載高昌國有石鹽。"石鹽"應卽"白鹽"。又據《周書·異域傳下》，焉耆國有鹽。一說雜色鹽可能是不純的鹽，或是其他礦物。[115]

6. 鹽綠，《周書·異域傳下》載波斯國、龜茲國出鹽綠。一說指各種氧化銅。[116]

7. 鐃沙，《周書·異域傳》載龜茲國有鐃沙。鐃沙，卽氯化銨，原語爲波斯語 nušādir 或 naušādir。[117]

8. 流黃，《魏書·西域傳》載龜茲國"西北大山中有如膏者流出成川，行數里入地，如餳餬，甚臭，服之發齒已落者能令更生，病人服之皆愈"。同傳又載：悅般國"南界有火山，山傍石皆燋鎔，流地數十里乃凝堅，人取爲藥，卽石流黃也"。龜茲西北卽悅般國南界，同傳載悅般在"龜茲北"，可以爲證。流黃卽硫磺，常與鐃沙共生。[118]另說"如膏者"應爲石油。[119]

一二　珠寶

1. 珠，據《漢書‧西域傳》，罽賓國有珠璣，烏弋山離國有珠。

據《後漢書‧西域傳》，大秦國出明月珠。《晉書‧西戎傳》、《魏書‧西域傳》則載大秦國出明珠。《魏略‧西戎傳》載大秦國有明月珠、夜光珠、真白珠和真珠。明珠、明月珠或夜光珠均屬發光的珠寶。一說明月珠、夜光珠應卽金剛石，[120]一說多爲鯨睛。[121]

《周書‧異域傳下》載波斯國出珍珠。《梁書‧西北諸戎傳》波斯國有真珠。《魏書‧西域傳》載阿鈎羌國出珠。[122]

2. 離珠，《周書‧異域傳下》載波斯國出離珠。"離珠"或卽琉璃珠。[123]

3. 摩尼珠，《魏書‧西域傳》載南天竺國城中出摩尼珠。"摩尼"，梵語 Maṇi 之音譯，意指寶，珠之總稱。

4. 珊瑚，據《漢書‧西域傳上》，罽賓國有珊瑚。據《後漢書‧西域傳》、《魏略‧西戎傳》，大秦國出珊瑚。[124]《梁書‧西北諸戎傳》波斯國鹹池生珊瑚樹，長一二尺。據《魏書‧西域傳》，伏盧尼、南天竺國有珊瑚。《周書・異域傳下》載波斯國出珊瑚。[125]

5. 虎魄（虎珀），據《漢書・西域傳上》，罽賓國有虎魄。據《後漢書・西域傳》[126]、《魏略・西戎傳》，大秦國出虎魄（虎珀）。《梁書・西北諸戎傳》載波斯國有琥珀。據《魏書・西域傳》，伏盧尼、呼似密國出琥珀。《周書・異域傳下》載波斯國出琥珀。虎魄，原語是波斯語 kahrupāī。[127]

6. 璧流離，據《漢書・西域傳上》，罽賓國有璧流離。一說"璧流離"即流離（梵語 vaiḍūrya），亦即璆琳，皆指青金石（Lapis lazuli）。[128]

7. 夜光璧，據《後漢書・西域傳》、《晉書・西戎傳》、《魏書・西域傳》，大秦國出夜光璧。夜光璧，一說即金剛石。[129]

8. 駭雞犀，據《後漢書・西域傳》、《晉書・西戎傳》載大秦國出駭雞犀。[130]

9. 琉璃，據《後漢書・西域傳》，大秦國出琉璃。《魏略・西戎傳》載大秦國多"赤白黑綠黃青紺縹紅紫十種流離"。《周書・異域傳下》載波斯國出瑠璃。

琉璃或可大別為天然與人工合成二類，天然琉璃一說即璧流離。[131] 人工合成者便是今日所謂玻璃（glass）。《魏書・西域傳》"大月氏條"載："世祖時，其國人商販京師，自云能鑄石爲五色瑠璃，於是採礦山中，於京師鑄之。既成，光澤乃美於西方來者，乃詔爲行殿，容百餘人，光色映徹，觀者見之，莫不驚駭，以爲神明所作。自此中國瑠璃遂賤，人不復珍之。"可知西方早已掌握玻璃製造法，大秦的十色流離應該是人工合成者。[132]

10. 頗黎，《周書·異域傳下》載波斯國出頗黎。一說應卽水精。[133] 今案：同傳又載波斯國產瑠璃，一說頗黎應卽 glass，而瑠璃爲 ceramic glazes。[134]

11. 琅玕，據《後漢書·西域傳》和《魏略·西戎傳》，大秦國出琅玕。《梁書·西北諸戎傳》載龜茲國"室屋壯麗，飾以琅玕金玉"。《魏書·西域傳》亦載大秦國多琅玕。琅玕，一說卽 Balas ruby。[135]

12. 青碧，據《後漢書·西域傳》，大秦國出青碧。《魏略·西戎傳》載大秦國有碧。碧卽青碧，孔雀石之類。[136]

13. 朱丹，據《後漢書·西域傳》，大秦國出朱丹。《周書·異域傳下》載波斯國出朱沙。朱丹，一說卽朱砂（朱沙）。[137]

14. 瑇瑁，據《後漢書·西域傳》，天竺有瑇瑁。《魏略·西戎傳》載大秦多瑇瑁。瑇瑁，一說卽鷹嘴龜（Chelonia imbricata）之殼。[138]

15. 璆琳，《魏略·西戎傳》、《魏書·西域傳》載大秦國有璆琳。一說璆琳卽流離，亦卽璧流離。[139]

16. 水精，《魏略·西戎傳》載大秦國有水精。《晉書·西戎傳》載大秦國屋宇皆以"水精爲柱礎"。《周書·異域傳下》載波斯國出水晶。水精（水晶）卽石英（crystal）。[140]

17. 玫瑰，《魏略·西戎傳》載大秦國有玫瑰。《梁書·西北諸戎傳》載波斯國有玫珋。玫瑰（玫珋），應卽雲母。[141]

18. 瑟瑟，《周書·異域傳下》載波斯國出瑟瑟。瑟瑟，一說可能就是翡翠（jadeite），[142] 一說應卽天青石（lazuri），[143] 一說應卽藍寶石（sapphire），[144] 一說應卽綠松石（turquoise）。[145]

19. 瑪瑙，《魏略·西戎傳》載大秦多瑪瑙。《梁書·西北諸戎傳》

波斯國有馬腦。《周書·異域傳下》載波斯國出馬瑙。[146]

20. 車渠，《魏略·西戎傳》載大秦多車渠。《周書·異域傳下》載波斯國有車渠。[147] 車渠卽 Tridacna gigas。[148]

21. 火齊，《周書·異域傳下》載波斯國出火齊。"火齊"，玫瑰之別稱。[149]

22. 金剛，《周書·異域傳下》載波斯國出金剛。金剛，卽鑽石。[150]

23. 南金，《魏略·西戎傳》載大秦多南金。昔稱南方產銅爲"南金"，[151] 此處或借指大秦所產。

24. 象牙，《魏略·西戎傳》載大秦多象牙。[152]

25. 雜寶，《魏書·西域傳》載拔豆國出雜寶。

一三　金屬

1. 金，據《漢書·西域傳上》，罽賓、烏弋山離有金。據《後漢書·西域傳》，大秦、天竺國有金。《魏略·西戎傳》、《晉書·西戎傳》載大秦國多金。《梁書·西北諸戎傳》載渴盤陁國出金；又載龜茲以金飾室屋。《魏書·西域傳》載迷密、阿鈎羌、拔豆國出金；南天竺國拔賴城出黃金。《周書·異域傳下》載波斯國出金。

2. 銀，《漢書·西域傳上》載有銀之國爲難兜、罽賓。據《後漢書·西域傳》，大秦、天竺有銀。《魏略·西戎傳》載大秦國多銀。《魏書·西域傳》載伏盧尼、呼似密、拔豆國出銀。《周書·異域傳下》載波斯國出銀。

3. 銅，《漢書·西域傳上》載有銅之國爲難兜、罽賓；《漢書·西域傳下》則載姑墨出銅。據《後漢書·西域傳》，天竺有銅。《魏略·西戎傳》載大秦國多銅。《周書·異域傳下》載波斯國出銅。

4. 鐵，《漢書·西域傳上》載出鐵之國有難兜、莎車；《漢書·西域傳下》則載姑墨、山國出鐵。據《後漢書·西域傳》，天竺有鐵。《魏略·西戎傳》載大秦國多鐵。《魏書·西域傳》載者至拔國"出美鐵"，迷密國"多鐵"。

又，《周書·異域傳下》載波斯國出鑌鐵。鑌鐵，指一種鋼，以特殊的鐵礦石煉成。"鑌"一說是波斯語 spaina 的對譯。[153]

5. 錫，據《漢書·西域傳上》，罽賓國有錫。據《後漢書·西域傳》，天竺國有錫。《魏略·西戎傳》載大秦國多錫。《周書·異域傳下》載波斯國出錫。

6. 鉛，據《漢書·西域傳下》，龜茲國"有鉛"。據《後漢書·西域傳》，天竺出鉛。《魏略·西戎傳》載大秦國多鉛。

7. 水銀，《周書·異域傳下》載波斯國出水銀。

8. 鍮石，《周書·異域傳下》載波斯國出鍮石。"鍮"爲波斯語 tūtiya 第一音節之對譯。一般認爲指黃銅，[154] 亦有人以爲鍮石是天然氧化鋅和天然硫酸鋅。[155]

一四　器物

1. 金帶，《魏略·西戎傳》載："陽嘉三年時，疏勒王臣槃獻海西青石、金帶各一。""海西"即大秦國。

2. 胡粉,《周書・異域傳下》載:龜茲國有胡粉。胡粉,可能用於化妝。

3. 波羅婆步鄣,《梁書・西北諸戎傳》載天監十三年,于闐王"獻波羅婆步鄣"。"波羅婆"或者是梵語 prabha 之對譯,"光明"之意。[156]

4. 鳴鹽枕,據《梁書・西北諸戎傳》,大同中,高昌"遣使獻鳴鹽枕"。一說鳴鹽枕可能是一種石膏枕。[157]

一五 其他

除了以上具體的記載外,諸傳還有以下記載也值得重視。

1.《漢書・西域傳上》:"自且末以往皆種五穀,土地草木,畜產作兵,略與漢同";罽賓國"它畜與諸國同";烏弋山離國"地暑熱莽平,其草木、畜產、五穀、果菜、食飲、宮室、市列、錢貨、兵器、金珠之屬皆與罽賓同",安息國"土地風氣,物類所有,民俗與烏弋、罽賓同";大月氏國"土地風氣,物類所有,民俗錢貨,與安息同";大宛國"土地風氣物類民俗與大月氏、安息同"。《漢書・西域傳下》:溫宿國"土地物類所有與鄯善諸國同"。

2.《梁書・西北諸戎傳》:于闐國"菓蓏菜蔬與中國等";白題國"食物略與滑同"。

3.《魏書・西域傳》:牟知國"禽獸草木類中國";波路國"物

產國俗與阿鉤羌同"。

4.《周書·異域傳下》：龜茲國"物產與焉支畧同"，波斯國"其五穀及禽獸等，與中夏畧同"。

這些記載雖然模糊，但基本可信。祇有個別地方，如《周書·異域傳下》稱波斯國五穀和禽獸等"與中夏畧同"之類不可盡信。

總之，兩漢魏晉南北朝正史"西域傳"有關西域物產的記錄無疑是有價值的，應該受到重視。但是上述的考述也表明，在今天利用這些記錄時，有以下幾點必須注意：

一、一些記載來自傳聞，如《史記·大宛列傳》關於安息及其以西的條枝國"田稻"的記載。這則記載出自張騫首次西使歸國後向漢武帝所作的報告。張騫這次西使未能親臨安息和條枝。

二、後史往往承襲前史，無視實際情況。《漢書·西域傳上》載條枝"田稻"，但這並非傳文描述時代條枝即敍利亞地區的實際情況，祇是承襲《史記·大宛列傳》的結果，另外如《魏書·西域傳》關於罽賓國物產的記載，也是承襲《漢書·西域傳上》關於罽賓國物產的記載。殊不知西漢和北魏時代所謂"罽賓"不在一地，兩者地理環境大相徑庭，不可能一樣。

三、物產記錄有較大的隨意性，也就是說，以上各傳所列西域諸國物產，是很不完備的，不能全面反映出這些物產在兩漢魏晉南北朝時期西域的分佈情況。例如：《後漢書·耿恭傳》載建初元年正月，漢軍擊車師，攻交河城，獲"駝驢馬牛羊三萬七千頭"。知車師亦多駝驢馬牛羊，但各"西域傳"並無隻字言及。

四、記錄者對於所謂珍物表現出較大的興趣，而對於關係經濟、文化的物產則重視不夠。這和兩漢以降中原王朝所謂致殊俗、奇貨的西域經營方針是一致的。

五、囿於當時的科學水準，有關記錄不可能十分正確，也難免夾雜一些不真實的描述。例如對於物產的性狀缺乏正確、清楚的記錄，命名也很不科學，有時不同的事物取同一個名稱，有時又給同一事物取不同名稱，以致給今天的鑒定帶來了很大的困難。

六、對於土產和轉販的物產不加區分。例如，車渠原產地爲印度，佛家視爲七寶之一，而《魏略・西戎傳》載大秦多車渠，《周書・異域傳下》又載波斯國有車渠。另外，根據這些記錄也不易區別大秦屬土與本土的物產。

■ 注釋

[1] 正史"西域傳"之外有關西域物產的記載，茲僅輯錄其中有裨於本注者，不及其餘。

[2]《魏書・高昌傳》亦有類似記載。今案：凡高昌國物產，《魏書・高昌傳》與《周書・異域傳下》相同者，祇錄後者。

[3]《魏書・西域傳》所傳罽賓國物產均錄自《漢書・西域傳》，本文不予臚列；說見本書中卷第四篇。

[4] 關於西域的麥作，參見盧勳、李根蟠《民族與物質文化史考略》，民族出版社，1991年，pp. 22-33。

[5] 勞費爾《中國伊朗編》，林筠因漢譯，商務印書館，1964年，pp. 197-199。

[6] 白鳥庫吉"大秦傳に現はれたる支那思想",《白鳥庫吉全集・西域史研究(下)》(第7卷),東京:岩波,1971年,pp. 237-302, esp. 294-295,以爲《後漢書・西域傳》等關於大秦國"鹽桑"之記錄與同傳關於"其王常欲通使於漢,而安息欲以漢繒綵與之交市,故遮閡不得自達",以及《魏略・西戎傳》關於"常利得中國絲,解以爲胡綾,故數與安息諸國交市於海中"的記載相矛盾,並不可信。

[7] 注5所引勞費爾書,pp. 113-122。

[8] 《史記・大宛列傳》載:"宛左右以蒲陶爲酒,富人藏酒至萬餘石,久者數十歲不敗。"

[9] 《晉書・西戎傳》稱康居國"饒桐柳蒲陶",其實是指其屬地粟弋卽索格底亞那的情況。參看余太山《塞種史研究》,中國社會科學出版社,1992年,pp. 102-104。

[10] 《晉書・呂光載記》載龜茲"胡人奢侈,厚於養生,家有蒲桃酒,或至千斛,經十年不敗"。知龜茲亦產葡萄。

[11] 見注5所引勞費爾書,pp. 43-70。另可參看 J. Chmielewski, "The Problem of early loan-words in Chinese as illustrated by the word p'u-t'ao." In *Rocznik Orientailistyczny* 22 (1958), pp. 7-45 & 24/2 (1961), pp. 65-86。陳慶隆"蒲陶新考",《大陸雜誌》98~6 (1992年), pp. 1-14,以爲源出波斯語之複合詞 *bow-tak。

[12] 見注5所引勞費爾書,pp. 31-43;另說可能是梵語 mākṣika,見注11所引 J. Chmielewski 文 (1961)。此外還有一些其他說法。今案:伊朗語說近是。

[13] 顏注:"白草似莠 (Setaria viridis) 而細,無芒,其乾孰時正白色,牛馬所嗜也。"

[14] 詳見 A. F. P. Hulsewé & M. A. N. Loewe, *China in Central Asia, the Early Stage: 125B.C.-A.D.23.* Leiden, 1979, p. 85。

[15] 《本草綱目·草之六》（卷一七下）：烏頭，一名"獨白草"，"陳藏器所引《續漢五行志》言西國生獨白草，煎爲藥，敷箭射人卽死"。

[16] 師古曰："檉柳，河柳也，今謂之赤檉。"

[17] 見黃文弼《塔里木盆地考古記》，中國科學出版社，1958年，p. 39。

[18] 孟康曰："胡桐似桑而多曲。"師古曰："胡桐亦似桐（Paulownia imperialis），不類桑也。蟲食其樹而沫出下流者，俗名爲胡桐淚，言似眼淚也，可以汗金銀也，今工匠皆用之。"

[19] 見注5所引勞費爾書，pp. 164-167。

[20] 《魏略·西戎傳》載大秦國有"松、柏、槐、梓、竹、葦、楊柳、梧桐、百草"。注6所引白鳥庫吉文，eap. 288-293，以爲這些植物，皆中國本土之靈草神木，尤其是槐、梓、竹、梧桐，未必當時大秦國實有，傳文強調大秦國有這些植物，可能是當時中國人將大秦理想化的結果。

[21] 師古曰："楠，木名，其心似松。"

[22] 見注14所引 A. F. P. Hulsewé & M. A. N. Loewe 書，p. 144，注383。

[23] 《史記·大宛列傳》："自大宛以西至安息……其地皆無絲漆。"

[24] 注9所引余太山書，pp. 102-104。

[25] 內田吟風"《魏書》卷一百二西域傳譯注稿"，內田吟風編《中國正史西域傳の譯注》，京都：河北印刷株式會社，1980，pp. 1-34。

[26] 說詳謝弗《唐代外來文明》，吳玉貴漢譯，中國社會科學出版社，1995年，pp. 295-297。

[27] 《酉陽雜俎·前集》（卷一八）稱爲"波斯棗"："樹長三四丈，圍五六尺，

葉似土藤，不凋。二月生花，狀如蕉花，有兩甲。漸漸開罅，中有十餘房，子長二寸，黃白色，有核，熟則紫黑，狀類乾棗，味甘如飴，可食。"見注 5 所引勞費爾書，pp. 210-216。

[28] 注 5 所引勞費爾書，pp. 203-204；注 26 所引謝弗書，pp. 314-316。

[29] 見注 5 所引勞費爾書，pp. 193-195。

[30] 說詳注 5 所引勞費爾書，pp. 167-173；王炳華《吐魯番的古代文明》，新疆人民出版社，1989 年，pp. 140-142。

[31] 參看本書中卷第五篇。

[32]《漢書·西域傳上》所載同。師古注引孟康曰："言大宛國有高山，其上有馬不可得，因取五色母馬置其下與集，生駒，皆汗血，因號曰天馬子云。"

[33] 參看白鳥庫吉"大宛國の汗血馬"，《白鳥庫吉全集·西域史研究（上）》（第 6 卷），東京：岩波，1970 年，pp. 481-488。

[34]《晉書·呂光載記》載光既平龜茲，"衆咸請還，光從之，以駝二萬餘頭致外國珍寶及奇伎異戲、殊禽怪獸千有餘品，駿馬萬餘匹"。《魏書·西域傳》載："世祖詔萬度歸率騎一千以擊之，龜茲遣烏羯目提等領兵三千距戰，度歸擊走之，斬二百餘級，大獲駝馬而還。"

[35]《魏書·西域傳》載："度歸進屠其城，四鄙諸戎皆降服。焉耆爲國，斗絕一隅，不亂日久，獲其珍奇異玩殊方譎詭不識之物，橐駝馬牛雜畜巨萬。"

[36]《魏書·高昌傳》載："國中羊、馬，牧在隱僻處以避寇，非貴人不知其處。"

[37]《洛陽伽藍記》卷四："琛在秦州，多無政績，遣使向西域求名馬，遠至波斯國。得千里馬，號曰追風赤驥。次有七百里者十餘匹，皆有名字。"

[38]《魏書·吐谷渾傳》："吐谷渾嘗得波斯草馬，放入海，因生驄駒，能日行千里，世傳青海驄者是也。"

[39] 孟康曰："種小能步也。"師古曰："此說非也。小,細也。細步,言其能蹀足,即今所謂百步千跡者也。豈謂其小種乎？"

[40]《魏書·西域傳》作"白馬朱鬣"。一說"朱鬣"亦應與"白馬"連讀,意指有朱鬣之白馬,見 D. D. Leslie & K. H. J. Gardiner, *The Roman Empire in Chinese Sources*. Roma, 1996, p. 202。

[41] 師古注引郭義恭《廣志》云："罽賓大狗大如驢,赤色,數里搖靴以呼之。"

[42] 同傳載：烏秅國"有驢無牛"。

[43] 師古曰："脊上有一封也。封言其隆高,若封土也。"據《魏書·西域傳》,迷密國於"正平元年,遣使獻一峯黑橐駝"。

[44]《魏略·西戎傳》載車離國乘橐駞以戰。

[45] 參看注 35 所引《魏書·西域傳》文。

[46] 參見注 34 所引《魏書·西域傳》文。類似記載見《魏書·食貨志》："遣成周公萬度歸西伐焉耆,其王鳩尸卑那單騎奔龜茲,舉國臣民負錢懷貨,一時降款,獲其奇寶異玩以巨萬,駝馬雜畜不可勝數。"又,《魏書·高祖紀》：太和二年（478 年）"秋七月戊辰,龜茲國遣使獻名駝七十頭"；同年九月,"龜茲國遣使獻大馬、名駝、珍寶甚衆"。皆龜茲多駝之證。

[47]《魏略·西戎傳》載車離國乘象以戰。

[48]《洛陽伽藍記》卷五載乾陀羅之嚈噠王"有鬭象七百頭,一負十人,手持刀楂,象鼻縛刀,與敵相擊"。這表明南亞多象,嚈噠即嚈噠入境隨俗,取以爲戰象。

[49] 師古曰："師子即《爾雅》所謂狻猊也。"《後漢書·順帝紀》：陽嘉二年六月,"疏勒國獻師子"。李注："師子似虎,正黃,有䫇耏,尾端茸毛大如

斗。"同書"西域傳"所載相同。參看注 26 所引謝弗書，pp. 191-196。

[50] 據同傳，安息國于章帝章和元年、永元十三年各遣使獻師子。傳文"元年"應爲"二年"之誤。參看余太山《兩漢魏晉南北朝與西域關係史研究》，中國社會科學出版社，1995 年，p. 92。

[51] 參看注 26 所引謝弗書，pp. 516-517。

[52] 師古曰："封牛，項上隆起者也。"《後漢書·順帝紀》，陽嘉二年，疏勒國獻封牛。李注："封牛，其領上肉隆起若封然，因以名之，卽今之峯牛。"《後漢書·西域傳》所載相同。

[53] 師古注引孟康曰："桃拔一名符拔，似鹿，長尾，一角者或爲天鹿，兩角者或爲辟邪。"據《後漢書·和帝紀》：章和二年，安息國遣使獻扶拔。符拔，一般認爲可能是長頸鹿；參看注 14 所引 A. F. P. Hulsewé & M. A. N. Loewe 書，pp. 114.-115，注 262。又，E. Chavannes, "Trois généraux chinois de la dynastie des Han orientaux." T'oung Pao 7 (1906), pp. 210-269, esp. 232, 認爲"扶拔"卽 βούβαλις 之對譯。又，《後漢書·西域傳》所載章帝章和元年獻符拔之國應從同書"章帝紀"作"月氏"；參看注 50 所引余太山書，p. 92。

[54] 參看注 40 所引 D. D. Leslie & K. H. J. Gardiner 書，p. 202。

[55] 師古注："沐猴卽獼猴也。"

[56] 見注 40 所引 D. D. Leslie & K. H. J. Gardiner 書，p. 203。

[57] 參看注 26 所引謝弗書，pp. 242-243。

[58] 見注 40 所引 D. D. Leslie & K. H. J. Gardiner 書，p. 203。

[59] 注 6 所引白鳥庫吉文，esp. 288。

[60] 見注 40 所引 D. D. Leslie & K. H. J. Gardiner 書，p. 209。《太平御覽》卷

八〇七引《南州異物志》："交趾北南海中，有大文貝，質白而文紫色，天姿自然，不假雕琢，而光色煥爛。"

[61] 見注 40 所引 D. D. Leslie & K. H. J. Gardiner 書，p. 202。

[62] 注 6 所引白鳥庫吉文，esp. 287-288。

[63] 《史記正義》引《廣志》云："鳥，鶵鷹身，蹄駱，色蒼，舉頭八九尺，張翅丈餘，食大麥，卵大如甕。"

[64] 《後漢書・西域傳》載，永元十三年，安息王滿屈獻"條支大鳥，時謂之安息雀"。《後漢書・和帝紀》則載永元十三年冬十一月安息國遣使獻條枝大爵。

[65] 參看白鳥庫吉"拂菻問題の新解釋"，《白鳥庫吉全集・西域史研究（下）》（第 7 卷），東京：岩波，1971 年，pp. 403-596, esp. 439-441；注 26 所引謝弗書，pp. 227-229。

[66] 師古注引《廣志》云："大爵，頸及膺身，蹄似橐駝，色蒼，舉頭高八九尺，張翅丈餘，食大麥。"

[67] 《漢書・張騫李廣利傳》注引應劭曰："卵大如一二石甕也。"師古曰："鳥卵如汲水之甕耳，無一二石也。應說失之。"

[68] 見注 65 所引白鳥庫吉文，esp. 441-442。

[69] 參看注 26 所引謝弗書，pp. 219-222。此書作者說孔雀的家園在克什米爾，非是。蓋誤以爲《漢書・西域傳上》的罽賓是克什米爾之故。

[70] 見注 40 所引 D. D. Leslie & K. H. J. Gardiner 書，p. 212。

[71] 《魏略・西戎傳》載：丁令國"出名鼠皮"。

[72] 微木，無考。

[73] 《梁書・海南諸國傳》載中天竺國出蘇合，稱："蘇合是合諸香汁煎之，

非自然一物也。又云大秦人採蘇合，先笮其汁以爲香膏，乃賣其滓與諸國賈人，是以展轉來達中國，不大香也。"蘇合"，原語不詳；有關考說見注 5 所引勞費爾書，pp. 282-285，注 26 所引謝弗書，p. 360，注 40 所引 D. D. Leslie & K. H. J. Gardiner 書，p. 204。

[74] 狄提，無考。

[75]《太平御覽》卷九八二作"迷送"，引《廣志》曰："迷送出西海中。"性狀見同卷所引魏文帝《迷送賦》和陳班《迷送香賦》。"迷送"（一作"迷迭"，見盧弼《三國志集解》卷三〇，中華書局影印本，1982 年，p.710），應即"迷迷"。一般認爲當作"迷迭"，指 Rosmarinus officinalis，唇形科植物，主要產於地中海。春夏開淺藍色或白色小花，葉芳香，針形。

[76]《廣志》云"出西海剽國諸山"[《本草綱目・草之三》（卷一四）引自李珣《海藥本草》]。今案："兜納"似即《太平御覽》卷九八二所見"艾納"，形似而訛。《太平御覽》引《廣志》："艾納出剽國。"又引《樂府歌》與迷送連稱："行胡從何來？列國持何來？氍㲣五味香，迷送艾納及都梁。"皆可爲證。

[77] 注 5 所引勞費爾書，pp.204-205，以爲附子即烏頭。注 26 所引謝弗書，p. 409，以爲白附子是一種麻風樹（Jatropha janipha）的塊莖。

[78] 見注 40 所引 D. D. Leslie & K. H. J. Gardiner 書，p. 205；章鴻釗《石雅・寶石說》，上海古籍出版社，1993 年，pp. 63-64。《太平御覽》卷九八二引《南方草木狀》："薰陸香出大秦，云在海邊，自有大樹，生於沙中。盛夏樹膠流出沙上，夷人採取賣與賈人。"

[79] 見注 5 所引勞費爾書，pp. 133-149。另可參看注 26 所引謝弗書，pp. 401-402；注 40 所引 D. D. Leslie & K. H. J. Gardiner 書，p. 205；以及白

烏庫吉"罽賓國考",《白鳥庫吉全集·西域史研究（上）》（第 6 卷），東京：岩波，1970 年，pp. 295-359, esp. 312-315，有關的考述。

[80] 參看注 40 所引 D. D. Leslie & K. H. J. Gardiner 書, p. 205。

[81] 見注 5 所引勞費爾書, pp. 289-291；注 26 所引謝弗書, pp. 365-366。

[82] 詳見注 5 所引勞費爾書, pp. 199-201；注 26 所引謝弗書, pp. 320-324。

[83] 詳見注 5 所引勞費爾書, p. 201。

[84] 《南方草木狀》卷上："諸蔗一曰甘蔗，交趾所生者，圍數寸，長丈餘，頗似竹，斷而食之，甚甘。笮取其汁，曝數日，成飴，入口消釋，彼人謂之石蜜。"說詳注 5 所引勞費爾書, pp. 201-203；注 26 所引謝弗書, pp. 326-327。

[85] 在《後漢書·西域傳》和《魏略·西戎傳》描述的時代，大秦國尚不知養蠶。有關記載得自傳聞，也可能出諸當時中國人的想象。說見注 6 所引白鳥庫吉文, esp. 293-294。至於《魏書·西域傳》的類似記載，無非承襲前史，不足視爲確據。

[86] 有關氍毹語源的討論可參看藤田豐八"榻及毾㲪氍毹につきて"，《東西交涉史の研究·南海篇》，星文館，1943 年，pp. 611-627；以及注 40 所引 D. D. Leslie & K. H. J. Gardiner 書, p. 214。

[87] 《後漢書·西域傳》李注："《埤蒼》曰：毛席也。《釋名》曰：施之承大牀前小榻上，登以上牀也。"參見注 5 所引勞費爾書, p. 321；注 86 所引藤田豐八文。今案："首下毾㲪"，可能指毛織圍巾之類。

[88] F. Hirth, *China and the Roman Orient*. Shanghai & Hong Kong, 1885 (reprinted 1939), pp. 253-254。

[89] 注 88 所引 F. Hirth 書, p. 253；注 40 所引 D. D. Leslie & K. H. J. Gardiner

書，p. 215。

[90] 注 40 所引 D. D. Leslie & K. H. J. Gardiner 書，p. 215。

[91]《三國志·魏書·三少帝紀》：景初三年"二月，西域重譯獻火浣布，詔大將軍、太尉臨試以示百寮"。

[92] 說詳注 5 所引勞費爾書，pp. 328-331；注 26 所引謝弗書，pp. 35-436；注 78 所引章鴻釗書，pp. 206-207。

[93]《史記正義》引萬震《南州志》云："海中斯調洲上有木，冬月往剝取其皮，績以爲布，極細，手巾齊數匹，與麻焦布無異，色小青黑。若垢污欲浣之，則入火中，便更精潔，世謂之火浣布。"《括地志》云："火山國在扶風南東大湖海中。其國中山皆火，然火中有白鼠皮及樹皮，績爲火浣布。"

[94] E. Chavannes, "Les pays d'occident d'après le *Heou Han chou*." *T'oung Pao* Series 2, 8 (1907), p. 176, note 1.

[95] 參見孫毓棠"安息與烏弋山離"，《文史》5（1978），pp. 7-21。

[96] "渠布"，《太平御覽》卷八二〇作"竹布"。

[97] 盧弼《三國志集解》卷三〇，中華書局影印本，1982 年，p. 710。

[98] G. W. B. Huntingford, *The Periplus of the Erythraean Sea*. London, Hakluyt Society, 1980, pp. 47, 70.

[99] 說本注 6 所引白鳥庫吉文，esp. 285-286。

[100] "桃布"，無考。《太平御覽》卷八二〇作"枕布"。

[101] 參看注 88 所引 F. Hirth 書，pp. 253-254；注 40 所引 D. D. Leslie & K. H. J. Gardiner 書，p. 216。《三國志·魏書·東夷傳》載景初二年十二月魏帝報倭女王詔書有曰："今以絳地交龍錦五匹、絳地縐粟罽十張、蒨絳五十匹、紺青五十匹，答汝所獻貢直。"絳地交龍錦"，裴注："地應爲

綈，漢文帝著皁衣謂之弋綈是也。此字不體，非魏朝之失，則傳寫者誤也。"今案："絳地"似指質地或底子爲絳色。

[102] 一說"罽"得名於罽賓，見武敏"新疆近年出土毛織品研究"，《新疆經濟開發史研究》（下冊），新疆人民出版社，1995年，pp. 117-135。

[103] 《漢書·高帝紀》師古注曰："罽，織毛若今毾𣰆及氍毹之類也。"

[104] 《梁書·西北諸戎傳》"波斯條"記該國婚姻有曰："壻著金線錦袍，師子錦袴。"又載滑國普通元年遣使獻"波斯錦等物"。參見注5所引勞費爾書，pp. 316-321。關於波斯錦，另請參看夏鼐"新疆發現的古代絲織品——綺、錦和刺繡"，《考古學報》1963年，第1期，pp. 45-76；王炳華"從新疆考古資料看中伊文化關係"，葉奕良編《伊朗學在中國論文集》第1集，北京大學出版社，1993年，pp. 94-101；佐藤圭四郎"北魏時代における東西交渉"，《東西文化交流史》，雄山閣，1975年，pp. 378-393。

[105] 《梁書·海南諸夷傳》載中天竺國亦有白疊。詳見注5所引勞費爾書，pp. 316-321。另可參看注26所引謝弗書，pp. 442-445；以及注4所引盧勳、李根蟠書，pp. 324-327。

[106] 說詳注26所引謝弗書，pp. 440-441。關於這個問題的其他說法可參看白鳥庫吉"大秦國及び拂菻國に就きて"，《白鳥庫吉全集·西域史研究（下）》（第7卷），東京：岩波，1971年，pp. 125-203，esp. 178-180。

[107] 《梁書·海南諸國·林邑》載林邑國"出瑇瑁、貝齒、吉貝、沉木香。吉貝者，樹名也。其華成時如鵝毳，抽其緒紡之以作布，潔白與紵布不殊，亦染成五色，織爲班布也"。"吉貝"，《南史·夷貊上》"林邑條"作"古貝"。《舊唐書·南蠻傳》"婆利條"："男子皆拳髮，被古貝布，橫幅以繞腰。

風氣暑熱，恆如中國之盛夏。……有古貝草，緝其花以作布，粗者名古貝，細者名白氎。"參看注4所引盧勳、李根蟠書，pp. 328-331。

[108] 關於于闐玉，見注78所引章鴻釗書，pp. 120-125。

[109] 《魏書·祖瑩傳》："孝昌中，於廣平王第掘得古玉印，敕召瑩與黃門侍郎李琰之，令辨何世之物。瑩云：此是于闐國王晉太康中所獻。乃以墨塗字觀之，果如瑩言，時人稱爲博物。"

[110] 左思"蜀都賦"（《文選》卷四）："符采彪炳。"注："符采，玉之橫文也。"

[111] 《魏略·西戎傳》又載：陽嘉三年，疏勒王臣槃"獻海西青石、金帶各一"。"海西"即大秦國。

[112] 雌黃，即auripigmentum。參看注26所引謝弗書，pp. 463-464；注78所引章鴻釗書，pp. 218-220。

[113] 雄黃，即realgar，參看注26所引謝弗書，p. 478；注78所引章鴻釗書，pp. 218-220。

[114] 關於伽色尼國之赤鹽，參看白鳥庫吉"粟特國考"，《白鳥庫吉全集·西域史研究（下）》（第7卷），東京：岩波，1971年，pp. 43-123，esp. 98。

[115] 參看注5所引勞費爾書"五色鹽"條，p. 340；又見注78所引章鴻釗書"石鹽"條，pp. 187-189；以及注104所引佐藤圭四郎文。

[116] 注5所引勞費爾書，pp. 339-340；注104所引佐藤圭四郎文。

[117] 注5所引勞費爾書，pp. 333-338。

[118] 參看注26所引謝弗書，p. 475；注78所引章鴻釗書，pp. 228-231；以及松田壽男《古代天山の歷史地理學的研究》，早稻田大學出版社，1970年，pp. 399-413；張承志"王延德西行記與天山磠砂"，《文史》20，pp. 89-96。

[119] 鄧紹輝"近代新疆石油工業述略",《新疆經濟開發史研究》(下冊),新疆人民出版社,1995年,pp. 208-220。

[120] 注78所引章鴻釗書,pp. 102-103。

[121] 注26所引謝弗書,pp. 510-514。

[122] 真珠,參看注26所引謝弗書,pp. 518-521。

[123] 《夢溪筆談》卷二一:"佛書,西域有琉璃珠,投之水中,雖深皆可見,如人仰望虛空月影。"見胡道靜校證本,中華書局,1963年,p. 690。

[124] 據《晉書·西戎傳》載大秦國屋宇皆以珊瑚爲梲枂。

[125] 參看注5所引勞費爾書,pp. 353-355;注26所引謝弗書,pp. 522-524。

[126] 《後漢書·王符傳》李注:"虎魄,珠也。生地中,其上及旁不生草,深者八九尺。初時如桃膠,凝堅乃成。其方人以爲枕。出罽賓及大秦國。"

[127] 參看注5所引勞費爾書,pp. 351-353;注26所引謝弗書,pp. 524-527;注78所引章鴻釗書,pp. 60-65。

[128] 注78所引章鴻釗書,pp. 1-26。

[129] 注78所引章鴻釗書,pp. 102-103。

[130] 《戰國策·楚一》:"[楚王]乃遣車百乘,獻雞駭之犀、夜光之璧於秦王。"又,《抱樸子內篇·登涉》:"通天犀角有一赤理如綖,有自本徹末,以角盛米置羣雞中,雞欲啄之,未至數寸,卽驚卻退,故南人或名通天犀爲駭雞犀。""赤理",《後漢書·西域傳》李注引作"白理"。參看注40所引D. D. Leslie & K. H. J. Gardiner書,p. 202。

[131] 注78所引章鴻釗書,pp. 1-26。

[132] 白鳥庫吉"大秦の木難珠と印度の如意珠",《白鳥庫吉全集·西域史研究(下)》(第7卷),東京:岩波,1971年,pp. 597-641,esp. 605-607。

[133] 注 78 所引章鴻釗書，pp. 42-48；另見注 79 所引白鳥庫吉文，esp. 356-358。

[134] B. Laufer, *The Beginnings of Porcelain in China.* Chicago, 1917, p. 138; R. A. Miller, *Accounts of Western Nations in the History of the Northern Chou Dynasty.* University of California Press, Berkeley and Los Angeles, 1959, p. 15. 關於玻璃和琉璃的區別，可參看注 26 所引謝弗書，pp. 508-510。

[135] 注 78 所引章鴻釗書，pp. 27-34。

[136] 注 78 所引章鴻釗書，pp. 359-362。

[137] 注 88 所引 F. Hirth 書，p. 41；注 40 所引 D. D. Leslie & K. H. J. Gardiner 書，p. 49。

[138] 注 26 所引謝弗書，pp. 463-464。

[139] 注 78 所引章鴻釗書，pp. 1-26。

[140] 注 26 所引謝弗書，pp. 463-464；注 78 所引章鴻釗書，pp. 42-48。

[141] 注 78 所引章鴻釗書，pp. 51-57。

[142] 注 5 所引勞費爾書，pp. 345-348。

[143] 注 26 所引謝弗書，pp. 499-506。

[144] 注 78 所引章鴻釗書，pp. 65-93。

[145] 宋峴"波斯醫藥與古代中國"，葉奕良編《伊朗學在中國論文集》第 2 集，北京大學出版社，1998 年，pp. 91-100。

[146] 注 78 所引章鴻釗書，pp. 35-41。《北齊書·元韶傳》："齊神武帝以孝武帝后配之。魏室奇寶，多隨后入韶家。有二玉缽相盛，可轉而不可出；馬瑙榼容三升，玉縫之。皆稱西域鬼作也。"

[147] "車渠"不見今本《周書·異域傳下》，此據《魏書·西域傳》補。

[148] 注 26 所引謝弗書，p. 522。

[149] 注 78 所引章鴻釗書，pp. 51-57。《太平御覽》卷八〇九引《南州異物志》："火齊出天竺。狀如雲母，色如紫金。離別之節如蟬翼。積之如沙穀重沓。"《梁書·海南諸國傳》："火齊狀如雲母，色如紫金，有光耀，別之則薄如蟬翼，積之則如沙穀之重沓也。"

[150] 注 78 所引章鴻釗書，pp. 93-105。《太平御覽》卷八一三引《南州異物志》："金剛，石也，其狀如珠，堅利無定。外國人好以飾玦環。服之能辟惡毒。"

[151]《詩·魯頌·泮水》："元龜象齒，大賂南金。"毛傳："南謂荊揚也。"鄭箋："荊揚之州，貢金三品。"孔疏："金卽銅也。"

[152]《後漢書·西域傳》載桓帝延熹九年，"大秦王安敦遣使自日南徼外獻象牙"。參看注 26 所引謝弗書，pp. 514-516。

[153] 注 5 所引勞費爾書，pp. 344-345；注 4 所引盧勳、李根蟠書，pp. 398-401。

[154] 說見注 5 所引勞費爾書，pp. 340-344；注 78 所引章鴻釗書，p. 353；林梅村"鍮石入華考"，《古道西風——考古新發現所見中西文化交流》，三聯書店，2000 年，pp. 210-239；周衛榮"'鍮石'考述"，《文史》53（2001 年），pp. 79-89。

[155] 注 145 所引宋峴文。

[156] 參看《樂府詩集·雜曲歌辭二》（卷六二）載曹植"妾薄命"詩之二："華燈步鄣舒光，皎若日出扶桑。"中華書局，1979 年，p. 902。

[157] 注 30 所引王炳華書，pp. 142-143。